이 지구상의 모든
아들과 딸들에게

지구 밖으로 탈출하려는 〈효친경로사상〉을 위하여

이 지구상의 모든 아들과 딸들에게

아버지날과 노인의 날 만든 이
이돈희 지음

생각쉼표 후먼컬처아리랑

이 지구상의 모든 아들과 딸들에게

2013년 09월 30일 1판 1쇄 인쇄
2013년 10월 10일 1판 1쇄 발행

지 은 이 • 이돈희
발 행 인 • 이헌숙
편 집 인 • 은대호
디 자 인 • 이홍경미
발 행 처 • 생각쉼표 & 주)휴먼컬처아리랑
　　　　　서울특별시 영등포구 여의도동 45-13 코오롱포레스텔 309
전　　화 • 070)8866-2220 FAX • 02)784-4111
등록번호 • 제 2009-000008호
등록일자 • 2009년 12월 29일

www.휴먼컬처아리랑.kr
ⓒ 이돈희 2013, Printed in Korea
ISBN 978-89-966542-7-8

• 이 책은 생각쉼표 & 주)휴먼컬처아리랑와 저작권자의 계약에 의해 출판된 것이므로,
무단 전재 및 유포, 공유, 복제를 금합니다.
• 이 책 내용의 전부 또는 일부를 이용하려면 반드시 저작권자와
생각쉼표 & 주)휴먼컬처아리랑의 서면동의를 받아야 합니다.
• 잘못 만들어진 책은 판매처에서 교환해 드립니다.

■ 머리말

사람은 누구나 소중한 영혼과 한가지 사명을 받고 태어납니다.

귀하의 사명은 무엇입니까?

수백만 년의 인류 역사 중에 인간의 수명은 길어야 100~130년입니다.
그대는 지금 몇 세이며, 너무나 귀한 하루하루를 어떻게 살아가고 있습니까?

하느님께서 이 세상을 보시고서 '참 좋게 하시기' 위해 전 세계 70억 명에게 70억 가지의 좋은 사명을 주셨습니다. 이 세상에 불의와 악과 (성) 폭력과 이기주의와 이혼이 만연함은 각자에게 주어진 인간의 귀중한 사명을 깨닫지 못하거나 실천하지 않기 때문입니다.

미약한 저는 16세부터 50년을 〈효친경로사상의 부활〉을 사명으로 여기고 살아왔습니다.

제가 효친경로사상을 부활시키려는 방안으로 아버지날을 만든 지 40년, 노인의 날은 35년, 한국노인문제연구소는 31년(결혼 30주년), 한국노인학회는 27년이 각각 흘렀습니다. 10년 전 2003년에 출간한 저서인 『효친경로사상의 부활을 위하여』를 출간 후 10년 만에 『이 지구상의 모든 아들과 딸들에게』를 출간하게 되었습니다.

다시 말해 10년 후인 2013년 올해 발간하는 이 책은, 효친경로사상의 부활을 위해 만든 아버지날 50년, 노인의 날 45년, 한국노인문제연구소 41년, 결혼 40주년, 한국노인학회를 만든 37년을 기념하기 위한 뜻 깊은 책입니다.

도덕적으로는 부모를 모시거나 돌보는 것이 당연하나 현실적으로는 심각한 노인문제와 부부문제, 자녀문제가 위험수위에 도달하고 있습니다.

매우 부족하나마, 이 분야에서 처음이 될 이 책이 〈땅에 떨어지고〉, 〈바다에 잠수하고〉, 〈지구 밖으로 탈출하려는〉 효친경로사상을 부활시키기를 바랍니다. 또한, 노인문제가 현재 노인만의 문제가 아니라, 머지않은 날 바로 귀하도 노인이 되는 우리 모든 인간의 문제라는 생각을 공유하는 계기가 되었으면 합니다.

그간 효친경로사상을 부활시키고자 라디오와 TV에 출연한 것이 500회 이상, 신문과 잡지에 인터뷰 및 기고한 것이 300회 이상이며, 노인대학 등에서 강의와 노인 문제 상담을 한 것은 헤아릴 수 없이 많습니다.

이에 대해 그것으로 만족하지 말고 계속 더 열심히 하라는 격려의 의미에서, 2011년에 한국기록원으로부터 역사와 사회부문에서 제1회 대한민국 기록문화 종합대상을 받았고, 도전한국인운동본부로 부터 2012년과 2013

년에 각각 사회부문에서 도전 한국인 상과 효친경로부문에서 2012년을 빛낸 도전 한국인 대상을 받았으며, 대한국민운동본부로부터는 2013년에 충효사상부문에서 교육과학대상을 받기도 했습니다.

이 기회에 방정환(1899~1931) 선생이 저의 모교인 선린상고(현 선린인터넷고)의 선배임을 말씀드립니다. 어린이날을 만든 방정환 선생이 지금도 생존해 계신다면 고등학교 후배들에게 선배로서 무엇을 선물하실까 생각해 보니 아마도 당신의 저서를 한 권씩 주시리라는 생각이 들었습니다. 그러나 방정환 선생은 오래전에 작고하셔서 그렇게는 못 하시지만, 제가 방정환 선생의 뜻을 계승하는 의미에서, 이 책을 2013년에는 1~3학년 전교생 900명에게, 2014년에 신입생 300명에게, 2015년에 신입생 300명에게, 모두 1,500여 명의 후배들에게 선물할 생각입니다.

이는 '어린이날'을 만든 방정환 선생과, '아버지날'과 '노인의 날'을 만든 제가 선린인터넷고등학교 후배들을 사랑해서 하는 일입니다. 두 선배를 생각해서라도, 여러분은 우리 학교를 '동생을 사랑하고 가정과 이웃과 사회에서 효친경로를 실천하는 고등학교'로 그 이름을 빛내주길 바랍니다.

사람이 태어나서 어린이·어버이·노인 등 3세대의 삶을 살아간다면, 이 3세대의 날을 모두 만든 선배를 가진 선린인터넷고등학교가 이에 모범이 되는 학교가 되길 소망합니다.

10년 전에 위 책을 전국적으로 판매하며, 전국의 대학교 도서관과 공공도서관에 1권씩 약 900권을 기증했습니다. 정작 효를 알고 실천해야 할 고등학생이나 대학생, 또는 실직한 중장년의 가장도 용돈이 있다면 당장 수험용이나 취업 서적을 사 본다는 것을 잘 알고 있습니다. 효친경로사상을 호소하는 책은 사 볼 생각조차 못 하겠지만, 도서관 대출 카드만 만들면 전국 어디서나 무료로 읽을 수 있게 하기 위해서였습니다.

저는 또한 우리나라 국민의 진정한 행복을 만들어가는 국회의원들에게 사회의 봉사와 진실과 사랑이 무엇인지를 깨닫게 하는 다큐멘터리를 전했습니다. 즉 2011년에는 국회의원들이 국민들을 위한 의정활동을 잘해 달라는 간절한 마음에서 국회의원들에게 드리는 글과 이태석 신부님의 〈울지마 톤즈〉 극장판 DVD를 드렸습니다. 어느 나라 국민이 국민을 대표하는 국회의원 전원에게 비싼 영화 DVD를 기증하면서까지 의정활동을 잘해 달라고 부탁하겠습니까? 이는 결코 제가 돈이 남아서가 아닙니다.

그것은 모든 국회의원이 정치를 잘해야 국가의 발전과 청소년들의 바람직한 성장이 보장되기 때문입니다. 가정형편으로 학교에 다니지 못해 배움에 굶주리거나, 학교생활 또는 어릴때 부터의 직장 생활이 힘들어 부모를 원망하기 쉬운 청소년들의 심성이 비뚤어지지 않게 하기 위해서는 이태석 신부님의 헌신적인 삶을 담아낸〈울지마 톤즈〉가 적격이라 생각했습니다. 어떤 단체나 기관이나 각급 학교가 나서서 일해야 하는데 아무도 하지 않는 현실에서 저라도 할 수밖에 없었던 것입니다.

10년 전의 책에서도 말씀드린 바 있지만 "국민들의 살맛 나고 희망찬 인생을 위해 남북통일이 됨은 물론, '어린이날'처럼 '어버이날'과 '노인의 날'이 공휴일로 지정되고, 노인복지제도가 정착되길" 기도합니다.

아주 적절한 예는 아닙니다만, 신약성경의 4 복음서에는 예수님에 관한 비슷한 이야기가 여러 번 나옵니다. 예수님에 관해 기록하다 보니 중복된 이야기가 자주 나오는 것이고, 마찬가지로 구약성경에도 야훼 하느님 이야기가 수없이 나옵니다. 저도 효친경로사상의 부활에 대한 글을 필요에 따라 여기저기에 쓰고, 각종 신문과 잡지에 인터뷰하고, 방송도 하다 보니 책에서 더러 중복된 내용은 불가피한 것으로 이해해 주시면 고맙겠습니다.

가정의 최소단위인 부부가 서로 사랑하고 화목하여야 자녀와 가정이 잘되고, 가정이 잘되어야만 이웃이 잘 되고, 학교가 잘되고, 직장이 잘되고, 사회가 잘되고, 나아가 국가와 인류가 잘되는 법입니다.

이를 위해 효(孝)를 시행하는 정책을 마련하는 행정부는 물론 정치가, 국회의원, 신앙인, 법조인, 경제인, 각종 효 관련 단체와 특히 밝고 명랑한 사회를 이루기 위해 기여해야 할 언론기관은 막중한 사명감을 가지고 좀 더 나은 '효' 실천운동에 뜻을 펴 주었으면 하는 소망을 거듭 부탁합니다.

2013년 성모승천 대축일
광복절이 있는 달 8월에
저자 이돈희 임마누엘 드림

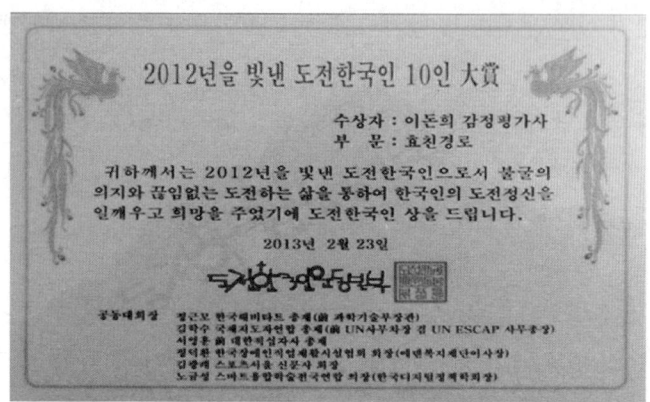

이돈희 감평사

이씨가문	멋진신사	보십여년	빛길인생
돈독하신	애국정신	효도로써	실천하여
희망적인	노인의날	아버지날	제정하여
감평사로	계시면서	인성교육	앞장섰고
평화나라	효도나라	길라잡이	되었으니
사랑으로	하나되는	대한민국	만드소서

이천십삼년 이월 이십 삼일 이천십이년을 빛낸도전한국인 대상 수상축하
도전한국인본부 본부장 조영관 드리고 예광 장성연 지어쓰다

대한민국기록문화종합대상

부문 : 역사와 사회
성명 : 이 돈 희

귀하께서는 한국기록원이 주최하고 제1회 대한민국기록문화대상조직위원회와 사단법인 스마트융합학술전국연합이 주관하여 대한민국 국회의사당에서 개최한 제1회 대한민국기록문화대상에 선정되었기에 본 대상을 드립니다.

2011년 12월 19일

제1회 대한민국기록문화대상 조직위원회 위원장 노 규 성
한 국 기 록 원 원 장 김 덕 은

차 례

■ 머리말

제1부 신념과 신앙의 노래

2012년을 빛낸 도전 한국인대상 수상	20
가정평화의 사도가 되기를 염원합니다	21
50년간 효친경로사상 부활에 헌신한 이돈희 씨	22
국민이 국회의원들과 대통령을 걱정하게 해서야 (1)	25
국민이 국회의원들과 대통령을 걱정하게 해서야 (2)	29
러브레터…내 '전부'인 당신에게	33
어머니 마음	41
2012년 가정의 달에 부치는 글	43
500만 어르신 꼭 투표하십시오	48
이명박대통령님께 드리는 글	51
보건복지부 … 민원회신	54
아 슬프다, 효친경로사상의 실종	55
2013년 신년사	57
저의 희망과 꿈…신년 특별기고	63
새해 복 많이 받으세요	76
제1회 대한민국 기록문화 종합대상 수상	83
대한민국 제1회 기록문화 종합대상을 수상하고	89
동기들께 알려드립니다	90
오늘은 어린이날 … 방정환선생의 업적을 기리며	93

42년 만에 만난 친구	• 96
가정의 달에 '효'를 생각하며	• 97
KBS 〈생로병사의 비밀〉 특별 출연!	• 102
감사 감사드립니다	• 106
공공 도서관에 저서 900권 기증	• 110
어버이날, 노인의 날 제정에 숨은 기여	• 113
보고 싶은 권회칠, 전완수 학형에게	• 116
이돈희 동기께 감사드리며	• 119
효친경로 수기 모집	• 121
'재클린 케네디 오나시스' 하면 생각나는 글	• 123
첫눈 내리는 날 만나요	• 127
〈성 요셉의 생애〉를 읽도록 권유하고 전달해라	• 131
명동 대성당 미사 참례 40년	• 140
부동산학의 노래 〈부동산학가〉 발굴	• 145
신간 안내	• 148
4반 친구들도 많이 나왔으면 좋겠다	• 151
친구가 쓴 책이 영풍문고에서도 볼 수 있다면	• 154
친구가 쓴 책이 교보문고에도 있다면	• 160
2013 자랑스런대한국민 대상 시상식 개최	• 164

제2부 울지마 톤즈

주님은 저를 울게 하셨습니다 · 172
얼굴도 모르는 그대와 당신에게 · 174
〈울지마 톤즈〉 DVD 기증의 건 · 180
〈울지마 톤즈〉 국회 상영 확정 안내 · 181
특종 속보!!! 〈울지마 톤즈〉 국회 상영 예정 · 183
영화 '울지마 톤즈' 국회의원 모두 꼭 보시길 · 186
청파(淸波) 이돈희 선생『울지마 톤즈 DVD』대한노인신문사에 기증 · 187
KBS에서 e-mail을 보내 왔습니다 · 189
영화 〈울지마 톤즈〉 국회의원 모두 관람하시길 · 192
국회의원 전원 〈울지마 톤즈〉 보게하기 아이디어 모집 · 196
국회의장님과 모든 국회의원님들께 드리는 글 · 198

제3부 노인과 어버이

어버이날의 유래---The tale behind Parent' Day (Ehwa Voice) • 200
노인의 날을 공휴일로 지정하기 위한 법안 발의해 주십시오! • 206
어버이날과 노인의 날을 '효실천' 공휴일로 정해야 • 208
알고 있는 동기들도 계시겠지만 • 221
"노인의 날"을 공휴일로 해야 합니다 • 223
노년시대신문에서 • 225
노인과 아버지를 위한 나라 • 228

제4부 순례

성지순례를 떠나며	• 232
성지 이집트 이스라엘 요르단 순례기 … 예수님의 발자취를 따라서	• 236
너무나 감격한 성지순례를 마치고	• 260
백두산에 올라 정치·도덕 정상회복 기원하며	• 266
이 생의 오랜 숙원과 마지막 소망 … 노인을 위해 기증할 터	• 273
미국에서 (1) … 사랑하는 아내와 함께	• 280
미국에서 (2) … 친구가 좋다. 참으로!	• 284
미국에서 (3) … 참으로 넓은나라	• 288

제5부 인터뷰

노인의 날을 맞아 생각나는 사람	• 296
어버이날, 노인의 날 만든 1등 공신 이돈희 씨	• 306
신춘대담 … 아버지날, 노인의 날 만든 사람 이돈희 씨	• 319
어버이날을 만든 1등 공신, 이돈희 씨를 만나다	• 320
1년에 하루라도 경로 실천하는 날을…	• 329
10월 2일 노인의 날을 공휴일로 지정해 주십시오	• 333
'예수님생애연구소' 이돈희 소장	• 342
'노인의 날'을 '효실천' 공휴일로 정해야	• 347

제6부 memory

미국 자이언트캐년	• 358 上
미국 그랜드캐년	• 358 下
미국 가족들과 함께	• 359 上
남아프리카 케이프타운에서	• 359 下
오스트리아 잘츠카머구트에서	• 360 上
성부회 가족들과 함께	• 360 下
갈매못 성지에서	• 361 上
예수고난회 명상의 집에서	• 361 下

■ 후기

제1부
신념과 신앙의 노래

본사 이돈희 수석 부사장 겸 수석 논설위원
2012년을 빛낸 '도전한국인 Awards' 수상
'어버이날'과 '노인의 날' 제정에 기여

본사 이돈희 수석 부사장 겸 수석 논설위원은 지난 22일 여의도 국회 헌정기념관에서 스포츠 서울이 주관하고 도전한국인운동본부가 주최한 자랑스런 도전한국인 대상 '2012년을 빛낸 도전한국인 10인 Awards'에서 효행경로부문 대상을 수상하는 영광을 가졌다.

'도전, 희망을 넘다' 라는 슬로건 아래 도전한국인운동본부 조영관 박사는 일상의 삶 속에서 크고 작은 도전을 통해 나가는 한국인들과 세계속에서 끊임없이 도전하는 한국의 도전자들을 발굴하여 시상하는 등 한국인의 도전정신 함양과 확산을 위해 2011년 설립되었다.

우리 사회 다양한 분야에서 오피니언 리더 200여 명이 회원으로 등록되어 있으며, 밝고 건강한 사회를 만들기 위해 그 동안 도전한국인상 발굴하여 시상하는 등 지속적인 왕성한 활동을 하고 있다. 향후 사단법인화를 통하여 더 많은 도전자들을 발굴 시상할 계획이다.

수상자들과 관계자들이 함께 기념촬영을 하고 있다.(앞줄 왼쪽에서 여덟 번째 수상자가 이돈희 수석 부사장).

종근당 한국네비투트 총재(김)과 학기 술부장관, 김화수 국제지도대 총재 UN사무차장 겸 UN ESCAP 사무총장, 서영후 前 대통 령비서실 총재, 평직근 한국중예인 연합회 실행부회장 (아현복지재단 이사장), 김봉훈 스포츠서울 신문사 회장, 노규섭 스마트융합 학술언론재 외경(한국디지털정책학회장)등의 된다.

노규섭(교수) 심사위원장은 "금년 2012년을 빛낸 도전한국인상 수상자 10인은 지난 1년간의 수상자와 추가

생을 효친경로사상의 부품과 노인문 제에 공헌한 공로점 인정받아 10개 부문 중에서 효친경로부문 대상을 수상하게 되었다.

수상소감을 말하고 있는 이돈희 수석 부사장.

공동대회장으로 하여 각 분야별 전문가 심사위원 50여 명이 심사활동을 전개했으며 발표됐다.

종근당(한국네비투트 총재) 공동 대회장은 축사를 통하여 "사립법인 게 비하우를 제시하는 이 같은 기획들이 미래에 큰 도전한국인운동본부에 큰 인사를 보낸다. 우리 국민들에게 필요한 것은 도전정신과 진취적이다. 'Rise Up Korea'를 떠올라가는 속수이 많은 소망입니다. 여러 사람들에게 도움이 메시지를 전파하고, 사회를 통쾌한 방향으로 선도하시기 바랍니다"라고 했다.

이상의 한국효심리재단대회 회장을 비롯하여 130의 자문위원회 등 정계, 뻐계, 언론, 법조계, 업계, 단체장 등의 고문단과 정체 각 지역 시·군구 추진위원, 청소년 추진위원, 도전 템포터 통단과 심사위원들 열정을 심사 끝에 수상자를 선출

이돈희 수석 부사장은 평소에도 본지 수석 논설위원으로서 노인문제 및

사의 복지 전반에 걸쳐서 많은 건축적 제안과 제고력 하고 있다. 뿐만 아니라, 이 수석 부사장은 제1의 대 한대한국인효문화복지대상을 수상한 있으며 그 외에도 다수의 수상경력을 갖고 있다.

각 부문별 수상자는 다음과 같다.

▲6회 수상자 2012년을 빛낸 '도전 한국인' 10명이다.

◇김용 세계은행 총재-한국인으로서 세계경제 총재 취소 선출

> 감정평가사로서 효친경로부문 수상
> 50여 년 외길인생을 孝실천과 노인문제에 바쳐
> 방송출연 500회, 신문 잡지 300회 이상 인터뷰와 기고
> 18대 국회의원 전원에게 故 이태석 신부의
> 다큐 '울지마 톤즈' DVD를 무료로 배포

◇싸이(박재상) 가수- 세계적 히트 곡인 '강남스타일'로 리듬팝을 세계속에 흥보왕

◇장미란 선수- 부상의 역경을 이겨내고, 런던 올림픽에서 선전을 하여 감동을 줌

◇호사카유지 교수- 한국에 귀화한 일본인으로 독도연구가(세종대학교 교수)

◇엄용수 코미디언- 원로 코미디언들을 극진히 모시고, 소외된 본 봉사

활동 다수

◇이돈희 감정평가사- 50여 년 외길 인생을 효친경로사상의 부품과 어버이 날과 노인의 날 제정에 기여

◇김홍기 교수- 무하어 런자의 관심으로 행사법인, 벤처1세대로 도전정신 투철한 정도사

◇이문자 회장- 뭐뭇 신사업단 감봉위를 통해서 10여 간간 추억들에게 배움의 기회 제공

◇이오본 대표- 25년 도자가 만드는 데 훈신 한 협조로, 원적외선 발열도 자기 세계최초 개발

◇최성 교수- 랜캡 IT챔과 봉사활동 33년간 봉사 몽골, 리시아 동포마 삼 권도로 보급

※10개 부문: 글로벌 리더, 문화의교, 스포츠, 나라사랑, 연예인, 효친경로, 도전혁신혁신, 장학사업 및 여성리더, 기업 도전혁신, IT봉사.

▲특별상(7명)

◇박동수- 미국 백악관 국가장애인위원회 政책위원(2009년부터 정년보장금으로 사회 환원)

◇조갑준- 한국이슬람회 이사장

◇박삼임- 미주현국제단 전국총연회장

◇김동윤- 전 국회의원(외교통상위원장)

◇강순만- 한국마르크공예협회 회장

◇홍수창- 한국공무원연합회 회장

◇이성복- 2011년 미스코리아 眞

여태 수상자는 반기문 UN 사무총장, 박찬호 야구선수, 신흥민 외원 (미국 워싱턴 주 상원 부의장), 자랑스러운 한국인으로 5년 의원), 박용신 서울시장, 서울우 옥가(국제1호 여수학가), 양팔 없이도 도전하며 희망을 그린 화가) 등이 있다.

조영관 도전한국인운동본부 본부장은 "앞으로 국내는 물론 재외동포를 포함 전 세계의 한국인들의 도전하는 삶들을 찾아 널리 양양자자 나라로서 한국인으로서 자부심과 긍지를 높여 나갈 것입니다. 미래의 희망 한국, 통체한 한국인, 그 중심에 도전정신이 있음을 상기하여, 이 것이 바로 우리가 도전한국인 운동을 널리 확산시키고 그런 사람들을 발굴해 나가는 이유입니다" 라고 힘주어 말했다.

이돈희 수석 부사장은 "이번 수상에 만족하지 말고 앞으로도 더욱 열심히 활동해야는 의미로 알고 지속적으로 노인문제 및 노인복지에 대한 관심을 갖고 적극적인 봉사활동을 계속하겠다"고 자신의 포부를 밝혔다.

박신형 기자

부상으로 수여되는 족자 앞에 선 이돈희 수석 부사장.

수상을 하고 있는 이돈희 수석 부사장.

"가정평화의 사도가 되기를 염원합니다"

— '도전 한국인 상'을 받으며

이돈희 대한노인신문 수석 부사장 겸 수석 논설위원

(크게 성호를 그으며)
안녕하세요? 아버지날과 노인의 날을 만든 감정평가사 이돈희입니다.
우리 사람들 즉 하느님으로부터 귀한 영혼을 받고 인간으로 태어난 사람들이 이 세상을 살아가면서 가장 중요한 것이 무엇이겠습니까? 누가 뭐라해도 저는 '가정의 화목'이라 생각합니다.
각 가정에는 어린이를 포함한 청소년인 자녀가 있고, 그 자녀의 부모인 아버지 어머니 즉 부부가 있고, 이 부부의 부모이며 자녀들의 할머니 할아버지인 노인이 있습니다.
한 가정의 중심은 부부입니다. 가난하든 부자든, 많이 배웠든 못 배웠든, 잘 났든 못 났든, 이 부부가 서로 사랑하고 화목해야 그 자녀는 물론, 부부의 부모인 부모, 시부모, 친정 부모, 장인 · 장모인 노인 등 그 부부에 속한 모든 가족이 화목하고 행복합니다.
각 가정의 부부가 서로 사랑하고 화합하지 않으면 그 가정뿐아니라, 가정의 연장선상인 이웃과 학교, 직장과 사회, 나아가서 국가까지 화목할 수 없다고 생각합니다. 우리 인간이 동물과 다른 점은, 다른 동물들도 모두 자식을 사랑하고 먹입니다만, 동물들은 다 자라면 부모를 떠나며, 자기 부모나 할머니 할아버지를 전연 모른다는 점입니다.
사람인 인간이 다른 동물들과 다른 것은 바로 자식이 다 자라고도, 부모에게 효도하고, 부모의 부모이며, 할머니 할아버지인 노인을 공경한다는 점입니다. 저는 이를 '효친경로사상'이라고 부릅니다.
다시 말해, 동물에겐 '자식사랑'은 있으나 '효친경로사상'은 없습니다. 사람이 자기 부모인 아버지 어머니에게 효도하지 않고, 할아버지 할머니를 공경하지 않으면 동물이지 인간이 아니라는 점입니다. '효친경로사상'은 인간이 다른 동물과 다른 마지막 보루입니다. 동물중에 인간을 '사람'이라고도 하는 것은, '사람'은 서로 '사랑'해야 하므로, '사랑'이란 글자와 비슷한 '사람'라고 이름 지어준 때문입니다.

날이 갈수록 여러 가지 이유를 내세우며 부모를 가벼이 생각하거나 무시하는가 하면, 할머니 할아버지인 노인을 학대하거나 나 몰라라 하는 세상이 되어가고 있음을 깊은 기도 끝에 깨달은 저는, 부모와 친해야하는 '효친사상'을 부활시키고자 50년 전 고교시절에 '아버지날'을 만들었고, 노인을 공경해야하는 '경로사상'을 부활시키기 위해 45년 전 대학생 시절에 노인의 날 만들었고, 노인 복지문제 연구의 불모지이던 때인 1972년에는 한국노인문제연구소를 만들어 심각해지는 노인문제를 연구하기 시작하였으며, 1976년에는 한국노인학회를 만들어 노인학을 도입하는 등 50년을 아버지들과 노인사회를 위한 일을 위해 최선을 다하여 노력해 왔습니다. 왜냐하면, 우리들의 아버지는 부모의 절반을 차지하고, 마지막 인생을 사시는 노인들은 부모의 전부를 차지하는 아주 중요한 어르신들이기 때문입니다.
끝으로, 바람 혹 불면 날아가 버리는 티끌처럼 보잘 것 없는 저를, 오늘 영광된 이 자리에서 함께 시상해 주신 조영관 도전한국인운동본부장과 많은 심사위원님들, 수고해주신 모든 관계자님들께 진심으로 감사드립니다.
'가정 평화의 사도'가 되고 싶은 제가, 매일 기도하는 기도 끝의 다음의 기도로, 수상소감을 맺겠습니다.
"하느님, 이 지구상의 모든 부부와 우리 부부에게 항상 서로 사랑하는 마음 갖게 하소서. 아멘!" 감사합니다.

50년간 효친경로사상 부활에 헌신한
이돈희 씨

행복한 노년

주정아 기자 (stella@catimes.kr)

"당신이 하느님으로부터 부여받은 사명(使命)은 무엇입니까?"

이돈희(임마누엘·66) 씨는 자신은 '효친경로사상' 부활을 위해 헌신하는 데 부르심을 받았다고 강조한다. 그리고 50년을 넘게 한 길을 걸어왔다.

이돈희 씨는 우리나라 '아버지날' 제정을 위한 여론 조성에 힘쓰고, '노인의 날'을 주창, 공식적인 국가기념일 제정에 가장 큰 힘을 실은 인물로 잘 알려졌다.

지난달 23일에는 우리 사회의 '효친경로사상' 부활과 아버지날 및 노인의 날 제정에 이바지한 공로를 인정받아 '2012년을 빛낸 도전 한국인' 대상을 받았다. 이 상은 사회 각 분야에서 도전과 리더십을 통해 역경을 이겨내고, 밝고 희망찬 사회를 건설하는 데 이바지한 인물들에게 주어지는 상이다. 올해 상은 가수 싸이, 역도선수 장미란 씨 등이, 지난해에는 반기문 UN 사무총장과 사랑의 쌀 나눔 운동 이선구 이사장 등이 받았다.

이돈희 씨가 50여 년 전 품은 열정은 지금도 한결같다. 바로 '효친경로사상'을 되살려, 성가정을 근간으로 하느님께서 보시기에 좋은 세상을 만드는 것이다.

그는 고등학교 2학년 때 '아버지날' 의미를 확산시키는데 매진했고, 대학 4학년 때 '노인의 날'을 주창했다. 사재를 털어 '한국노인문제연구소'와 '한국노인학회'도 설립했다.

하지만 그의 열정은 차갑게 외면당하기 일쑤였다. 젊은 나이에 생뚱맞게 노인문제를 언급한다며 장난으로 취급받거나, 노인들에게 돈을 뜯어내려는 꼼수라는 등의 오해받은 경우도 부지기수였다. 이후 그의 오랜 노력이 각종 매체 등을 통해 알려지면서, '노인의 날'에 관심을 두는 이들이 차차 늘어났고, 1997년 정부가 노인의 날을 제정하기에 이르렀다.

" '노인의 날' 제정은 효친경로사상 부활의 또 다른 시작일 뿐입니다. 노인문제를 사회 전면에 끌어내고 관심을 환기하기 위한 촉매이지요."

실제 그의 끈질긴 바람과는 달리 우리 사회의 노인문제는 가파른 내리막길을 내달리고 있다.

그는 "우리 사회에도 만연한 개인주의의 가장 큰 부작용으로 꼽을 수 있는 것 중 하나가 효사상의 부재"라며 "특히 그릇된 가치관을 만들어내는 매스미디어의 폐해는 시급히 개선해야 할 과제"라고 강조한다. 또 "노인문제를 해결하기 위해서는 어떤 문제들이 만연한지 올바로 알고 대안을 실천할 수 있도록 끊임없이 독려해야 한다."고 말한다.

10대 젊은 시절부터 노인문제에 대한 각별한 관심과 헌신의 삶을 살아온 그도 이제 60대를 보내고 있다. 이돈희 씨는 "우리 사회의 고령화가 급속히 진행되면서, 60대는 노인 축에 끼지도 못한다."며 "각종 노인문제 해결을 위해 젊은이들도 먼저 노인들의 처지에서 생각하는 기회를 가져보길 바란다."고 당부했다.

노인들에게도 무조건 대우받거나 혜택을 받고자 하는 태도를 고쳐야 한다고 조언한다. 특히 이돈희 씨는 "건강한 정신과 마음가짐를 갖추기 위해서는 각자 관심과 연령대에 따라 다양한 여가·봉사활동에 참여하는 것이 중요하다."라며 "무엇보다 신앙생활은 삶에 가장 큰 가치를 부여한다."라고 전했다.

그는 요즘에도 교회 안팎에서 평생교육 강좌와 노인교육 등의 강사로 분주한 시간을 보내고 있다. 우리 사회 노인문제가 넘쳐나는 한, 그의 발걸음도 멈추지 않을 것이라고 말하며 오늘도 소명을 다진다.

가톨릭신문(2013.3.17)

국민이 국회의원들과 대통령을 걱정하게 해서야 (1)

이돈희 (본지 수석부사장 겸 수석논설위원)

제18대 국회가 역사 속으로 사라지고 5월 30일에 제19대 국회가 탄생하였다. 그러나 국회법에서 정한 6월 5일에 개원, 6월 7일에 원 구성을 하고 국회 본연의 의정활동을 해야 하나 20여 일이나 지난 오늘 6월 29일(이 글을 쓴 날)에도 개원조차 못 한 국회이다.

여당인 새누리당 국회의원들 스스로 생각해도 국민들에게 얼마나 면목이 없고, 무노동 무임금 국회로 생각되었으면 헌정사상 처음으로 세비반납을 결정했겠는가? 오죽하면, 4명의 대법관 임명동의안 불처리로 중요한 재판에 공백이 올 것을 걱정한 대한변호사협회에서도 국회의원 세비반환 소송을 내기로 했겠는가?

민주통합당은 4월 11일 총선에서 야당 국회의원 수 늘리는 것만을 목표로 하다 보니, 이념도 정강 정책도 맞지 않은 골수 종북 의원(?)이 있는 통합진보당에까지 손을 벌리고 후보를 양보한 결과 애초 예상한 의원 수 확보도 못 하면서, 이석기·김재연 의원 같은 종북사상에다 비례경선 부정까지 드러나서 대한민국 국회의원이 되면 곤란한 사람들을 당당한 국회의원으로 만들고 말았다.

초중등학교의 반장도 부정으로 당선된 것이 발견되면 그만두는 것이 선거원칙이자 민주주의이요 사필귀정인데, 국회의원 선거에선 이것도 허용되니 우리나라는 참으로 신기한 나라이다.

종북보다 친미가 나쁘다느니, 자기가 무너지면 진보진영이 무너지므로 결코 사퇴할 수 없다는 말엔 어안이 벙벙할 뿐! 종북이 진보인가?

과연 누구를 위한 진보, 종북인가?

오죽하면 같은 당에서 제명을 결의하고 민주당에서도 사퇴하라 했겠는가!

10년이면 강산이 변한다는 것은 그야말로 옛말인데, 북침 6.25가 일어난 지 무려 강산이 여섯 번이 더 변하는 62년이 지났음에도 아직도 종북주의의 맹신에서 벗어나지 못함은 진보가 아니라 선택하지 말아야 보수이다.

6·25로 인해 전사하고 부상당한 수많은 국군과 민간인, 그 미망인의 치유할 수 없는 비극, 아버지가 전사하거나 부상당한 자식들의 평생 아픔이 얼마인지 알고나 있는지?

왜 서울과 대전에는 국립묘지가 있으며, 부산에는 유엔 참전 16개 나라의 목숨 바친 숭고한 기념비가 있는지, 미국 예일대학교의 건물 벽에는

6·25 전쟁 참가 사망자 대학생명단이 있는지, 6월의 호국보훈의 달과 현충일이 왜 있는지, 천안함 폭침, 연평도 포격도발사건 등을 사실대로 정확히 안다면, 그런 말을 도저히 입 밖에 낼 수는 없다.

애국가는 국가가 아니라는 발언에 대해서는 같은 당에서는 물론 민주당에서도 세상모르는 사람이라고 평가하는 것을 보면, 얼마나 편향되고 잘못된 언행의 몰염치한 의원임을 명백히 알 것이다.

18대 국회에선 국회의원들이 자기들의 직장인 국회의 기물 파괴와 공중부양에 최루탄도 터트리는가 하면, 함량 미달의 의정활동에 국회의장마저 불명예 퇴진을 했다.

19대 국회에선 이런 일들이 다시는 일어나지 않길 바라지만 이에 못지않은 유사한 또 다른 사태가 발생하지 않을까 염려되는 걱정을 지울 수가 없다. 이젠 정말 그래서는 안 된다.

결론인즉, 국민의 대표인 국회의원과 대통령이 국민을 위해 일하고 걱정해주어야 정상인데, 국민이 국회의원과 대통령을 걱정해가며 살아야 할 것을 생각하니, 그러지 않아도 팍팍하고 유머 없는 세상을 하루하루 살아가야 하고 경제마저 어려워지고 있어, 살아가는 재미와 희망이 크게 없을 것 같다.

오는 7월 17일은 제64회 제헌절이다. 대한민국 국회의원들의 공식생일인 제헌절의 의미만 확실히 알아도, 국회의원이 국민을 걱정하게 하는 의정활동이나 말과 행동은 할 수 없을 것이다.

300명 19대 국회의원들은 제발 5천만 국민들이 걱정하는 모든 활동은 하지 않기를 제헌절을 맞이하여 간절히 기원한다.

　　대한민국에서 호흡하며 살아가는 대한민국의 국회의원이라면 적어도 대한민국 국민을 행복하게 하도록 살아가야 할 사명이 있기 때문이다.

　　12월 19일 대통령선거일이 다가올수록 또 얼마나 엄청난 언어의 폭력과 비방, 아니면 말고의 유언비어와 사건 조작이 난무할 것인가!

대한노인신문(2012.7.5)

국민이 국회의원들과 대통령을 걱정하게 해서야 (2)

이돈희 (본지 수석부사장 겸 수석논설위원)

임수경 의원만 해도 그렇다.

23년 전 대학생 시절에 북한으로 넘어가서 김일성 주석과 주민들의 극진한 환대를 받았다. 북한에 실제로 가서 체험해 본 결과 북한이 남한보다 더 잘 살고 행복한 나라라면, 자발적으로 월북해 간 북한에서 남한으로 돌아오지 말아야 옳지 않은가!

따라서 북한이 남한만 훨씬 못해 목숨 걸고 탈출한 동포들에겐, 임 의원이 북한에 직접 가서 살아본 귀중한 체험을 살려서, 그리고 이제 남한의 국회의원으로서 누구보다도 더 격려와 희망을 주어야 옳을 것이다.

목숨의 위태로움을 걸고 탈출해 자유를 찾아온 북한 동포들에게 앞에 나서서 격려와 희망을 주진 못할망정 변절자라 할 것이 아니다.

탈출한 자가 그 누구이든 그들은 결코 임 의원이 말한 변절자가 아니다. 남한에서 북한으로 갔던 임 의원이야말로 대한민국의 그것이 아닌지를 스스로 고백하고, 국민의 한 사람으로서 신앙인의 한 사람으로서 참회해야 하지 않을까?

북한을 찾아가서 찬양하고 돌아온 임수경을 받아주고 사면해 주고 자유를 누리게 했으며, 비례대표 국회의원으로까지 성장시켜준 남한 조국에 누구보다 감사한 마음을 갖기를 기대했었다. 입에서 나온 소리라고 다 말이 아니듯, 남의 권유에 억지로 한, 하지 않을 수 없이 한 진정성 없는 사과는 사과가 아니다.

가족 모두 자유를 찾아 월남한 사람들, 혼자 월남해 남은 가족들이 걱정되는 사람들을, 같은 인간으로서 입에 담지 못할 표독스러운 욕설을 해 가며(이것이 국민을 대표하고, 헌법기관인 우리나라 국회의원들의 언행 수준이란 말인가!), 감히 국회의원에게 개갠다고 할 것이 아니다. 북한동포를 이웃으로 받아주는 사랑의 마음을 가져야 옳은 것이다.

최근의 탈북자들은 북한의 실상을 이미 알고 있고 도로 남한으로 돌아온 임 의원에게 충심 어리고 따뜻한 여심(女心)과 모심(母心), 배려할 줄 아는 사랑과 포용의 마음을 기대했을 것이다.

민주당엔 그렇게도 인물이 없어서 이런 분들까지 검증을 생략하고 비례 국회의원으로 만든 것인가?

127명의 국회의원을 가진 제 1야당이 안철수 대학원장이 없으면 대통령을 못 만드는 허당인 야당임을 만천하에 알리기라도 하듯 안 원장의 한마디나 일거수일투족에 신경 곤두세우고, 영입하느니 안 하느니 하면서 눈치를 살피는 중이다.

대통령 경선후보자로서의 검증기간을 줄이기 위해 아직도 결정하지 않고, 민주당에 합류할까, 독자출마 할까를 용단 못 내리고 있는 안 원장이 국가원수로, 대통령으로 그리도 적합하고 매력적인가?

제 1야당으로 너무 초라하지 않은가?

여당이든 야당이든 자기 당 국회의원에서 대통령을 탄생시켜야 정상이 아닌가?

그것이 정당생활을 하는 이유이며 정당인들의 최종 꿈이 아닌가?

자타가 인정하는 0순위 후보인 안 원장이니만치 이제는 대한민국의 국운과 발전, 궁금해하는 국민들을 위해 힘찬 비전을 제시하고 용단을 내리길 기대한다. 솔직히 150명의 새누리당 의원들에게도 도무지 신뢰가 가질 않는다. 야당 저격수 못지않게 박근혜 새누리당 전 비상대책위원장을 공격하고 폄하하던 자칭 대통령경선 후보예정자들은 명색만 여당의원인가?

민주당은 어떻게 해서라도 자기 당에서 대통령 나오게 하겠다고 자기 당과는 전연 무관한 분, 당원도 초선의원도 아닌 안 원장을 영입할 대선전략을 오래전부터 짜고 있는데, 새누리당은 자기 당의 제일 유력한 대선후보에게까지 벌써부터 이러고 있으니, 새누리당의 대선 전략은 제삼자가 보기에도 자중지란이 될 것 같은 생각이 들기도 한다.

박 전 비상대책위원장을 대선후보로 밀어주는 붐을 일으키면, 어디가 덧나나?

대통령은 아무나 하나?

경선하겠다던 중진의원이면 당을 위해서라도, 소속 당에서 대통령이 나오게 하기 위해서라도 끝까지 합심노력 해야지!

외치(外治)는 역대 대통령 중에서 아주 잘하는 듯 한 이명박 대통령이, 국내 정치는 소통력이 없고, 갈수록 매우 잘못하고 있다.

원칙의 달인, 총선의 여왕인 박 전 비상대책위원장이 여당의 대통령 후보로는 가장 적격이라 생각되면서도 이 대통령처럼 소통력이 부족한 것 같다.

19대 국회는 여야가 더 당리당략으로 사사건건 반대를 위한 반대와 서로 비난하느라 정말 국민을 위한 긴급한 의안들까지 제때 처리 못 하고 날짜가 흘러가는 국회가 예상된다.

그러함에도 대통령으로서, 국민들을 정치 경제 교육 문화와 국방에서 안심하고 잘살게 해 줄지 참으로 걱정이 됨을 금할 수 없다.

3백 명 국회의원들과 대통령이 국민을 걱정하는 정치를 해야지 국민이 국회의원들과 대통령을 매우 걱정하는 정치를 해서야 되겠는가?

대한노인신문(2012.7.20)

 # 러브레터

내 '전부'인 당신에게!

▲2007년 예루살렘 카나성지의 성당에서 혼인갱신식을 갖는 필자 내외

"내 청첩장에 당신 이름 있게 하고 싶어." 란 고백에 나와 결혼해서 고생한 지 벌써 20여 년!

신세대 신혼부부는 "정말 그랬을까?" 싶겠지만, 몇몇 방송국에 가끔 출연하면서도 녹음기가 없어 녹음 못 해 두는 것을 알고서, 좋은 녹음기 하나 사주겠다고 신혼여행을 가서도 호텔 대신 여관, 소갈비 대신 돼지갈비

집을 앞장서서 찾던, 당신의 한없이 너그럽고 따뜻한 그 마음을 나는 잠시도 잊지 못합니다.

연애시절 그 흔한 택시 한번 태워주지 않고 어딜 가나 버스만 타고 다닌 내게 무슨 희망이 있었습니까?

동대문운동장의 야구 관람 끝난 오후 4시부터, 남산을 돌아 숙명여대 옆의 당신 집까지 걸어서 데이트했던 다음 날, 다리기 뻣뻣해져 잘 걷지도 못하면서도 당신 집과 마포 도화동 내 집을 절뚝거리면서 왕복 데이트 했던 사실을 남들이 알면 무어라 할까요?

당신이 말해 주었지요. 대학졸업 후에도 맞선 여러 번 보았지만, 장모님께서 천주교 신자에게 시집보내겠다는 말씀에도 불구하고 신자가 나타나지 않자 미사 때마다 "욕심 안 부리오니 신자를 그이로 맞게 해 주십시오."라 기도한지 1년 만에 나를 만났고 만난 지 1년 만에 결혼한 것이라고!

이 기회에 나도 한 가지 밝히지요.
엄청나게 조숙(?)했던 나는 고등학생 때 '3개월 법칙'을 만들어 놓고 있었지요.

그게 뭐냐고요?
"딱 마음에 드는 여인을 만나면 3개월 만에 손목을 잡고, 3개월 만에 뽀뽀하고, 3개월 만에 고백하고, 3개월 만에 결혼하겠다." 이었지요. 당신은 전혀 모르는 이 작전을 한 치의 오차 없이 밀어붙였으니 만난 지 꼭 1년 만에 결혼할 수밖에요.

차 한 잔 값 아끼려고 당신 오기 전까지 다방에도 안 들어가고, 밖에서 몇 시간을 기다리는 나를 당신은 바람을 맞히기도 했고요.

당신이 그걸 안 후 미안하게 생각했고, 나는 왜 안 나왔냐고 묻거나 야단치기는커녕 다음 날엔 더 잘해 주었더니 당신은 더욱 미안해서 또 만나다가 정이 흠뻑 들었지요. 바람맞으면 난들 왜 화가 나질 않겠어요?

더 잘해준 것도 나만의 작전이었답니다. '3개월 법칙'을 다른 여인 아닌 오직 당신으로 끝내고 싶었기 때문이었지요. 결국 '3개월 법칙'과 바람맞은 다음 날은 더 잘해 주는 작전의 성공으로, 무려 세 분의 신부님을 주례신부로 모시고 명동성당에서 남들이 보라는 듯이 결혼을 하게 된 것이랍니다.

주님이 내게 주신 당신!

여행지나 출장지에서 쓴 장문의 편지나, 단 몇 줄의 엽서를 당신은 하나도 버리지 않고 다 모아 두었지요. 답장은 기대하지 않으면서도 쓴 편지가 왜 그리도 많은지 스스로 놀라기도 한답니다. 요즘도 내가 여행이나 출장 가고 없을 때면 당신은 그 편지 하나하나 꺼내 읽어 본다면서요? 무려 150통이 넘으니까 걱정이 됩니다. 아직 못해 준 편지를 내밀고 "이것도 해 준다 저것도 해 준다 하고선 해 준 게 뭐 있어요?" 라는 꼬투리 잡힐 것이 있을까봐서요.

멀리 떨어져 있어야만 하는 여행지 또는 출장지에서의 무드 때문만이 아니라 시부모에게도 딸보다 더 잘해 주는 당신이 너무 사랑스럽고 고마워 해 주지 못할 약속을 한 것도 있겠지만, 단순히 허세로 쓴 것은 아니라는 생각도 해봅니다. 실제로는 못해 주지만, 편지로나마 당신에게 꼭 해 주고 싶은 것을 해 주겠다고 스스로 다짐하고 기도하는 마음으로 썼기 때문입니다.

아직 못해 준 것은 반드시 해 줄 테니 실망하지 말아요! 당신도 말했지요. "당신 약속 하나는 끝내준다!" 그럼요, 내가 누굽니까? 약속 잘 안하는 대신, 약속한 것은 해 주고말고요!

내가 없을 때 당신 혼자서 읽지 말고, 20여 년 동안에 쓴 편지와 장소와 추억을 되새기기 위해, 또 내가 한 약속이 무엇인가 재확인하기 위해 내가 집에 가면 나하고 같이 순서대로 하나하나 읽어 봅시다.

참, 봄바다 · 여름바다 · 가을바다 · 겨울바다 등 바다라면 아침 · 점심 · 저녁 언제라도 좋아하는 당신! 약속하나 할게요. 내가 와 있는 부산에 당신도 한번 내려오고 싶지요?

날씨도 화창할 (비가 오면 어때요, 당신과 내가 같이 있는데), 석가탄생일인 5월 24일(금)에 같이 한번 내려옵시다. 마침 다음 토요일은 내가 휴무일이기도 하고 당신도 수업이 없는 마지막 주의 토요일이라 참 잘되었네요.

제주도 신혼여행 후, 페리호 타고 부산에 왔었으니 부산 역시 신혼여행지이기도 하지요. 동래 · 해운대 · 광안리 · 자갈치시장 · 태종대 · 다대포 · 에덴공원 · 을숙도 등 생각만 해도 무척 즐겁습니다.

여보! 밤이 매우 깊었습니다. 같이 온 직장 동료는 옆에서 잠든 지 오래입니다. 올해도 고3 담임이라 무척 힘들지요? 당신도 지금 깊이 잠들어 있겠지만, 당신을 생각하는 그 자체만으로도 무한히 행복한 나입니다.

한국 최초로 '아버지날' 과 '노인의 날'을 만들고, 설날 · 추석의 공휴 또는 연휴를 제언했던 경험을 살려, 어떤 단체(필자 주 : 가톨릭의 M · E, 메리지 인 카운터)에서 만들려는 '부부의 날' 날짜 현상공모에 10월 10일로 제안해서 수상을 하기도 했고요. 사랑과 행복이 가득한 '부부의 날' 어때요?

인류역사 300만년이라 합니다. 몇 백 년 먼저 태어나도 좋고, 몇 십 년 늦게 태어나도 무방할 우리가 하느님의 섭리로 같은 시대에 태어나고, 160여 나라 중에 같은 한국에 그것도 남한에 태어나서 서로 보완하고 도우면서 많은 인연 중에 부부란 인연으로 한세상 살아감은 정말 큰 인연이기에, 당신을 생각할수록 소중하고 사랑스럽습니다.

외국의 어느 시인은 "내가 당신을 사랑하듯이 당신 또한 나를 사랑하니 우리 사이를 갈라놓는 것은 오직 죽음뿐이야." 했습니다만, 나는 "천당과 지옥에 등급이 있다 해도 더 좋은 천당 덜 나쁜 지옥 아닌 당신 가는 그 곳에 함께 가고 싶어." 라고 말합니다.

10년 전쯤 결혼한 것 같은데, 어느새 앞으로 살날이 살아 온 날보다 매우 적어진 우리 부부입니다. 살아서는 물론 죽어서도 늘 함께 있고 싶은 마음이며, 죽는 날까지 당신 위하는 일에 최선을 다하렵니다.

하느님! 이 지구상의 모든 부부와 우리 부부에게 항상 서로 사랑하는 마음 갖게 하소서, 아멘!

1996년 5월 3일, 부산 해운대에서

> 추신 ～ 내일은 '부부의 날'입니다.

　이 글 이후 16년이 지났습니다. 그동안 40년 가까이 병약한 저를 돌보고, 노환의 시부모를 모시느라 수고가 참 많았으며, 앞으로도 그러한 형편을 못 면할 아내에게 '3일간만이라도 모든 근심 걱정 다 잊어버리고 떠나자' 하고, 지난 5월 15일 '스승의 날'부터 17일까지 2박 3일로 부산에 여행을 하고 돌아왔습니다. 모처럼 찾아간 해운대 백사장과 동백섬, 기장 등등 부산이 어찌나 그리도 반갑고 좋은지요? 훗날 직장일로 부산에서 약 2년을 근무하기도 했습니다.

　부부가 최선을 다하여 노력하며 살아온 결과, KTX로 다녀왔고, 신혼여행 중 해운대 모래사장을 거닐다가 바로 앞의 조선비치호텔을 쳐다보면서, 이 호텔에서 묵을 수 있는 신혼여행부부는 얼마나 행복하고 부자일까, 배우자에게도 얼마나 자랑스러울까 혼자 생각했었는데(아마 모르긴 몰라도, 당시 그 호텔을 같이 본 아내도 속으로 여자로서 그런 생각을 했었을 것입니다), 그 호텔에서 숙박과 맛있고 종류 다양한 뷔페 식사를 할 수 있었습니다.

　두 말할 필요 없이 부부는 가정의 가장 적은 세포입니다.

　부부가 서로 사랑하고 배려할 때, 가정이 행복하고 화목하고 이웃과 사회가 평화롭다 생각합니다. 이 세상이 어렵고 시끄럽고 국회가 싸움질 하고 정치를 잘못하는 것은 부부가 화합하지 못하고, 자기가 배우자 보다 더 잘났다고 무시하고 이기려하고 욕설과 폭력을 써서, 그 가정이 행복하지 못하고 그것이 직장으로, 사회로, 국가로까지 확산되기 때문입니다. 논리의 비약이 아닙니다. 길게 쓰질 않았을 뿐입니다. '수신제가(修身齊家), 치국평천하(治國平天下)'라는 말은 진리입니다.

젊은이들의 신혼부부 여행만이 즐거운 것은 아니겠지요?

연륜이 든 장노년들이 하는 부부 여행도 그 못지않다 생각합니다.

대한민국 내의 장노년 부부 여러분! 두 분이 건강하고 계절이 좋을 때 여행도 다니십시오. 하느님이 창조하신 드넓은 세계를 둘러보시며, 부부가 손을 꼭 잡고 살아계신 하느님께 감사하십시오! 하느님께 감사하면 하느님이 더욱 축복해 주시고 여행경비 이상의 재물과 집에만 계신 것 이상의 건강도 주시고 허락하십니다.

지금은 성모성월입니다. 예수님의 어머니이신 성모 마리아님이 기뻐하시게 부부합창으로 '성모님의 성월'(가톨릭 성가 244번)을 찾아 불러 보십시오. 얼마나 좋은 계절입니까? 제가 일전에 올린 '어머니 마음' 노래와 더불어 우리 비뚤어지기 쉬운 인간들의 심성을 바로 잡아 줄 것입니다.

부부여행을 내일 모레, 내년, 내후년으로 미루다가는 아주 못할 수도 있습니다. 세월이 마냥 남아 있는 줄 알고 미루다가 한 분이 건강이 확 나빠지거나 어떻게 되면, 혼자 아무리 하고 싶어도 끈 떨어진 연처럼 마음같이 안 됩니다. 후회해도 소용없습니다.

제가 만들지는 않았지만, '부부의 날' 참으로 좋은 날입니다! 이 날을 앞으로 "부부 간에 행복을 증진하는 날"로 만드십시오!

'부부의 날'을 맞이하여 인터넷에 무슨 좋은 글이 없나 하고 검색 창을 두드리다가 오늘 꼭 해야 할 시간 많이 걸리는 다른 일이 있어 포기하고서, 위 의 졸필(拙筆)을 올려 봤습니다. 부디 양해 있으시길! 부부간의 행복을 위하여 오늘 오후 주일미사를 드리는 저의 기도는 16년 전의 기도나

오늘 기도나 똑 같습니다.

"하느님! 이 지구상의 모든 부부와 우리 부부에게 항상 서로 사랑하는 마음 갖게 하소서, 아멘!"

참좋은이들21 (2012년 6월호)
성복동성당 홈페이지(2012.5.20)

이영찬 둘이 하나 된다 하여 21일이 부부의 날이라고 하지요. 돈희 형제님의 16년 전 편지는 내가 읽기에는 약간의 부끄러움도 있지만 뭐 이게 대수입니까? 둘만 좋으면 그만이지. 아무튼 많은 부부들의 귀감이 되는 형제님을 보면 존경스럽습니다. 더욱 좋은 건강으로 행복한 부부로 오래오래 사세요.

어머니 마음

양주동 작사
이흥렬 작곡

낳으실 제 괴로움 다 잊으시고
기를 제 밤낮으로 애쓰는 마음
진자리 마른자리 갈아 뉘시며
손발이 다 닳도록 고생하시네
하늘아래 그 무엇이 넓다 하리오
어머님의 희생은 가이 없어라

어려서 안고 업고 얼려 주시고
자라선 문기대어 기다리는 맘
앓을 사 그릇될 사 자식 생각에
고우시던 이마 위에 주름이 가득
땅위에 그 무엇이 높다 하리오
어머님의 사랑은 그지없어라

사람의 마음속엔 온 가지 소원
어머님의 마음속엔 오직 한 가지
아낌없이 일생을 자식 위하여
살과 뼈를 깎아서 바치는 마음
인간의 그 무엇이 거룩하리오
어머님의 사랑은 지극 하여라

우리 한국 사람은 부모님이 그리울 때 이 노래를 부르자.
부모님이 싫을 때 이 노래를 부르자.
시부모님 모시기 싫을 때 이 노래를 부르자.
장인장모님 모시기 싫을 때 이 노래를 부르자.

나쁜 마음이 생기고, 남을 속이고 해하고 싶을 때,
조그만 이익을 위해 양심을 속이고 싶을 때도 이 노래를 부르자.
기도하듯 성가 찬송가 찬불가 부르듯 이 노래를 부르자.

이 노래만 정성되이 불러도 자기 한 몸 천당 극락 가기 위해서 성당 교회 사찰 찾는다면 구태여 그 곳 찾지 않아도 확실하게 가리니.

2012년 5월 8일 제 40회 어버이날에

수단 어린이 장학회[이태석 신부님] 홈페이지(2012.5.6)
대한노인회 홈페이지(2012.5.7)
성복동성당 홈페이지(2012.5.7)

 ## 2012년 가정의 달에 부치는 글

'가정의 달'에 제안합니다.

계절의 여왕인 '5월 가정의 달'에는 근로자의 날, 어린이날, 어버이날, 입양의 날, 스승의 날, 성년의 날, 부부의 날, 석가탄신일, 바다의 날 등 소중한 날이 많이 있습니다.

가톨릭에서는 5월을 성모성월(聖母聖月)이라 하여, 5월은 예수님의 어머니일 뿐만 아니라 모든 인간의 어머니이신 성모마리아님을 더욱 생각하고 공경하는 달이기도 합니다.

우리나라 인구의 90% 이상이 대상이 되는 위 날들은 다 그 만한 이유가 있어서 일 년 열두 달 중 계절의 여왕인 '5월 가정의 달'에 자리 잡고 있는 것이지요. 이는 누가 뭐라 해도 각 가정이 잘되어야 사회가 잘되고, 우리나라가 잘되고 발전함을 웅변으로 말하고 있는 것입니다.

잘 아시다시피 그 무엇보다 '가정'이야 말로 사회와 국가를 이루는 가장 기본 조직입니다. 따라서 세상이 아무리 변할지라도 가정의 기본인 부부는 서로 배려하고, 그 다음인 자녀와 제자는 어버이와 스승을 존경해야 합니다. 어버이와 스승은 자식과 제자를 사랑하고 잘 양육해야 합니다. 직장인과 근로자는 동료와 힘을 합하고 성실히 일해야 하고, 그 대신 직장과 나라는 어떤 경우든지 생계를 보장해 주고 퇴출시키지 말아야 합니다.

결국은 가정과 직장, 사회와 나라에서도 근본적인 이 문제가 제대로 되질 않고 있어 온갖 해결하기 어려운 문제가 발생됨을 여러분들이 더 잘 아실 겁니다. 매년 맞이하는 '가정의 달'이지만, 올해 2012년에는 '가정의 달'을 맞이하면서 저는 무엇보다 중요한 가정의 화목과 사회의 질서와 나라의 평화를 위하여 다음과 같은 제안을 하고자 합니다.

다름 아니라, 하느님으로부터 소중한 영혼을 받아 사람으로 태어난 우리 인간은 남녀노소 누구를 막론하고 상대방이 누구이고 나이나 지위야 어떻든 간에 상처를 주는 막말, 비하, 명예훼손, 저질 발언이나 욕설과 폭력, 성폭력과 꼼수는 하지 않기로 하자는 것입니다. 이유는 간단합니다. 그 상대방도 태어난 이상 행복한 삶을 추구하며 일생을 살아가야 하는 귀중한 인간이기 때문입니다.

상대방이 누구이든 위에 말씀 올린 언동을 하지 않으면, 가정에서 손찌검이나 이혼이 있을 수 없고, 사회에서는 성폭행을 포함한 각종 무서운 폭력과 범행, 강도, 살인과 자살이 없을 것이며, 국가에서도 그러한 나쁜 일 때문에 들어가는 막대한 예산과 인력, 행정력을 줄일 수 있어, 국민이 부담하여야 할 세금은 줄이면서도, 보다 잘살기 위해 필요한 복지는 확충할 수 있기에, 국가경쟁력도 신장되고 물질적으로도 정신적으로도 보다 행복하게 잘 사는 나라가 될 것입니다.

언제부터인가 초중학생부터 욕이 뭔지도 나쁜 것인지도 모르고 친구 간에 일상 대화가 되고 있습니다. 고등학생이나 대학생 또래의 나이 이상이 되면 욕설임을 알면서도 정도가 심해집니다. 욕설도 진화 발전해 나가야 하는 것인지, 국회의원으로 당선되거나 비례국회의원이 되면, 전체 국민에 의해 당선된 일국의 대통령(과 그 영부인)에게까지 안하무인이 되어 인간으로서 입에 담지 못할 욕설과 막말을 함을 보면, 무슨 정의의 사도나 일약 유명해진 '스타 킹'이라도 된 것으로 한참 착각하고 있음을 알 수 있습니다. 그러나 자라나는 불우 청소년이나 학생들이 이런 유의 한심한 어른들의 이야기들을 접하면 어떤 생각이 머리에 박히겠습니까?

국회의원을 예로 들었습니다만, 국회 안팎에서 동료의원끼리 하는 욕설과 폭력에 만족하지 못해서, 그 좋은 자기 직장(국회)에 최루탄을 터트리고 기물을 부숩니다. 어느 직장인이 자기 직장에 최루탄을 발사하고 기물을 부수고 난동을 부립니까? 더욱 한심한 것은 이것을 의거라 가세합니다.

이것이 의거라면 경찰관이나 군인이 자기가 근무하는 경찰서나 부대 내의 동료에게 최루탄을 터트리는 것도(터트려서는 안 되는 일도 일어나면) 의거라 할 것입니다.

대통령과 영부인도 그 자녀나 손자 손녀들에게는 정말 소중하고 자랑스러운 어버이이자 할아버지 할머니입니다. 남의 어버이나 할아버지 할머니에게, 아무리 내가 밉고 불만이 많다고 그렇게 막말, 욕설을 할 수 없는 것입니다. 그 국회의원도 남이 자기 부모나 조부모에게 하는 그런 막말과 욕설을 들으면 기분 어떻겠습니까? 남의 입장도 꼭 지켜주어야 합니다.

적어도 국민의 한 사람이라면 남북이 6.25 사변 이후 62년이 되도록 국내외적으로 매우 어려운 경쟁 속에서, 그래도 그동안 나라를 지킨 조상과 부모님들이 목숨 바치고 애쓰고 노력해서 이만큼이라도 살아가고 있는 것을 국민의 한사람으로서 고맙게 생각하고, 우리나라가 더 보다 더 잘 되도록 하는 일에 조그마한 힘이나 역량이 있으면 보태야 옳은 일이지, 반대를 위한 반대, 욕설을 위한 욕설이나 비난을 위한 비난, 막말에 재미 붙인 막말, 폭력을 위한 폭력을 남이 못하는 것을 하는 자기의 전매특허인 양 행세하고, 얼굴 가득히 미소를 짓고 동조자가 있다고 우쭐해서는 아니 됩니다. 거기에다 잘못된 매체에 끈을 달고서 여론을 오도해서는 더욱 아니 됩니다.

결론인즉, 어린이날 어버이날 등 좋은 날이 있는 2012년 5월 '가정의 달'을 맞이함을 계기로 이런 날들이 있는 의미를 생각해보면서, 우월감 또는 열등감에서 상대방을 잘못 파악하거나 무시하고, 비뚤어진 심성에서 생기는 욕설과 막말과 폭력을 포기하고 하느님이 주신 양심과 심성을 옳게 바로잡아 밝은 가정과 사회와 국가가 되었으면 합니다.

이태석 신부님이 주인공인 다큐 '울지마 톤즈'를 보심도 흐려진 양심의 소리와 비뚤어진 심성을 바로 잡는 여러 가지 방법 중 훌륭한 하나의 방법입니다.

대한노인신문(2012.5.5)
성복동성당 홈페이지(2012.5.5)

고성삼	좋은 말씀입니다. 요즈음 건강은 어떠신지? 항상 건강에 유의하시고 좋은 글 많이 올려주시기 바랍니다.
이돈희	고 박사! 이달은 종합소득세 신고가 있는 달이기도 하여 회계사 사무실 일로 바쁘시겠네요. 덕분에 요즘 건강 아주 좋습니다. 가톨릭에서 하는 성령 세미나에도 매주 참석하면서 신앙심을 돋우고 있습니다. 내년에 나올 "효 친경로사상의 부활을 위하여" 신판을 구상 중에 있기도 하지요. 임병무 사장 소식은 듣고 있나요? 임 사장, 자서전이라도 집필하는지 모르겠네요. 동기 모두 모두 건강하길 기원하게 됩니다. 고 박사! 항상 감사합니다.
최홍규	용서는 사랑의 구체적 행위입니다. 지혜로움은 많은 지식을 지니는 것이 아니라, 옳고 그름을 제대로 판단 할 줄 아는 것으로 알고 있습니다. 사랑은 사랑을 줄때에야 비로소 사랑이라고 말합니다. 돈희 형! 반가워요! 독일 라인 강변 어느 집에서--

 ## 500만 어르신 꼭 투표 하십시오

이돈희 (본지 수석부사장 겸 수석논설위원)

　국회의원선거와 대통령선거가 다가오면, 중앙선거관리위원회나 신문 방송 등 언론기관과 정당에서 유권자 모두 빠짐없이 투표소에 가서 투표하도록 권장하고 있습니다. 아울러 국가에서는 투표율을 높이기 위해 선거일엔 일부러 임시공휴일로 지정하여서까지 투표하게 하고 있습니다.

　그러던 중 8년 전 17대 국회의원 선거일(2004년 4월 15일)이 다가오자 당시 여당의 당의장께서, 연세 많으신 어르신들은 투표장에 가셔서 투표하기가 힘드실 테니 집에서 쉬시라는 발언을 하여 한참 물의가 된 적이 있었음을 기억하실 겁니다.

　그 발언의 취지가 원래 무엇이든 간에, 어르신은 한 가정의 어버이요 조부모이자 사회나 국가의 선배요 인생백과사전입니다. 다시 말해 나름대로 한 가정과 우리나라 즉, 대한민국을 위해 평생을 살아오신 분들인데 한 사람의 평범한 국민이나 국회의원도 아닌 여당의 당의장이 그런 말씀을 하셔서 되겠느냐는 거센 반발과 함께 노인폄하 발언으로 비춰지자, 대한노인회 등을 방문하여 심심한 사과말씀을 하기도 했습니다만, 몇 사람 노인회 대표에게 사과를 했다고 해서 그 사과가 500만 어르신 각자의 가슴에 와 닿지 않더라는 후일담도 있었습니다.

젊은이들을 포함한 청장년들의 투표율을 높이고 그들의 표를 얻기 위해서는 선거마감일 직전까지 일반전화라든가 온갖 인터넷 매체를 다 동원하여 투표일을 알려주면서도, 어르신들에 대해서는 집에서 쉬시라고 하셨으니 어르신들은 그만큼 박탈감과 소외감으로 깊은 상처를 받았기 때문입니다. 어르신들의 박탈감과 소외감은 젊은이들이 문학적인 마음에서 말하는 박탈감과 소외감, 고독과는 전혀 차원을 달리합니다.

적어도 국회의원이나 정치가는 젊은이는 물론 어르신을 포함한, 즉 모든 국민을 아우르는 정치를 해야 합니다. 어르신보다 30년, 50년 늦게 태어나고 젊다 해서, 하느님으로부터 먼저 영혼을 받고 태어난 어르신을 무시하거나 학대할 권리는 이 세상의 어느 누구에게도 없습니다.

사실 연세 많으신 어르신들의 말씀을 종합해 보면 4년이나 5년 만에 한 번씩 있는 국회의원선거나 대통령선거가 다가오면, 이번 투표가 살아서 마지막 투표가 될지도 모른다는 생각에, 몸이 여간 불편하셔도 투표를 꼭 하시고 싶어 합니다. 국회의원 선거나 대통령선거 때 한번 하는 투표가 연세 많으신 어르신들이 정치에 참여하실 수 있는 단 하나의 기회이자 천부적 권리임을 알고 계신 까닭이기도 합니다.

따라서 4년과 5년 만에 다시 오는 이번 4월 11일의 국회의원선거와 12월에 있을 대통령선거 투표일에는, 정치가나 누리꾼들이 노인들 표보다 젊은이들의 표에 더 관심을 갖는다고 서운해 마시고 꼭 투표를 꼭 하시기 바랍니다.

'내 한 표가 당락에 무슨 영향이 있으랴'고 생각하여 귀찮다고 투표 안 하지 마시고 정말 귀중한 한 표의 권리를 행사하시기 바랍니다. 어르신들이 어르신으로서의 참된 지혜를 발휘하실 때입니다.

투표도 하지 않으시고 나중에 국회의원과 대통령 잘못 뽑았다고 해봐야 소용없습니다. 휠체어를 타시거나 가족의 부축을 받아서 투표하시는 어르신들의 모습은 정말 아름답습니다. 투표에 있어서도 어르신들이 젊은이들의 모범이 되어 주십시오.

대한노인신문(2012.4.5)
충효예운동본부 홈페이지(2012.4.7)

이명박대통령님께 드리는 글

이 돈 희 (본지 수석부사장 겸 수석논설위원)

어버이날과 노인의 날을 모두 공휴일로 아니면 노인의 날만이라도 대통령님의 임기중에 효실천 공휴일로 지정해 주시길 청원합니다.

국내외적으로 매우 어려운 우리나라 대한민국을 위해 불철주야 얼마나 노고가 많으십니까?

갈수록 어린 아이와 자녀도 부모 경시하고, 배우는 학생과 학부모마저 선생님 불신하고, 훌륭한 남편 되기, 아내 되기도 힘들어져 가장이 한 가정 잘 이뤄나가기도 정말 힘들어진 세상에서, 대한민국 대통령님께서 늘 긴장되신 모습, 입술 터지신 모습을 TV에서 보면서 남북으로, 사상으로, 이념으로 분단된 국가에서 국정 업무를 수행하시기가 얼마나 힘드실까 국민의 한사람으로서 진정 걱정이 되기도 하고 안타깝기도 합니다.

대통령님께 어버이날과 노인의 날 두 날 모두를, 아니면 노인의 날만이라도 임기 중에 공휴일로 지정해주시길 청원하는 것은, 실종되어가는 효친경로사상을 부활시키고자 제가 고등학생이던 1963년에 아버지날(1973년에 어머니날과 합치어 어버이날이 되었습니다)과, 대학생이던 1968년에 노인의 날을 만들고 (1997년 김영삼 정부에서 제정되었습니다), 만들 당시부터 이 두 날을 공휴일로 지정되도록 계속 제안하고 노력해왔으나 저의 힘이 미약하여 아직까지 공휴일로 되지 않고 있기 때문입니다.

저는 5월 8일이 어머니날이기만 하던 시점에, 아버지날을 만들고 어버이날로 변경된 5월 8일과, 그 후 노인의 날을 만들 당시부터 위 두 날을 정부에서 효를 실천하기 위한 공휴일로 만들어 줄 것을 기회 있을 때마다 호소해 왔습니다.

어버이날을 제정한 목적은 범국민적 효사상 앙양과 전통 가족제도의 계승 발전은 물론, 사회와 이웃에 모범이 되는 효행자, 전통 모범가정, 장한 어버이를 발굴해 포상·격려하는 데 있었습니다.

특히 어버이 날은 각계각층에서 포상 대상자를 고루 선발해 효사상의 사회 분위기를 조성하고, 기념식 외에 가족 노래자랑, 합동 회갑연, 연예인 초대잔치 등 부모님 위안잔치를 비롯해 체육대회, 효도관광, 효행 사례집 발간, 가훈 갖기 운동 전개, 카네이션 달아드리기 등의 행사를 개최했습니다.

또 어버이 날을 전후해 1주일 동안을 경로주간으로 정해 양로원과 경로당 등을 방문·위로하는 등 어른 공경에 관한 사상을 고취하기도 하였으나, 1997년부터 경로주간을 폐지하고 10월 2일을 노인의 날로, 10월을 경로의 달로 정해 별도로 기념식 및 기념행사를 시행해 오고 있습니다.

지구 밖으로 탈출하려는 효친경로사상을 부활시키기 위해 만들어진 위 두 날이 다 공휴일로 지정되면 금상첨화이겠으나, 어버이날이 5월 8일인바, 얼마 남지 않은 5월 8일까지는 날짜가 촉박하여 금년 5월8일내에 어버이날을 공휴일로 지정하기가 불가능할 것으로 생각됩니다.

따라서 어버이날의 공휴일은 다음 정부 이후에서 공휴일로 지정할 수밖에 없겠으나, 노인의 날은 앞으로 약 7개월 후인 10월 2일이므로, 그때까지는 시간적인 여유를 가지고 임기 내에 노인의 날을 공휴일로 지정하실 수 있을 것으로 사료되어, 임기 내에 공휴일로 지정해주시거나 일요일 전후로 변경해주실 것을 현재의 500만 노인, 그리고 앞으로 누구나 노인이 될 국민들을 위해 청원하옵니다.

10월 2일 노인의 날을 공휴일로 한다면 3일이 개천절이니 연휴가 되므로, 부모님을 찾아 뵈던가 부모님께 효도할 수 있는 시간을 드리자는 것이지요. 실제로 10월3일은 토요일 일요일과 연계되어 징검다리 휴일이 되는 날이 많아 어떤 때는 그냥 연휴로 쉬는 기업들도 많이 있기도 합니다.

10월 첫 주를 경로주간, 10월을 경로의 달이라 부르는데 경로주간이 아니라 효실천주간으로 하면 더욱 뜻깊은 일이 아닌가 싶기도 합니다.

근로범시대 대한민국을 이끌어나가시느라 노고가 많으신 대통령님께 동방예의지국인 대한민국의 효친경로사상부활을 위해 다시 한번 노인의 날을 공휴일로 정해 주심 것을 간청드립니다.

끝으로 대통령님께서 재임기간과 재임 후에도 건강하시길 기원합니다. 감사합니다.

이명박대통령님께 청원드립니다

요지

-(1)국무회의 끝난 후에 대통령님을 비롯한 모든 국무위원(가능하시면 차관 포함)이 모두 '울지마 톤즈' 영화 관람하시기와 (2) 어버이날과 노인의 날 아니면 노인의 날만이라도 이대통령님의 임기중에 효실천 공휴일로 지정해 주시길 청원합니다.-

본문

국내외적으로 매우 어려운 우리나라 대한민국을 위해 불철주야 얼마나 노고가 많으십니까? 갈수록 어린 아이와 다 알만한 자녀도 부모(노부모) 경시하고, 배우는 학생과 학부모마저 선생님 불신하고, 훌륭한 남편되기 아내되기도 힘들어져 가장이 한 가정 잘 이루어 나가기도 정말 힘들어진 세상에서, 남북으로, 사상으로, 이념으로 분단된 국가에서 국정 업무를 수행 하시기가 얼마나 힘드실까 국민의 한사람으로서 진정 걱정이 되기도 합니다.

저는 지난 해 11월에 국회의장을 포함한 18대 여야국회의원 299명 전원에게 "국회의장님과 모든 국회의원님들께 드리는 글" 을 발표한 후(본지 2011년 11월 20일자),

12월 16일에는 국회의원회관 대회의실의, 로마 바티칸 교황청과 동시상영하는, 고 이태석 신부의 감동 휴먼다큐멘터리 영화 '울지마 톤즈' 상영이 있는 자리에서, 대한노인신문사 이상도 발행인과 제가, 최소한 우리나라 18대 모든 국회의원과 그 배우자, 친지, 비서관, 지역노인회 등 많은 사람들이 보고 감동받고 변화되도록 하기위해, '울지마 톤즈' 극장판 DVD 300개를 국회에 기증한 이본회입니다(본지 2011년 12월 20일자).

또한 이틀 후인 12월 18일에는 국회 본관 의원식당에서 한국기록원 주최 '제1회 대한민국 기록문화 대상 시상식' 에서 영광스럽게도, '제1회 대한민국 기록문화 종합대상' 을 수상하였습니다. 주최측이 제게 준 상패와 큰 족자에는 "이 나라의 어버이날 노인의 날 참시자로 돈독하신 효행정신 심으려는 귀한 행동 희망나라 예의지국 건설하는 크신 어른" 이라 하였습니다(위 날짜 본지).

(1), 이태석신부님의 다큐멘터리 '울지마 톤즈'를 모든 국회의원에게 보여드리고 싶은 이유는 위 "국회의 장님과 모든 국회의원님들께 드리는 글" 에 잘 나와 있기 때문에 중복을 피하고 대통령님께 청원드리는 이 글에서는 생략하오나, 이 영화를 한사람의 국민인 제가 보기에도 얼마나 추천하고 싶으면 우리나라 국회의원 전원에게 DVD를 기증하였겠습니까? 아주 좋은 실화 영화입니다.

사실은 국회의원들뿐만아니라 우리나라의 장래를 위하여 중고등학생(나이)이상의 모든 국민이 많이 많이 관람하였으면 하는 영화인데, 제게는 그렇게 할 능력도, 시간도, 자금도 없기 때문에, 우선 대상을 지역민의 대표이자 우리나라를 위해 신명을 다바쳐 열심히 일해야 할 헌법기관인 국회의원으로 정했던 것 입니다.

그 연장선상에서 오늘은, 대통령님께서 장,차관들과 함께, 이 영화를 관람하신 후, 임기 끝나는 날까지 우리나라 잘 이끌어 주시기 바라는 마음으로 간절히 청원하는 것입니다.

(2), 어버이날과 노인의 날 두 날 모두를, 아니면 노인의 날만이라도 임기중에 공휴일로 지정해주시길 청원하는 것은,

실종되어가는 효친경로사상을 부활시키고자 제가 고등학생이던 49년전 1963년에 아버지날(1973년에 어머니날과 합쳐져 어버이날이 되었으며, 올해로 제 40 회가 됩니다)과,

대학생이던 44년전 1968년에 노인의 날을 만들고(1997년에 김영삼정부에서 제정되었으며, 올해로 제 16 회가 됩니다), 만든 당시부터 이 두 날을 공휴일로 지정되도록 계속 제언하고 노력해왔으나 저의 힘이 미약하여 아직까지 공휴일로 되지 않고 있습니다.

참고로 김영삼대통령이 대통령으로 당선하시고 취임하기전 당선자시절인 1993년 1월 1일자 본지 대한노인신문에서 제가 "신년사" 를 통해 " 노인의 날 제정은 새 정부의 과제" 임을 역설한 바 있습니다. 제가 쓴 그 "신년사" 가 우리나라의 노인의 날이 제정된 이유의 전부는 아니지만 김영삼대통령께서 임기중반인 1997년에 노인의 날을 제정한 것은 틀림없는 역사적인 사실입니다.

지구밖으로 탈출하려는 효친경로사상을 부활시키기 위해 만들어진 위 두 날이 다 공휴일로 지정되면 금

상첨화이겠으나, 어버이날이 5월8일인 바, 얼마남지 않은 5월8일까지는 일자가 촉박하여 금년 5월8일내에 어버이날을 공휴일로 지정하기란 불가능할 것으로 생각됩니다.

따라서 어버이날의 공휴일은 다음 정부에서 공휴일로 지정할 수 밖에 없겠으나, 노인의 날은 앞으로 약 6개월후인 10월 2일이므로, 그 때까지는 시간적인 여유를 가지고 노인의 날을 공휴일로 지정하실 수 있을 것으로 사료되어, 대통령님의 임기내에 공휴일로 지정해주시거나 일요일 전후로 변경해주실 것을 현재의 500만 어르신, 그리고 앞으로 반드시 어르신이 되는 국민들을 위해 청원합니다.

끝으로 제가 쓴 "노인의 날 제정은 새 정부의 과제" 란 '신년사' 말미에서, 김영삼대통령님께서 재임기간과 재임후에도 건강하시도록 기원하였듯이 이대통령님께서도 재임기간과 재임후에도 항상 건강하시길 기원합니다. 대단히 감사합니다(본지 2012년 3월 20일자, 청와대 광장.열린게시판.자유게시판 2012년 4월 1일자 일련번호 373031번).

2012년 4월 1일

발신: 대한노인신문 수석부사장 겸 수석논설위원
이버지날과 노인의 날 만든 이 이돈희 드림
(donhee20@yahoo.co.kr, 010-3746-6578번)

수신: 이명박 대통령님

주소: 경기도 용인시 수지구 성복동 1××
(LG빌리지 1차 미호 203호)

주소: 서울시 종로구 청와대로 1

'이명박대통령님께 청원드립니다'
내용증명 등기번호:34523-0102-0701(2012.4.2)

2012-04-02

정신건강의 꿈을 실현하는 곳

보 건 복 지 부

수신자 이돈희 귀하
(경유)
제목 민원회신

대통령실에서 이첩된 민원에 대하여 다음과 같이 회신합니다.

□ 민원내용
- 어버이날 및 노인의 날 공휴일 지정 청원

□ 회신내용
- 먼저 노인복지 정책에 관심가져 주셔서 감사드립니다
- 귀하께서 제안해 주신 경로사상의 확산과 퇴색되어 가는 "효"의 활성화 측면에서의 필요성은 충분히 공감하는 바입니다.
- 다만, '05.7.1부터 주5일 근무제 시행으로 휴무일이 크게 증가하여 기존 공휴일마저 일부 폐지(식목일, 제헌절)된 상황과 최근의 어려운 경제 여건을 감안할 때 공휴일 수 증가는 바람직하지 않을 것으로 판단되며, 장기적인 검토(공론화 및 사회적 합의)가 필요한 사안임을 양해해 주시기 바랍니다.
- 앞으로 노인복지를 위해 더욱 노력하겠습니다. 감사합니다. 끝.

보건복지부장관

주무관		행정사무관	전결 04/19
	반명희		이표희

협조자
시행 노인정책과-1779 (2012. 04. 19.) 접수
우 110-793 서울특별시 종로구 율곡로 (가회동) 75 현대빌딩 보건복지부6층 노인정책과 / http://www.mw.go.kr
전화 02-2023-8529 전송 02-2023-8531 / mjswan@korea.kr / 비공개(6)

마음을 건강하게, 사람이 행복하게

아 슬프다, 효친경로사상의 실종!

10월 2일은 제9회 '노인의 날'이다.

40여년 전 고등학생과 대학생에 불과했던 필자가 세상 돌아가는 모습을 곰곰이 살펴보니, 당시에도 가정과 사회와 국가 어느 곳 할 것 없이 효친경로사상이 희박해지고 있었다. 부모 자식간, 형제자매간, 선후배 동료간, 이웃간에 이래선 정말 안되겠다 싶어서 고교생과 대학생 때 효친경로사상을 부활시키기 위한 방안으로 필자가 만든 것이 '아버지날'과 '노인의 날'이었다. 42년 전인 1963년 고등학생 때 '아버지날', 37년 전인 1968년 대학생 때 '노인의 날'을 만들고 이를 각각 발표했지만, 무명 청소년이 만든 두 날의 취지가 아무리 좋다 한들 가정과 사회에서 어느 누가 쉽게 호응을 해주고, 국가의 어떤 기관에서 인들 빨리 기념일로 제정을 해주겠는가? 필자가 만든 '아버지날'은 만든 지 10년 후인 1973년부터 그 당시의 5월 8일 어머니날과 만나서 지금의 '어버이날'로 되는 계기가 되었다.

필자가 '어머니날'을 '어버이날'로 되는 계기인 '아버지날'을 만든 이라서 하는 말이 아니라, 부모의 반쪽인 어머니만을 기리던 5월 8일 '어머니날'이 나머지 반쪽인 아버지를 기리는 '아버지날'과 합쳐져 '어버이날'로 된 것은 가정과 사회에서 차지하는 아버지의 위치와 중요성을 보더라도 당연한 일이 아니겠는가?

1997년 IMF 환란 이후 애석하게도 정치와 경제가 계속 이상하게만 돌아가고 있다. 사오정, 오륙도라면서 직장에서 퇴출되어야 하는 대부분의 사람이 아버지들이다. 뭐가 그렇게도 중요한지 호주제도까지 개정하여 부권(父權)이 갈수록 상실되어가고 있다. 그렇지 않아도 왜소해지고 축 늘어

보다 못해지면 가출이다 이혼이다 해서 믿던 아내마저 쉽게 등을 돌리려 하여 가족 눈치만 살피는 아버지들은, 지금도 5월 8일이 '어버이날'이 아니고 '어머니날'이기만 하다면 어디에서 마음의 위로를 받을 것인가? 한 가정과 나라를 위하여 직장에서 온갖 스트레스 참아가며 살아야 하는 사람의 태반이 아버지들이다.

부부 합심해서 허리 띠 졸라매도 빠듯한 봉급과 어려운 벌이라서 전월세도 받아 생활을 안정하려거나, 길어진 노후와 딸린 자식들을 위해 쓸 것 안 쓰고, 하루하루 절약하고 나오는 세금 다 내면서, 평생에 걸쳐 두세 채 더 집을 장만한 장년이나 노인이 된 부부는 하루아침에 사회적 범죄인으로 몰아가려는 세상이다. 집을 두 채 이상만 가져도 보유세와 양도세를 보유기간 부부 합산으로 징수하겠단다. 그리고 종합부동산세 과세표준을 2009년까지 매년 10%씩이나 올리겠다고 한다. 마치 세금을 올리려 태어난 정부 같다. 법은 신법이 시행되기 이후로부터 시행하여야 옳고, 소급해서는 옳지 않은 것은 초등학생도 아는 상식인데, 상식조차 없는 정치와 경제를 하려 한다. 현재 1가구 2주택 이상을 가진 사람은 법 시행일 이후는 더 이상 구입하는 것은 절대 금지하고, 시행일 전에 소유한 주택은 보유나 처분을 자유롭게 하는 것이 정의로운 국가에서 할 일이다. 적어도 민주국가라면 말이다. 투기를 목적으로 부동산을 많이 산 사람들이야 물론 말할 수 없이 나쁜 행위요 지탄받아 마땅하지만, 그렇지 않은 사람이 집을 서너 채 보유했다는 이유만으로 사회적 범죄자 취급을 하는 것은 정말 위험한 발상이요, 범죄감이요, 위험적인 발상이다.

전문가가 아닌 이상 주식에도 자신 없고, 금융기관 이자는 통상 물가수준보다

금·주식·부동산 중에서 누구나 주로 예금을 하면서 주식도 해보고 부동산을 택해 살아 온 국민이 어느 날 갑자기 범죄의 대상일 수는 없는 것이다. 가계와 기업이 잘 되고 경제를 잘 돌아가게 하고 국민에게 희망이 주는 정치가 정치이지, 망국적인 투기를 막는다는 그럴듯한 명분을 기회로 보유세·양도세 등 세금만 왕창 올리고, 왕창 올린 세금만으로 나라를 이끌려는 것은 바른 정치가 아니라고 생각되는데, 필자의 잘못된 생각인가?

거래세를 1% 내렸다고 하나 실거래 가격으로 부과함으로 실제로는 내린 것이 아니다. 상가와 빌딩 또는 빈 땅을 여러 곳에 많이 구입한 개인은 투기 또는 세무조사대상에서 제외하고, 땅의 용도대로 이미 지어진 주택을 몇몇 특정지역에 두서너 채 가지고 있다고 투기와 범죄행위로 인식케 부나 지자체에서 부동산 값을 전국적으로 올려놓다시피 하고는 공인중개사나 국민 탓으로 돌리는 것 같은 생각이 든다.

그러고 보니 온갖 고생과 날품팔이, 김밥 팔고, 가정부도 하고, 자수성가하여 평생 모은 돈을 다른 방법 없으니, 부동산으로 돈을 늘려 사회에 환원하던 미담도 이젠 사라질 것이니. 숭고한 미담의 주인공이긴 커녕, 정부 등이 올려놓은 부동산 값 대단한데다가 취득시부터 평생 중과되는 세금은 무섭고, 사회적 지탄의 대상으로 몰아갈 텐데 누가 이런 좋은 일을 하겠는가?

부자, 가난한 자, 재벌, 사회지도층, 누구 탈 것 없이 조금이라도 여유가 있으면 외화를 바꿔 외국으로 보낼 것이다. 애써 열심히 일할 목적도 희망도 없어질 것이다.

효친경로사상을 부활시키려는 일념 하나로 16살 소년 때 '아버지날'과 21살 총각 때 '노인의 날'을 만들었던 필자도 세

이 돈 회
감정평가사

카락 뽑기를 포기하고 살아간다. 앞으로 내 인생 별 탈 없이 산다 해도 길어야 20년 안팎이고, 내일 어떻게 될지 모르므로 큰 욕심은 없다. 다만 대한민국이 여러분의 조국이듯 내 조국이기에 항상 나의 소원은 정치와 경제, 사회가 잘 되면 정말 좋겠다. 오늘의 젊은이가 내일의 노인이다.

'노인의 날'은 필자가 만들고 29년이 흐른 1997년에야 국가에서 제정되는 빛을 보았다. 그러나 이 '노인의 날'은 아버지를 잘못 만난 탓으로 제정되는 데도 오랜 세월이 흘렀고, 다른 날들에 비해 제정된 역사도 짧으며 '노인의 날'이 있다는 사실조차 모르는 국민이 아직 많은 것이 사실이다. 그래서 그런지 필자가 두 날까지 만들어가며 소망한 효친경로사상이 부활될 기미는 발견되지 않고 있다. 아니, 효친경로사상이 부활은커녕 점점 더 실종되어가고 있다.

잘 아는 바와 같이 지난 7월 27일엔 며느리가 시어머니를 때리는 방송까지 등장하기에 이르렀다. 아기가 뜨거운 물에 덴 것을 보고, 대체 무얼 하다가 아이를 데도록 놔두었냐며 시어머니의 따귀를 때리고, 아내의 말을 들은 아들은 어머니가 당연히 맞을 만했다는 투의 방송이었다. 방송관련자도 진정한 사과는 고사하고, '현실에도 있지 않느냐'는 식의 해명으로 구렁이 담 넘어가듯 넘어가 버리려 했었다. 외할머니 집에 강도로 들어간 외손자도 있었다.

원인이 어디에 있을까? 위로는 고위 정치가로부터 아래로는 필자와 고등학생에 이르기까지 인간이 인간으로서 꼭 필요한 효친경로사상이 없어지고, 양심과 윤리도덕과 작업의식이 비틀어졌기 때문이다. 실제로 옳고 그름에 따르는 것이 아니라, 지위가 높고, 세력이 강하고, 목소리 큰 사람의 한마디가 좌우하는 세상일수록, 양심과 윤리와 정의는 빛을 발하지 못한다.

예를 든다면 10여명을 성폭행하거나 죽인 사람이 있었다. 그 인간 망종은 자기의 잘못된 욕구나 스트레스는 채웠을지 모르지만, 그에게 당한 한 사람과 그 가족 모두에게 죽기 전까지 잊지 못할 공포와 비참함, 그리고 그로 인해 평생 달고 들어져 한 사람으로 인해 많은 사람의 삶이 생지옥이 된다. 왜 남의 인생을 지옥을 만드는가? 무슨 권리로 무고한 인생에 지옥을 만드는가?

낙태를 포함해서 자식을 죽이거나 성폭행하는 부모가 일부 있다 치자. 이는 창조주가 섭리로 내신 부모 자체가 나쁜 것이 아니다. 어느 부모 할 것 없이 모두가 고귀하고 존경받아야 마땅하다. 다만, 무엇에나 직위에 맞는 자격과 바른 정신이 필요하다. 미세한 대수술을 집도하는 외과의사도 자격이 있고 바른 정신이 있는 사람이면 문제가 없다. 성폭행으로 낳은 자식을 기르는 부모도 외관으로는 부모이다. 그러나 올바른 부모는 아니다. 올바른 정신과 자격이 있는 부모는 자식을 죽이지 않는다.

자격 판단기준은 무엇인가?
관점에 따라 여러 가지 답이 나오겠지만, 필자는 창조주가 인간에게 주신 양심과 윤리 도덕 그리고, '인간이 인간에 대한 기본 예의'인 효친경로사상과 상경하애(上敬下愛)정신의 구비여부라 생각한다. 창조주께서 우리 인간에게 세상에 사는 동안에 지키라고 주신 양심과 효친경로사상을 팽개쳐 버리면, '처리리 짐승만도 못한 인간'이 된다. 성폭행, 일반 폭행, 인신매매, 유괴, 살인, 방화, 불특정 다수에 대한 복수, 정치가나 국회의원 등 일부 사회지도층의 '아니면 말고' 식의 허위사실 유포, 약의의 거짓말, 부정입학, 사기, 공갈, 도둑, 힘없는 자의 약점을 찾아 올리는 강자의 협박, 식료품에 방부제와 유해색소 첨가, 공해물질 방류, 막무가내로 끼어드는 운전, 자기가 노인이 아니라고 보살펴야 할 노인마저 학대하거나 무시하는 언사와 행동, 각종 도청 등은 인간 양심의 포기에서 나온 것이다.

좋은 여론을 선도할 막중한 사명을 가진 언론기관이 고작 딸이 어머니에게 형편없이 대드는 대본이나 쓰는 작가를 이용하고, 철도 못 되는 한심한 여인이 남편 간수나 잘 하라고 오히려 큰소리 치고, 어머니 때린 아내를 옹호해 주는 방송이나 해야 되겠나? 좋은 작품을 쓰면 아니 되고, 그런 것 아니면 쓸 것이 없어서, 위아래 모르며 정신 나간 작가가 고료나 받기 위해 아무렇게나 쓰는 작품을 검토도 없이 방송해버려야 하나?

신문이나 방송, 잡지의 위력은 대단하다. 아무리 악하고 충격적인 것이라도 한번 언론을 타거나 알려지면 다음부터는 대수롭지 않은 사실로 되어버리는 속성이 있다. 철없는 아기가 덴 것만으로도 시어머니를 때리는 것이 방송으로 나가면, 앞으로는 정말 별것 아닌 일로 여겨, 사위가 장인·장모를 구타하고 (시)부모가 며느리와 아들 쫓아내고 친정부모가 남편에게 매 맞아도 내 남편이 잘했다는 세상풍조가 오지 않는다고 장담할 수 있겠는가? 마치 요즘의 정치·경제·사회처럼 자꾸 이상하게 되어가는 것 같아 답답하기만 하다. 그래도 서로 참고 노력하면서 희망을 갖자! 오늘은 천둥번개가 치고, 수해가 나도 내일은 밝은 해가 떠오르기 때문이다.

이제 또다시 '노인의 날'이 다가온다. 국가기관이나 사회단체에서도 매년 형식적인 행사보다는 점심 한 끼 먹기 힘든 노인들에게 따뜻한 국밥이나 잔치국수 한 그릇이라도 정성껏 대접하는 것이 '노인의 날'의 바람직한 모습이 아닐까?

자녀가 없거나, 자녀가 있으면서도 양로원, 기타 보호시설 등에 살고 있는 노인들을 찾아가 도움을 주고 봉사를 하는 것도 '노인의 날'의 의의를 살리는 일이다. 앞으로 '어버이날'과 '노인의 날'에는 각 언론기관에서도 행사 자체만을 보도하지 말고, 두 날이 제정이 제정된 취지와 시대에 맞는 효친경로사상이 왜 꼭 필요한 지에 주안점을 두고 보도하여야 한다. 어린이를 '어린이날'에만 보호해야 하는 것이 아니듯 어버이나 노인을 '어버이날'이나 '노인의 날'에만 보살피고 존경하여서는 아니 된다.

노인보다 30년, 50년 늦게 태어나고 젊다해서 창조주로부터 먼저 영혼을 받고 태어난 노인을 무시하거나 학대할 권리는 이 세상의 누구에도 없다. 하물며 명색이 국민을 잘 살게 하겠다는 정치가라면 더욱 그러하다. 바른 정치가는 노인을 무시해서도 아니 되지만, 자라나는 청소년들에게도 모범이 되어야한다. 많은 청소년들이 정치가의 삶을 본받는 현실에서 정치가의 임무는 막중하다. 어릴 때부터 가정교육, 학교교육과 사회교육이 잘못되면 형제자매 몰라보고, 부모 몰라보고, 어른 몰라보고, 선후배 몰라보고, 친구와 동료 몰라보고, 이웃 몰라보는 이상한 사회가 될 수밖에 없다.

* 필자 이돈희(李敎熙) 감정평가사는 '아버지날'과 '노인의 날'을 만들었고, 노인학 및 예수님 생애 연구가, 국민고충처리위원회 민원상담전문위원이며, 저서에는 『효친경로사상의 부활을 위하여』(범문사)가 있다.

※ 외부 필자의 원고는 본지의 편집방향과 일치하지 않을 수도 있습니다.

문화경제신문(2005.9.26)

2013년 신년사

이돈희 (2013년 1월 5일자 대한노인신문 원고)

2013년 계사년 새해를 맞이하여, 전국의 대한노인신문 독자와 국내외의 모든 대한민국 국민이 건강하고 행복한 새해가 되시기를 충심으로 기원합니다.

특히 올해는, 2월 25일이면, 제18대 대통령으로 당선된 박근혜 대통령 당선인님의 대통령 취임과 작년 4월에 탄생된 제19대 모든 국회의원들이 냉철한 머리와 따뜻한 가슴을 맞대고 여야 보수 진보 사상적인 이념을 초월하고 오로지 국민을 위한 정치와 의회활동을 해 나가야 할 실질적인 첫해가 되는 매우 중요한 한 해입니다.

따라서 제18대 박근혜 대통령과 그 각료들 이하 각급 공무원, 제19대 국회의장을 포함한 300명 가까운 여야 무소속 국회의원 모두에게 국민들이 바라는 소망과 기대가 어느 대통령과 국회의원들의 임기 때보다 크리라 생각합니다.

　부디 2013년 올해부터는 정말 대통령과 국회의원 전원이 오직 국민을 가족같이 걱정하고 생각하고 사랑하는 정치와 의정활동만을 해주시기를 간곡히 기도합니다.

　아울러 어버이날과 노인의 날을 공휴일로 지정해주실 것을 청원합니다. 물론 대통령 당선인이시기에 대선 공약으로 내세운 시급한 각종 수많은 공약들을 이행하여야 하므로, 임기 초반엔 불가할 것이나, 임기 중반이나 늦어도 임기 내에 위 두 날의 공휴일 지정을 청원하는 소회를 간단히 말씀드리겠습니다.

　이유인즉 이 신년사를 쓰는 필자는 이미 42년 전 1971년에 박정희 대통령님께 "노인의 날을 제정해주십시오" 하고 몇 가지 자료를 첨부하여 청와대로 청원한 바 있습니다.

　강산이 무려 4번이나 변하는 42년이 지난 지금은 그의 따님인 박근혜님이 대통령으로 되시고, 그 동안에 노인의 날이 국가에서 제정되었으며 제17회가 되는 금년의 노인의 날을 계기로, 이제는 어버이날을 포함한 이 노인의 날을 공휴일로 지정해 주실 것을 이 신년사를 통하여 청원하게 되었음을 밝힙니다.

　이미 제일 야당인 민주통합당이 올해 어버이날을 전후하여 어버이날을 공휴일로 지정하게 할 것을 지난 국회의원 선거와 이번 대선 공약의 하나로 내어 놓기도 했습니다.

　과연 민주통합당에서 올해 2013년에 어버이날의 공휴일을 지정하게 할지는 모르겠으나, 제가 박근혜 대통령당선인님이 소속되었던 여당인 한나라당이나 새누리당의 홈페이지 자유게시판(정책제안) 등을 통하여 여러 차례 노인의 날의 공휴일 지정을 건의한 바 있었습니다.

지난 해 4월에는 청와대로 이명박 대통령님께도 노인의 날의 공휴일 지정을 직접 배달증명우편으로 청원 드리기도 했으나 아직 공휴일로 지정되지 않고 있어, 그 후임이신 박근혜 대통령당선인님께 현재의 540만 노인 분들과 앞으로 노인이 되실 모든 국민들을 위하여, 청소년들의 어버이인 어버이날보다 그 어버이의 어버이이시자 청소년들의 할머니 할아버지인 노인 분들, 즉 한 가정과 이 나라를 위해 평생을 보내신 노인, 어르신들을 위한 노인의 날의 공휴일 지정이, 민주통합당에서 지정하기로 공약한 어버이날의 공휴일 지정보다는 한결 의미가 있다 생각되므로, 우선 노인의 날의 공휴일의 지정을 청원하게 된 것임을 혜량해 주시기 바랍니다.

어버이날과 노인의 날의 공휴일 지정과 같은 좋은 일에는 여당과 야당이 화합하여 추진할지언정 자기 당에서 하기로 한 것이 아니라고 반대할 이유는 없다고 생각합니다.

45년 전 제가 노인의 날을 만들 당시만 해도 65세 이상의 노인 인구가 200만 명이었습니다만, 지금은 그 2.7 배인 540만 명입니다.

날이 갈수록 증가하는 노인문제와 이를 해결하기 위한 노인복지와 정책의 개발은 물론, 가정과 사회와 국가 전체적으로 노인을 위한 방안으로 제정된 노인의 날을 이제는 공휴일로 지정할 때가 되었습니다.

아니면 적정한 달의 일요일의 다음 월요일로 변경 후 공휴일로 지정하여 주십시오. 그리하면 토요일 일요일과 더불어 월요일도 공휴일로 지정되게 하여, 3일 연휴로 해주실 것을 청원하게 되었음을 다시 한 번 말씀드립니다.

이미 40여 년 전 20대 젊은 시절에 청와대의 퍼스트레이디로 중책을 담당하신 박근혜 대통령당선인님께서도 어느덧 흐르는 세월과 함께 60세 회갑을 넘기시고, 박정희 대통령을 이은 부녀 대통령이 되셨으니, 아버님 박정희 대통령께 노인의 날 제정을 청원하던 저의 20대 초반의 청년 시절의 청원을, 이제는 제정된 그 노인의 날의 공휴일 지정을 60대 중반을 넘어서서 드리고 있는 청원임을 꼭 기억해 주십시오.

아무쪼록 박근혜 대통령당선인님께서 노인의 날의 공휴일 지정을 임기 내에 이루어 주시고, 임기 내는 물론 5년 임기 후에도 항상 건강하시기를 두 손 모아 기도드리겠습니다. 아멘! 〈잠시 체류 중인 미국에서 삼가 드림〉

가톨릭언론인신양학교 홈페이지 (2013.1.21)
동일지 수단어린이장학회 이태석 신부 홈페이지
선린상고 57회 홈페이지(2013.1.22)

저자 주 대한노인신문사 수석부사장 겸 수석논설위원으로 쓴 글 중에 이 신문에 실리지 않은 글은 이 〈신년사〉와 2012. 11. 20 신문 원고인 "올해는 안철수 후보가 대통령이 안 되었으면 하는 생각"(2012.11.23 가톨릭언론인신앙학교 홈페이지 및 동일자 선린상고57회 홈페이지) 등이 있음.

　대통령이 어떠한 자리인데, 민주주의와 의회주의 국가에서, 정치경험 전무하고 따르는 국회의원 1명 뿐인 안철수 후보가, 120여 명의 국회의원이 있는 제1야당인 민주통합당의 경선을 통과한 대통령 후보인 문재인 후보가 아닌, 새로운 정치를 부르짖고 청춘콘서트를 열어 일부 젊은이들의 우상이긴 하나 일개 대학원장의 한 분인 안철수 후보가(대학교의 유능한 총장이라야 대통령이 국무총리로 임명하는 관례는 있지만)야당 단일후보가 되고 대통령으로 되는 것은, 우리나라 대한민국은 물론 안철수 후보 본인을 위해서도 올해는 대통령이 안 되었으면 하는 자세한 이유를 어느 누구도, 심지어 전국의 수많은 신문사들의 기라성같은 논설위원이나 주필도 쓰지 않은 글을 저자가, 우리나라의 앞날이 심히 걱정이 되어 하느님께 깊이 기도하면서 썼던 글인데, 저자의 생각대로 제 18대 대통령이 아니 된 것은, 지금도 저자의 착각인지는 몰라도 다행이 아닌가 생각하고 있음.

　이제 2013. 4.24 보궐선거에서 당선되어 원하던 제 19대 국회의원의 한 사람이 되고 정치인으로 당당하게 등장한 만큼, 앞으로 국민을 위해 대통령이 되겠다는 그 새롭고 창조적인 기백의 약속을 살리고 열심히 노력하고 경력을 쌓아서, 국내외적으로 헤쳐나기기 힘든 우리나라 대한민국을 위해 국회의원으로서 정치가로서 신명을 바쳐 주기를 국민의 한사람으로서 같은 가톨릭신자로서 소망하고 있음.

　저자의 이 〈신년사〉가 실리지 않은 것은 발행인, 신문사 회장, 강창희 국회의장의 신년사까지 실리는 신년호에, 부사장의 〈신년사〉가 들어갈 지면이 없었음과 만약 안철수 후보가 문재인 후보와 단일화가 되어 야당 단일 후보가 되거나, 새누리당의 박근혜 후보와 대선에서 대통령이 되었을 경우 신문사의 난처한 입장을 생각해서 싣지 않았음을 신문이 나오는 날 아침 일찍 발행인의 연락으로 알았으며 충분히 공감되었음.

성복동 성당 <주임신부 : 백윤현 시몬신부>
부활 제 6주일 미사 참례 후 (2013년 5월 5일 어린이날에)

 ## 저의 희망과 꿈

신년특별기고

～ 회갑의 새해를 맞이하는 감회

살아있는 인간은 매년 한 살의 나이를 더 먹는 새해를 맞이합니다.

올해는 2007년으로 정해년 새해입니다. 대망의 새천년인 2000년대도 벌써 행운의 해인 2007년 입니다. 행운과 희망의 2007년 새해를 맞는 귀하는 금년에 몇 세가 되었으며, 희망과 꿈은 무엇입니까?

저는 만 60년 전인 1947년에 태어나서 올해로 회갑을 맞이합니다. 올해도 매년 바뀌는 새해의 하나이긴 하지만 60세 회갑이 되는 새해가 되었으니, 감회가 어찌 한 살 더 먹는 예년의 새해와 같겠습니까?

100년 전만 해도 60세까지 살기가 힘들어서 회갑을 기념했지만, 지금은 여자는 평균수명이 이미 80세를 넘어섰고, 남자도 80세를 바라볼 정도로 수명이 늘어났는데, 60세가 무슨 의미가 있겠느냐 하실 분도 많으시겠지만, 노인학(老人學)을 도입하여 연구하는 입장에서 볼 때도 60세는 나름대로 의미가 있다 생각합니다. 21세기의 제3의 인생은 바로 60세부터이기 때문입니다.

평생을 병마와 싸워온 삶

사람의 생명은 하늘만 안다는 말처럼 누구도 장담할 수 없습니다. 매우 건강하던 청장년이 각종 사고로 하루아침에 죽거나, 어린아이들도 난치병으로 고생하다 세상을 떠나는 것을 보면, 저는 제가 60세까지 산 것도 기적이라 생각하고 있습니다.

사실 저는 아기 때부터 기관지확장증, 만성중이염 등 평생을 낫지 않는 병 여러 가지를 앓아왔습니다. 청년시절인 대학생 때는 폐결핵을 앓았고 재발로 고생하였으며 돈이 없어 보건소에 가서 약을 타먹기도 했습니다.

허리가 몹시 아파 2시간짜리 수업은 강의 중에도 강의실 가까운 잔디밭이나, 벤치에 나와서 잠시라도 누웠다 들어가야만 강의를 들을 수 있었습니다.

맹장수술은 물론 목, 코, 귀 등 이비인후과 전부를 수술했고 수십 년을 치료 받았지만 치유되지 않았습니다. 7년 전엔 대장암 수술을 받으며 정신적으로 육체적으로 많은 고생을 했습니다.

지난 8월 1일과 12월 9일 등 2회에 걸쳐 KBS 1TV 〈생로병사의 비밀〉에 저와, 암환자 아내로서 마음가짐과 그간 수발한 방법을 이야기하도록 하라하여 아내, 주치의인 서울아산병원의 김희철 교수가 같이 출연해서 늘 어나기만 하는 암환자들을 위한 방송을 하기도 했습니다.

부모마저 병고(病苦)에 시달려

저의 어머니는 제가 태어나기 전부터, 그러니까 저의 형을 사산(死産)했던 62년 전부터 건강이 너무 좋지 않았습니다. 어머니가 저를 기르시던 젊은 시절은 물론, 제가 결혼 후 31년을 같이 살았지만, 최선을 다하며 모시고 산 보람도 없이 69세이던 9년 전에 심한 노인성 우울증과 파킨슨병까지 발생하여 자살을 시도했고, 40여 일을 입원했습니다.

퇴원 후에도 완치는커녕 아무리 달래고 말씀드려도 조금씩 움직이는 것도 매우 싫어하시다가 3년 전부터 혼자서는 전연 화장실 출입도, 일어나지도 못하게 되어 가정간호사를 두기도 했지만 호전되지 않았고, 최선의 방법이 없어 노인전문 너싱홈 신세를 지고 계십니다.

아버지도 15년 전 69세에 위암수술을 받고 항암제투여를 위해 매월 일주일씩 입원과 퇴원을 반복하시길 3년을 고생하였습니다. 설상가상으로 72세 때는 수술을 할 수 없는 부위의 폐에 폐암까지 발생해서 수술도 못하고, 방사선과 항암제주사를 맞으며 무려 10년을 더 고생하시다가 82세이던 재작년에 갑작스런 패혈증으로 최고단위 항생제 및 각종 약물투여, 심폐소생술 등 중환자실에서 할 수 있는 모든 처방과 치료를 했지만 의식도 없이 20여 일 간 생사를 헤매다 돌아가셨습니다.

어머니에게는 9년 전부터 지금까지 3개월에 한 번씩 서울 아산병원에서 한 보따리 되는 약을 처방 받아 요양원에 갖다드리고 있으며, 그것이 아니라도 한 달에 한두 번씩 뵈러 어머니 계신 곳을 다녀오고 있습니다. 의식이 멀쩡하시면서 10년 가까이 누워 계시는 어머님이 얼마나 고생이 되시겠습니까? 자식의 힘으로 되는 것이 없습니다.

사도 바울 생각하며 신앙으로 극복

본인까지 매우 아픈 저와 같은 환경에서 늙으시고 난치병 드신 두 노인을 함께 모시기가 힘든 것은 부모님을 모시지 않는 가정에서는 하루하루, 아니 시시각각의 삶조차 상상할 수 없지요. 필자는 지금도 허리가 아파서 인근 정형외과에서 처방한 약을 매일 먹으면서 물리치료를 받고 있습니다. 전문의의 말로는 왼쪽 골반이 틀어지고 요추 몇 번과 경추 몇 번에 이상이 있어서라 하니 답답할 뿐입니다.

어릴 때부터 가족 전체가 이렇게 많이 아프다보니, 수십 년을 수많은 병원과 약국을 찾아다니고, 육신과 영혼의 병을 잘 고친다는 목사나 신부님들이 하는 치유집회에도 수 없이 참석하고 간절한 기도를 합니다만, 사도 바울의 가시처럼 저에게도 자고(自高)하지 않도록 평생 동안 병고를 허락하심인지, 저의 믿음이 겨자씨만도 못해서인지 치유되지를 않고 있습니다. 그래도 단 하루라도 육신의 고통이 없이 살면 얼마나 좋을까 하는 희망을 가지면서, 죽기 전까지 하느님을 굳게 믿으면서, 저와 많은 환자를 위한 기도를 그치지 않을 것입니다.

심한 병으로 요절한 성인성녀(聖人聖女)들도 많고 보면, 그분들에 비해 신앙심이 턱도 없는 제가 저의 병이 낫기를 기도함은 주님의 뜻이 아닌가보다 생각하기도 하면서도, 이러지도 저러지도, 낫기를 포기하지도, 기도를 그만두지도 못하는 것이 난치나 불치병을 가지고 살아야하는 환자와 그 가족의 안타까운 처지가 아닌가 싶습니다.

> 이러한 처지의 저의 2007년의 희망과 꿈은 무엇이겠습니까?

어버이날, 노인의 날이 일요일 혹은 공휴일로 지정되기를

첫째, 효친사상을 고취시키기 위한 방안으로 선린상고(현 선린인터넷고) 학생 때 만든 아버지날이 10년 만인 1973년부터 당시의 5월8일 어머니날에 합쳐져 올해로 35회 어버이날이 되고 있는 〈어버이날〉과 경로사상을 부활시키기 위해 동국대학교 학생 때 노인의 날(경로일, 경로의 날, 어르신의 날)을 만든 후, 3년간의 준비 끝인 1971년에 서울 신촌에서 직접 행사하는 시범까지 보이면서 만든 〈노인의 날〉이 노무현 대통령 다음 대통령 때 이후에 공휴일로 지정하거나 일요일로 변경되는 것입니다.

가정과 사회와 국가에서 일 년에 하루만이라도 어르신들을 더 위할 수 있는 노인의 날이 제정되도록 애써 온 지 29년 만인 1997년에 김영삼 정부에서 시행되었으니, 이제는 이 〈어버이날〉과 〈노인의 날〉을 가족들과 친지들이 시간적 여유를 가지고 만날 수 있게 공휴, 또는 일요일로 지정해주는 정부가 탄생하길 바라는 것입니다. 노인의 날이 제정된 1997년은 제가 50세일 때, 한국토지공사에 부장으로 근무하던 때입니다.

노무현 정부에서 지난 4년간 해 온 정치, 경제, 문화, 교육, 국방 등 어느 모로 보나, 노 대통령은 어버이날이나 노인의 날의 일요일로의 변경이나 공휴일로의 지정을 해 줄 것 같지 않아 보입니다.

노인의 날 행사 직접 주관해 보고 싶어

둘째, 1971년에 시범으로 직접 행사했던 노인의 날 행사를 제정되기 전과 제정된 후에도 제가 한 번 더 행사해 보고자 희망했지만, 개인이 하기엔 엄청난 행사비 문제, 장소 허가 문제, 참석할 기관장과 노인 분들의 초대 방법 문제 등으로 못했던 것을 노인의 날을 만든 지 40년이 되는 내년이나 직접 행사한 지 40주년이 되는 2011년에는 소규모로, 아주 조촐하게라도 한 번 더 행사할 수 있었으면 하는 꿈입니다.

제가 한 번 더 행사해보려는 노인의 날 행사를, 윤리와 도덕, 효친경로사상의 고취나 부활에 뜻있는 신문사나 잡지사 등 언론기관에서 주관해 주었으면 좋겠습니다. 효사상을 중시하는 신문사나 잡지사, 중고등학교 및 효도대학원대학교 등 각급 학교, 노인의 권익을 위하려는 노인 단체, 효 관련기관들도 적지 않게 있으면서, 도대체 무엇에 정신을 쓰느라 위 두 날의 공휴일의 지정이나 일요일로의 변경을 위한 제언엔 그리도 무관심하고 방관적인지 이해가 아니 되어서, 이를 위해 관심 있는 위 기관이나 단체 또는 학교의 주관 하에, 노인의 날 행사를 직접 해보고 싶은 꿈이 있습니다.

방정환 선생의 마음을 제가 잘 모르지만 32세에 일찍 작고해서 그렇지 더 사셨다면 당신이 어린이날의 행사를 또 해보고 싶으셨을 겁니다. 방 선생은 선린상고 선배님이기도 합니다.

2008년이나 2011년에도 저의 행사를 주관할 곳이 나타나지 않으면, 제가 노인전문 요양원이나 시설의 협조를 얻어 거기에 계신 노인 분들을 위하는 일로 저의 노인의 날 행사를 가름할 생각이기도 합니다.

제가 감히 대학생 때 만든 노인의 날 제정의 취지와 목적을 말씀드린다면, 노소간의 세대차를 이해하는 구심점이 되고, 무의무탁 노인, 자손들이 있으면서도 갖은 핑계를 대고 찾아가지 않는 병들고 외로운 양로원, 요양원, 기도원 등의 시설에 있는 노인 분들을 가정과 사회에서 위하게 함이 그 하나입니다. 잘살고 건강해서 보살핌이 필요 없는 노인들에게까지 노인의 날이라 해서 초대하고, 하루를 보내게 하는 행사나 하라고 만든 것은 아니기 때문입니다.

노인 위해 기증할 터

셋째, 노인을 위한 기관이나 단체(예: 수도원, 수녀회, 노인복지시설)에 제가 조그마한 현물을 기증하고자 합니다. 방정환 선생께서 어린이들을 위해 사셨듯이, 저는 노인들을 위하려는 마음으로 살아왔기에, 노인의 날을 만들던 대학생 때부터의 저의 평생 꿈은 노인을 위한 실버타운을 만드는 것이었습니다.

50만~60만평의 실버타운 안에 각종 유실수도 심고, 비닐하우스가 들어선 농장과 가축을 기르는 목장도 갖추고 여기서 나오는 수입으로 생활하고, 용돈을 쓰게 하고, 운동시설도 구비하여 건강하고 즐겁게 살아가며, 노인전문병원과 성당과 경로수녀원도 지어서 노인들이 평안한 마음과 종교적인 분위기 속에 사시다가 성가(聖歌)와 찬송가(讚頌歌) 속에서 천국에 드시게 하고 싶었습니다.

그러나 잘 아시는 바대로, 건축비와 땅값, 각종 시설비 등이 너무 너무 비싸서, 40년을 최선을 다해 노력했지만 저 개인의 힘만으로는 도저히 불가능한 것을 알았습니다.

저의 부부가 맞벌이로 직장을 다니면서, 합심해서 벌고, 꼭 필요한 것 외엔 안 쓰고, 한국토지공사를 퇴직할 때의 퇴직금도 할애해서, 정말 애써서 마련한, 저희 부부가 또다시는 마련할 수 없는 귀한 현물을 기증하고자 하는 것입니다.

하느님이 주신 동갑인 저의 아내 강연식(姜姸植)은 이런 일을 하려는 저를 결혼 전부터 알았고, 저를 돕기 위해 결혼했으며, 결혼 후에는 여자고등학교 교사가 되어 현재까지 교사를 하고 있습니다만, 역부족입니다.

현실이 그러하지 않습니까?

해당 종교재단이 주는 보조금과 신도가 힘을 합쳐도 교회나 성당, 사찰 하나 개척하고 신축하는 일이 얼마나 어려운지를 직접 해 본 분들은 잘 아실 겁니다.

대학시절부터 제가 제대로 갖춘 실버타운을 만들고 싶었고, 그러자면 무엇보다 부동산을 알아야 하겠기에, 한국 처음으로 부동산전공이 생긴 건국대 행정대학원에서 69년부터 부동산학(不動産學)을 전공하고, 74년에는 감정평가사가 되고, 77년에 정부투자기관인 토지공사에 입사하여 21년간 재직하면서 부동산의 이론과 실무를 배우고 익혔지만, 그리고 90년에는 현대사회연구소에서 현상공모한 〈서기 2000년을 대비한 나의 미래설계〉에서〈노인마을 만들기에 일생을 건다〉라는 작품으로 무려 2,853명의 응모자 가운데서 최고상인 대상(大賞)까지 받았습니다만, 하느님이 이상적인 실버타운을 만들 부지나 재력(財力)까지 저에게 관리시키시지는 않으셨음을 알았습니다.

사회 지도층과 관련단체의 관심 있어야

어릴 때부터 온갖 잡병으로 힘겹게 아프게 살아온 관계로, 장년이나 노인이 아닌 16세, 21세 청소년 때 위 두 날을 만든 저이지만, 세월 따라 벌써 나이가 회갑을 앞둔 저희 부부로서는 앞으로 직접 실버타운을 만들거나, 난치병 드신 노인들을 몸으로 수발하는 일은 할 수 없음을 알았습니다. 참고로 저는 가톨릭(천주교)신자입니다. 저와 제 아내가 결혼 후 택시 한 번 잘 안 타고 정말 아껴 모은 것, 그리고 연 이자가 0.1%라도 많은 금융기관을 찾아다니며 적금을 들고, 찾아 다시 적금하고, 정기예금 하여 모아가며 만든 조그마한 현물입니다. 이 세상 나이로는 예수님도 33세 밖에 사시지 않았습니다.

저는 벌써 27년이나 더 살았는데, 무슨 더 큰 욕심이 있겠습니까? 제가 직접 못할 땐 관리하는 것 기증하고, 남은 인생 하느님 앞에 부끄럼 없이 살아가면 됩니다.

종합병원의 입원실이나 노인요양시설에 한 번만이라도 찾아가보십시오! 세상에는 심신이 말을 안 듣는 어르신, 저의 어머니처럼 남의 도움 없이는 하루도 못살아가는 불쌍한 노인이 너무 많습니다. 자식들로부터도 합당한 대우를 못 받는 노인들도 있습니다.

시어머니가 따로 있는 것이 아닙니다. 자기는 언제나 아니 될 것만 같은 며느리가 아들을 낳고 겨우 30년 후면 시어머니가 됩니다. 자기가 노인이 아니다보니, 노인의 입장은 생각 못하고 노인들의 사기를 꺾고 슬프게 하는 자손과 이웃들이 비일비재합니다. 그런 노인 분들을 위해서 지금부터라도 더 많이 힘써 주시고, 보살펴 주시길 간절히 바랍니다.

각 학교의 선생님과 교수님, 사회인사와 오피니언 리더, 훌륭한 작가, 정말 정치 잘 하는 정치가나 국회의원, 특히 각 가정과 사회에 좋은 여론을 선도하는 언론기관은 우리 사회와 국가에서 점점 실종되어가는 효사상의 부활에 일익을 담당해 주실 것을 간곡히 호소하고 희망합니다! 〈자식에게 대한 관심의 20%만이라도 부모에게!〉.

예수님 생애 연구한 저서 남기고파

 넷째, 건강이 허락하는 대로 국내외의 성지(聖地)를 순례하고 많은 독서를 하고 싶습니다. 그리하여 저 나름대로 예수님의 생애에 관한 책을 꼭 쓰고 싶습니다. 이것은 제가 딱히 시간을 정해서 하는 것은 아닙니다. 3년이 걸리든 5년이 걸리든 10년이 걸리든 저의 남은 일생을 바쳐서 꼭 해보고 싶은 일이기 때문입니다. 성경을 묵상하고 예수님의 생애를 연구하고, 부단히 기도하다보면 열정이 있는 신앙인으로, 올바른 사람으로 살아갈 수 있으리라 생각했기 때문입니다. 성경에 "자기 목숨(영혼)을 잃으면 무슨 소용 있는가?" 했습니다.

 훗날 제가 예수님을 뵈면, 예수님이 이 세상에 탄생하시기 전엔 그렇다 하더라도, 이미 2000여 년 전에 예수님이 이 세상에 육신으로 오셔서 인간의 모든 죄와 병고를 짊어지고 십자가에 돌아가시고 부활하셨음에도, 저승뿐만 아니라 이승도 하느님이 다스리시는 곳임에도 불구하고, 세상에 태어나는 도무지 수를 셀 수 없이 많은 사람들이 가난으로, 심한 병고로, 그리고 죄의 굴레(원죄:原罪)에서 벗어나지 못하고 괴롭게 살다가 가야되는지를 꼭 여쭤 보고 싶습니다. 또한 주님의 날개 아래서 영원히 살고 싶습니다.

제발 올바른 대통령 선출되길 기도하며

 다섯째, 올해는 새로운 대통령을 뽑는 매우 중요한 해입니다. 가정에서 가장이 고집불통이고 꼬여 있거나, 직장에서 사장이 독선적이고 비정상적이어도 이러지도 저러지도 못해 골치 아픈데, 정말 그러한 노무현 대통령일 줄 너무 몰라서 국민이 잘 못 뽑은 죄로 몹시 덤터기 쓰고, 힘들고 있습니다. 전국적인 부동산값, 매년 세금 왕창왕창 올리려 태어난 정부 같은 엉터리 부동산(세금) 정책, 언론기관을 고소하고, 댓글이나 달고, 바른 고등학생과 대학생도 아는 무모한 전작권(전시작전통제권) 반환문제, 북한의 핵실험에 대한 대책, 대통령 못해 먹겠다는 한심한 소리 등 현 정부에서 하는 정책은 어느 것이라 굳이 예로 들 것도 없이 거의 대부분이, 국민의 어느 계층 할 것 없이 가난하게 만들고, 희망의 싹을 없게 만들어서 정치, 경제, 외교, 교육, 국방, 나라 빚 등 다방면에서 어렵게 진행되고 있음은 그 추종자들도 알 것입니다.

제 말이 부디 맞지 않으면 좋으련만, 대통령은 바둑으로 말하면 프로 9단이어야 하는데, 지난 4년간의 노 대통령은 국민의 한 사람으로서 아무리 잘 봐 주려 애써도, 아마 초단도 안되는 것 같았습니다. 아마 초단기사가 프로 9단의 바둑을 능가할 수 없듯이, 4년간 둔 바둑이 정수보다는 무리수, 꼼수, 악수, 자충수, 엉터리수, 덜컥수가 더 많았습니다.

프로 정치가인 반기문 장관(유엔사무총장)을 포함한 소수의 사람을 제외하면 훌륭한 정치가가 거의 없는, 문자 그대로 아마인사, 코드인사들이었습니다. 유유상종이라는 말처럼 최고인 팀장이 아마수준이면 팀원들도 그 수준을 대부분 못 벗어나는 것 같습니다. 프로는 프로바둑도 알고, 아마바둑도 알지만, 아마는 프로바둑을 흉내는 낼지언정, 아무리 자기가 프로라 큰 소리쳐도 아마바둑에 지나지 않습니다.

경로사상, 상경하애 정신이 실추된 원인

이러한 분들이 주류를 이루고 있다 보니 기껏 한다는 소리가, "노인들은 힘들 테니 투표도 하지 말고 집에서 쉬십시오." 라거나 "노 대통령이 대학총장이라면 박 대통령은 고등학교 교장" 이라는 해괴한 말도 할 수밖에 없습니다. 어떻게 아마가 프로를 무시하고 밀어내고 욕하고 수구꼴통이라고 치부합니까? 부모 없는 자식, 선배 없는 후배가 어디 있습니까? 모르면 프로에게 배워야 하는데, 모르는 것조차도, 배워야하는 것조차도 모르고 있으니 얼마나 잘못된 것입니까? 잘나도 못나도 부모는 부모요, 학교나 직장이나 사회의 선배는 선배입니다. 전작권 문제만 해도 대선배 국방부장관들과 예비역 장성들과 군인들, 그리고 뜻있는 국민들이 모르고 할 일이 없어서 그렇게 걱정하고 반대하겠습니까?

도지사도 아닌 젊은 군수를 장관을 시키니, 자기 부(部)도 아닌 다른 부에 속하는 분들, 교육자라는 자부심 하나로 평생을 바쳐 온 교장 선생님들을 모신 강연 중에, "십 몇 년을 학교엘 다녔지만, 존경할 만한 분 없습디다." 라는 말도 나오고 자기도 모르게 위아래 몰라보는 안하무인이 됩니다. 장관이나 특보시키고, 장관 그만두게 하고, 그걸 이력으로 국회의원 출마시키고, 떨어지면 요직으로 다시 데려오니, 사회나 직장의 선배를 압니까? 스승을 공경합니까? 상경하애(上敬下愛)의 정신이 있습니까? 경로사상이 있겠습니까?

특권의식에 사로잡힌 이런 사람들이 자기보다 출세 못하고 나이 많은 사람은 죄다 무능한 사람, 수구골통으로 보이지 존경의 마음이 있겠습니까? 무슨 수석이라는 젊은 여자는 "대통령은 21세기에 사는데 국민은 20세기에 살고 있다."고 전체 국민을 무시하는 헛소리를 얼굴 똑바로 들고 밥 맛 없이 하는 것입니다. 그 나물에 그 밥인가요? "서울 강남사람들 부동산으로 언제까지 웃을 수 있나 보겠다." 고 반 협박 반 저주를 하는 자도 있었으니.

질서, 화합, 평화의 나라를 소망하며

벌써 자칭 타칭의 대선 후보가 여러 명이 나오고 있습니다. 이번 선거에서 대통령이 안 될 것 십상인 사람도 자기가 대통령 적임자로 착각하여 너도 나도 난립하고, 상대방 후보 비방하고, 터무니없는 허위사실 조작해서 표를 깎고 분산시키면, 의외의 사람이 정권을 잡게 되고, 또다시 위험천만한 정치와 경제와 국방과 교육정책을 쓰게 됩니다. 임기 후에도 정치와 언론에 영향력을 가지겠다니 그렇게 된다면 극심한 좌경화와 내편 네편 가르기로 우리나라의 장래와 국민의 심성이 불을 보듯 뻔해집니다.

그래서 극미한 힘이나마, 대선후보가 난립하지 않고, 상대방 헐뜯지 않고, 그 결과로 정말 전체 국민을 위하는 후보에게 표가 가서 대통령으로 선출되길 기도하며 좋은 결과를 기다릴 것입니다. 이렇게 되면 나라의 정치와 경제와 국방이 안정되고, 부모 자식, 친지간에 효친경로사상도 부활되며, 직장동료, 선후배, 이웃간에 아끼고 사랑하는 상경하애(上敬下愛)의 정신도 살아나서, 질서 있고 화합하는 평화로운 나라가 될 것이기에, 이러한 꿈과 소망을 존경하는 여러분과 함께 반드시 이루고 싶습니다. 아멘!

참좋은이들21 (2007년 1월호)

 ## 새해 복 많이 받으세요

이돈희 (대한노인신문 수석부사장 겸 수석논설위원)

오늘은 제가 미국에 온지 한 달 되는 날입니다. 직장인이 60일이 넘는 휴가를 받고 외국에 아내와 같이 나오는 것이 쉬운 일은 아닐 겁니다. 제게도 앞으로 두 번 다시 오기 힘든 좋은 기회이지요. 따라서 하루하루, 한 주 한 주를 금쪽 같이 보내려고 일정을 잡고 그대로 실행하려고 노력을 하고 있습니다.

지난 1월 15일 주일에는 성 요셉 한인 천주교회의 아침 미사에 참례하게 되었는데, 대구대교구 소속 신부님으로 장애인재활기관에서 장애인들을 돌보는 신부님께서 모처럼 얻은 휴가를 친지들의 도움으로 미국에 오시게 되었고 그랜드캐년 등을 관광하실 예정이며, 모금을 하러 다니는 것은 아니니 안심하시라고 해서 미사에 참례하는 신자들이 모두 웃은 적이 있습니다.

심한 중복장애 아이에게 1년을 정성 들이고 사랑으로 가르쳤더니 신부님 보고 "아빠" 란 한마디 말을 하는 천사를 보고 참으로 기쁘셨다는 신부님의 말씀에 가슴 뭉클했습니다. 19년차 신부님이신데, 사진에 취미가 있다 하시며, 25주년 기념 때 장애인들을 위한 자선 사진전시회를 열고 싶으시다는 신부님의 조그만 소망이 이루어지시기를 영성체 후 기도했습니다.

이 번 한 주간은 약 3000년 전의 역사인 탈출기(출애굽기)와 관련서적을 읽고 묵상하였으며, 특히 관련된 영화 '십계'를 다시 보면서(상영시간 3시간 39분), 400년 간 고난 받던 이집트 탈출 후 파란만장한 60만 이스라엘 백성과 말 안 듣는 이스라엘 백성을 가나안으로 인도하려고 무지무지 애쓰는 모세의 80세 노구 이후 40년 광야생활을 상상해 보았습니다(미국에 있는 처남도 가톨릭신자이고 영화를 매우 좋아해서 각종 영화주제 음악 CD는 물론 레코드 판, 수많은 클래식 음반, 십계, 벤허, 나사렛 예수, 유혹 받으시는 예수, 기적, 루르드의 기적, 막달라 마리아, 성의 등 2,000개가 훨씬 넘는 각종 영화 필름과 DVD의 수집 마니아입니다. 퇴근을 하고 와서는 꼭 음악을 틀어놓고 감상하는 애호가이지요).

참, 한국에서 광고로만 보았지 읽지 못했던 〈고구려〉라는 역사소설을 처남이 빌려와서, 저자 김진명 소설가(무궁화 꽃이 피었습니다 작가)의 책 안내 글을 잠깐 보았는데, 이 소설을 구상하고 자료를 수집하고 쓰기 위하여 무려 17년 간 기획된 작품이라고 하며, 현재 예정된 13권을 모두 쓰고 나면, 아마 혼백이 빠져나가 껍데기만 남을 것 같다는 내용의 글을 읽고 감명을 받지 않을 수 없었습니다.

고구려를 전문으로 연구하는 역사학자도 아닌 소설가가 그것도 자료 얼마 안 되는 것 가지고 345쪽 내외의 책을 13권이나 쓴다는 것은 정말 하느님이 주신 탤런트와 작가의 부단한 노력과 창조력과 상상력이 아니면 불가능한 일이라 생각합니다.

제가 예수님의 생애를 연구하게 된 것은, 중3 때 세례를 받고 신약성경을 아무리 읽어보아도, 13세부터 30까지의 아주 중요한 시절인 18년간의 생애의 기록이 없어 궁금(생애 33년 중 18년은 반평생을 훌쩍 넘음)해서이자 주위의 신부님 목사님, 수녀님 등 누구에게 물어보아도 잘 모른다 하여, 또한 같은 예수님을 믿고 거의 같은 성경을 쓰는 가톨릭과 개신교에서 예수님의 형제와 성모마리아님에 대해서 너무 현격한 차이를 보이고 있어서이지요.

자료를 모으다 보니, 불자인 예수라든가, 잃어버린 예수의 생애, 독일인이 쓴 인도에서 사신 예수 등 제가 모르던 책들이 있었고, 작년 2011년 초에 인도와 네팔을 여행했을 때는 그 독일인이 직접 영어로 쓴 인도에서 사신 예수를 인도의 한 호텔 내 서점에서 정말 반갑게 구입할 수도 있었고, 그 외 많은 작가와 탐험가들이 성경에 기록되지 않은 13세부터 30세까지의 생애에 대해서 연구가 계속되고 있는 것을 알 수 있었습니다.

처음엔 이런 책들을 자꾸 읽다보면 나도 모르게 이상한 사람이 되거나 이단으로 빠지지 않을까 스스로 걱정도 했지만, 누구나 일기를 써도 별로 중요하지 않은 사실은 기록하지 않듯이 성경에도 모든 사실이 기록되는 것은 아님을 안 후에, 이상한 사람이 되거나 이단이 되는 것은 아님을 일찍 깨달았고요.

올해 설날을 즈음해서, 설날과 관련된 에피소드 하나를 소개하겠습니다.

음력설이 구정으로 공휴일이 아니던 현재의 설날을 공휴일로 제언하고, 하루밖에 아니던 추석공휴일을 설날과 추석 각각 연휴로 할 것을 제언했었지요. 어린이날, 어버이날, 노인의 날처럼 제정이야 물론 국가에서 하는 것이지만, 이를 최초로 많이, 끈질기게 제안하고 주장한 사람이 먼저 있는 것처럼, 설날과 추석이 3일 연휴가 된 1989년의 한참 이전인 1972년부터 개인인 제가 연휴로 하자고 제일 많이 주장하고 글도 쓰고 방송도 했지요 (1987년 1월 17일자 〈조선일보〉, 1988년 2월 22일자 〈동아일보〉, 1987년 2월호 및 1988년 2월호, 1989년 2월호 및 동년 3월호 〈월간 부동산〉과 졸저 2003년 〈효친경로사상의 부활을 위하여〉 참조).

노태우 대통령 시절에는 청와대와 각 언론기관 등에 얼마나 열성적으로 주장하고 제언했으면 당시 홍성철 대통령 비서실장이 직접 만년필로 한문이 되는 단어는 모두 한문으로 국한문 혼용하여 무려 3페이지나 되는 자상한 답신을 보냈겠어요?

잘 아실 거예요. 대통령 비서실장이란 자리는 대통령의 손발이요 막강한 자리이지 그렇게 개인이 보낸 청원에 직접 답장하는 한가한 자리가 아닌데다, 더구나 담당자가 다 만들어 놓은 문서에 서명만 한 것이 아니라 직접 한 글자 한 글자 또박또박 쓰신 회신은, 노인의 날 제정(당시에 노인의 날도 제정되지 않았음)과 함께 설날추석 연휴를 주장하는 저의 글과 취지에 공감이 되시기도 했겠지만, 웬만한 직급만 되어도 목에 깁스한 듯 뻣뻣이 힘주던 공무원시절에 대통령 비서실장이란 최고위직 공무원이 이렇게 직접 답신을 주실 만큼 겸손하고 자상하고 친절하셨으니, 가장 훌륭한 공무원의 자세가 아니겠어요?

그래 저도 너무나 감격해서 제 책에 비서실장의 편지 전문을 그대로 실으면서, 제가 공개할 줄은 꿈에도 모르고 쓰신 회신에도 이러할 진데, 만일 책으로 공개될 줄 알았으면 얼마나 더 정성스럽게 쓰셨을까 생각하면서, 그 옛날의 정약용 선생에 비유하면서 감사와 극찬을 해드렸지요.

한편, 연휴를 제언한 것을 신문을 보고 안 어느 가정주부가 그 신문사에 제 전화번호를 물어 알고서는, 목멘 소리로 "전에는 하루밖에 안 쉬어서 손주 감기 들었다고 핑계를 대고 안 내려가도 되었는데, 이 선생이 시어른들 찾아뵈라고 3일이나 쉬도록 만들어 놓았으니, 안 내려갈 수도 없고, 내려가자니 돈도 없는데 짜증나 죽겠다." 고 화풀이를 해서, 하! 3일 연휴를 모든 사람이 좋아하는 것은 아니구나 생각을 하기도 했지요.

제가 고등학생 때 아버지날을 만들고, 한참 애를 쓰고 호응을 받아가고 있을 때, "숭고한 어머니날이 있는데, 불순물 같은 아버지날이 끼어들어 오려 한다."고 당시 후배기자들이 쩔쩔매는 유명한 언론인 OOO 선생이 쓴 글을 보고, 당신이 만든 것이 아니라고 격려는커녕, 노인을 향해가는 OOO선생(당시 ○○일보 주필인가 고문인가 너무 오래된 일이라 직함은 확실히 기억이 안 납니다) 이, 어린 목동 다윗과 같은 소년인 제가 만드는 아버지날 일에, 이런 일 안 해 본 유명인이 무명인이 '날' 하나 만드는 것이 얼마나 어려운지를 모르셔서 그렇지, 거대한 골리앗 같이 영향력 있는 어른이 아버지날에 초를 치는 글을 쓰셨구나 하고, 무명인의 비애를 절감하면서 남몰래 가슴 아파한 적이 있었는데, 이제 또 맞이하는 설날 연휴가, 멀리 떨어진 가족간 친지간에 시간적 여유 가지고 찾아뵙고 정붙이라고 어려운 3일 연휴(가는 날, 당일, 오는 날)로 한 것이 주부님들, 특히 '시' 자를 엄청 싫어하고 두려워하는 며느리들(아들 낳으면 훗날 자기도 '시'어머니 되는데)의 설날 추석의 스트레스로 부부간 형제자매오누이간 시부모간 친척간에 원수가 되게 하고 있으니, 야훼 하느님께서 인간을 만드신 일을 한때 후회하셨듯이, 정말 애써서 한 일이면서, 매년 설날 추석 연휴가 다가오면 후회가 되기도 하지요.

문제는 이 세상에서의 칭찬이나 비난이 아니라, 육신 허물 벗고 하늘로 올라갈 때, 이 일 칭찬받을 일 한 것인지, 추궁 받은 일 한 것인지, 3일 연휴 된 지 벌써 23년이 지난 지금도 중년 가수 이은하의 노래, '아리송해'처럼, 아리송함을 말씀드리다가, 쓰다 보니 너무 길어져 이만 줄입니다.

그래도 다시 한 번 인사드립니다. 2012년 새해 설날 연휴를 맞이하여 더 건강하시고 복 많이 받으세요.

성복동성당 홈페이지(2012. 1.22)
선린상고57회 홈페이지(2012.21.23)

고성삼	새해 복 많이 받으시고 소망이루시기 기원합니다. 나는 언제 마음 놓고 여유를 가질지 부럽네. 잘 지내시고 귀국 후 얼굴 한번 봅시다.
이돈희	고 박사! 반갑습니다. 세무 회계 일 연구 활동 등으로 늘 바쁘시지요? 고 박사도 미국에 자주 오심을 알고 있습니다. 한국에는 매우 추운 날씨가 계속되고 있다는 뉴스 잘 보고 있습니다. 멀리 나와 있으니 고 박사를 비롯한 친구들 생각이 더욱 납니다. 일전에 임병무 친구가 올린 글에서 거론된 여러 동기들의 특징도 생각나고요. 임병무 사장이 빨리 쾌유되길 기도합니다. 무척 긴 휴가를 받아 오던 날부터 여러 가지 계획을 세워 실천하고 있는데, 그 휴가도 어느 새 절반이 훌쩍 넘게 지나갔네요. 귀국 후 연락드릴게요. 항상 건강하시길!
이영찬	돈희 형에게는 확실히 남다른 달란트가 있다고 늘 생각합니다. 우리 보통 사람들 중에 누가 이렇게 이익도 별로 되지 않는 일에 누군가 해야 한다며 팔 걷어 부치고 그렇게 오랜 시간을 노력하는 돈희 형을 보면 존경스럽기까지 합니다. 너무 세상에 편승하여 얍삽하게 살아가고 있는 저로서는 더더욱 나를 돌아보게 하는군요. 건강히 잘 있다 돌아오시고 2월에 건강한 모습으로 만납시다.
이돈희	반갑습니다, 영찬 형! 요즘 좋은 글도 활발히 올려주시고 있고, 미국에 온 기회에 지난 주말에는 2박 3일로 라스베이거스에 가서 여러 유명한 카지노 호텔도 구경하고, 매일 밤 8시, 9시, 10시에 시작되는 우리나라의 엘지 쇼도 보았습니다. 이 엘지 쇼는 라스베이거스에서도 아주 유명하여 라스베이거스를 활기롭게 하는데도 많은 기여를 하고 있을 뿐만 아니라, 우리나라 전자제품을 미국에 널리 알리는 좋은 기회가 되고 있습니다. 마침 손아래 처남댁이 라스베이거스 카지노 호텔의 전문 딜러로 있어 라스베이거스에서도 유명하다는 호텔은 거의 다 구경하는 기회를 가졌습니다. 제가 남다른 달란트를 가졌다기보다 고등학생 때부터 열심히 기도하는 가운데 그런 일을 하게 하시는 주님의 음성에 따르고 싶어 일 할 뿐입니다. 격려도 받고 오해도 받고 시기도 받으면서 일한 것이 내년이 벌써 50주년이 되네요. 영찬 형 말씀대로 건강히 잘 있다가 2월말에 건강한 모습으로 만나겠습니다. 한국은 무척 춥고 전국적으로 눈도 많이 온다는 뉴스를 잘 보고 있습니다. 영찬 형과 자매님 모두 건강하시길, 2월 말 전에 있을 요한회 참석은 불가할 것 같으니, 2월 요한회 모임에서 안부 전해주시기 바랍니다. 감사합니다.

 # 제1회 대한민국 기록문화 종합 대상 수상

이돈희 (대한노인신문 수석부사장 겸 수석논설위원)

찬미 예수님!

예고해 드린 대로 지난 12월 19일 오후 3시부터 국회에서 '대한민국 기록의 날 선포 및 제 1회 기록문화 대상수상식'이 거행되었습니다.

단체 17개 분야 18 명, 개인 8개 분야 18명 합계 25개 분야 36명이 수상하였는바, 저는 '제 1회 기록문화 종합대상' 을 수상하였습니다. 일반적으로 최고 권위상일수록 맨 마지막에 수상하는 사람이 최고대상인 것으로 보아, 모르긴 몰라도 제가 개인으로는 맨 마지막에 수상했으며, '종합대상 수상자'인 것으로 보아 최고(?)대상의 하나가 아닌가 싶습니다.^^

종합대상 수상 사유가 '이 나라의 어버이날 노인의 날 창시자로 돈독하신 효행정신 심으려는 귀한 행동 희망나라 예의지국 건설하는 크신 어른'

이라 기록된 족자와 큰 상패를 받는 순간, 하느님께 감사와 감사의 기도를 드렸습니다.

사실 43년 전인 1968년 21살 대학생이 우리나라에서 처음으로 노인의 날을 만들고 3년간의 홍보기간과 어려운 준비절차를 거쳐 40년 전인 1971년 24살 청년이 노인의 날 행사를 시범으로 행사하자,

노인단체인 사단법인 대한노인(중앙)회에서, 대한노인회에서는 후원기관으로, 노인회장은 고문으로, 이사는 지도위원으로 취임하였고, 저의 노인의 날 행사 보름후인 사단법인 대한노인회 창립 2주년 기념일을 장충체육관에서 행사 하면서, '20대 젊은 청년으로 경로정신에 투철하여 다년간 노인복지 향상에 헌신 중에 있어 우리 노인사회에 기여하는 지대하므로 그 공로에 치사하고 이에 표창합니다.' 하면서, 식순에 따라 표창까지 한 그러했던 노인단체이면서도…

그 후 저를 사단법인노인회의 노인들도 못(안) 만들었던 노인의 날을 만든 사람이라고 인정하고 표창했던 사단법인노인회의 2대 회장단도 바뀐 뒤에, 한 해 두 해 세 해 세월이 흘러가고, 그 후로 수 없이 바뀐 욕심 많고 연세 많으신 막강한 역대 후임 회장단 어르신들은 저를 일부러 인정하지 않고 모른 체 하고((사단법인 대한노인회가 사실인즉 노인의 날과는 직접 많은 관계가 있지 않아 노인의 날과는 뿌리 없는 나무가 뿌리 있는 나무처럼 일하고 있는데, 노인의 날을 만든 사람 (청년)인 저를 인정하면, 노인의 날 행사주관도 어려워질 수도 있고, 어떤 면에선 월권행위일 수도 있고(작사자나 작곡가, 시 한편 문헌 하나, 발명가도 지적재산권이 있다하여 그 저작권을 인정하고 보호하는 세상인데), 이에 따라 국가로부터 매년 받는 노인의 날 행사 주관 행사비 등의 예산을 받을 수 없을 수도 있음을 알고서, 모른 체 인정 안하고 지내온 세월이 무려 강산이 4번 변한다는 40년

이나 지난 올해 2011년에))…

　　노인 단체와 노인의 날과는 전연 관계가 없는, 영국의 기네스북과 같은 역할을 하는, 10년의 역사를 가진 '한국기록원'에서 기록의 날 선포와 함께, 저를 아버지날과 노인의 날 창시자로 공식 인정하여, 역사와 사회부문에서 제 1회 기록문화 종합 대상자로 선정해주었으니, 이야말로 사필귀정인 일이라, 감회가 새롭고 만감이 교차하는 수상식에서 제가 어찌 하느님께 감사하지 않을 수 있습니까?

　　40년이란 어떤 숫자입니까? 모세로 말하면 80세의 노구에 이스라엘인을 이끌고 이집트를 탈출하고 가나안에 이르기 직전까지의 장장 120세까지의 일이요, 저는 장가도 안간 총각 24세에서 노인을 향해 나아가는 64세까지에 이르는 일이었습니다.

　　감히 말씀드리건 데, 비유하자면 이 사회가 거대한 바위라면 저는 조그만 유리구슬에 불과했습니다. 조그만 유리구슬인 제가 거대한 바위를 뚫으려고 시도하면 시도할수록 뚫기는커녕 절반으로 깨지고, 사분의 일로 깨지고, 팔분의 일로 깨지고, 깨지고 깨지다가 나중에는 후 불면 날아가는 먼지에 지나지 않음을 실감했습니다.

　　그러나 그 먼지마저 어딘가에는 있지 아주 없어지지 않는다는 것도 수상식에서 알았습니다. 하늘에서 보면 하나의 미물에 불과한 제가 한 일, 하긴 그것도 "실종되어가는 효친경로사상을 부활시키라" 말씀주신 예수님의 음성에 순종하는 저에게, 40년 만에 저도 전연 몰랐던 '한국기록원'이라는 기관을 통하여, '제 1회 기록문화 종합대상'을 받게 하심으로써 전 세계에 공표되도록 해주셨습니다.

'일개인이 한 날을 만들기도 힘든데, 아버지날과 노인의 날 등 좋은 두 날을 만든 것은 바로 세계적인 기네스 감이라고!' 주님!, 주님이 하시는 일과 섭리 참으로 오묘하십니다. 그리고 감사합니다.

물론 저는 저의 능력과 한계를 겸손히 잘 알고 있습니다. 40년을 노력한 지금에도, 그리고 앞으로도 지하철 패륜남 패륜녀도 있고 막말녀도 없지 않으리라는 사실을… 철없는 패륜남 패륜녀 막말녀도 언젠가는 노인이 된다는 사실을! 모세가 가나안이 내려다보이는 느보산에 올라만 갔지, 그토록 원하던 가나안에는 못 들어갔다는 사실도!

수상일이 하필이면 김정일 사망특보가 개시된 날이라, 취재 왔던 언론기관들의 기사가 몽땅 묻혀버리고 보도가 되질 않아 아쉬운 점이 없지 않지만, 하느님이 허락지 않으면 아무리 전 세계적으로 흉악한 일을 한사람 김정일도 70세도 못사는 김정일임을 온 세상에 알려준 뜻 깊은 날이기도 합니다.

수상일 바로 다음 날 미국에 오게 되어 소식을 전하지 못했고, 제가 있는 신문에서는 보도를 하고, 기사화한 PDF를 저의 e-mail 주소로 보내왔지만, 제가 이 PDF를 다른 홈페이지나 e-mail 주소로 보내거나 기사화할 줄을 몰라 (이것을 자유자재로 하는 사람이 제일 부럽습니다), 우선 이렇게 소식을 전하고 나중에 기회 있으면 신문기사도 올릴까 합니다.

혹시 압니까? 하느님의 은총으로 제게 노인의 날을 만든 지 50주년이 되는 2018년까지 살게 육신생명 허락해 주시고, 노인의 날 행사에 굳이 내빈으로서가 아니라 다른 사람들처럼 행사장에 초대받을 수 있는 말석에라도 한번 초대는 기회가 있을지를!

다시 한 번 하느님의 섭리에 깊이 감사드리고, 여러모로 격려해주시는 신자 형제자매님들께도 진심으로 고마우심을 전합니다.

모든 것이 때가 있고 합력하여 선을 이룬다는 성경말씀이 진리임을 확신하면서, 주님의 은총하에 2012년 새해에는 더욱 건강하시고 행복하신 형제자매님이 되시기를 기도드립니다. 아멘!

이 임마누엘 돈희 드림

대한노인신문(2012.1.20)
선린상고57회 홈페이지(2011.2.29)

이병덕	최고 대상 수상을 축하드립니다. 아무나 할 수 있는 일이 아니게 더더욱 빛이 납니다. 임마누엘 돈희, 화이팅! ~~~
고성삼	축하합니다. 앞으로도 우리나라 어르신들을 위한 효도와 학생들의 효행심 앙양에도 많은 공헌을 하시기 바라고 아무쪼록 건강에도 힘쓰시기 기도합니다.
이돈희	오랜만에 동기회에 들어와 반가운 4반 친구 이병덕 형의 축하에 정말 감사드리며, 항상 형의 일처럼 관심을 가지고 격려해주고 건강에도 힘쓰라고 주님께 기도해 주는 고성삼 형을 저도 늘 잊지 않고 있습니다. 병덕 형은 이원호 4반 회장, 최홍규 총무와 더불어 2012년 새해에도 4반 반창회 활성화에 주동이 되어주셨으면 하는 마음 간절하며, 성삼 형은 내가 학문으로나 신앙으로나 항상 본받고 싶은 친구이오니, 앞으로도 저를 잊지 말고 서로 소식 전하고 격려하는 우정 계속해 주시기를 바라나이다.
이돈희	이병덕 형, 고성삼 형 모두 주님의 은총 하에 2012년 새해에 더욱 더 건강하시고 행복하시길 기도드리겠습니다. 그리고 위 글에 나오는 대한노인신문의 피디에프 기사는 홈페이지 자유게시판에 직접 올릴 줄 몰라, 김광흥 동기에게 메일로 부탁하여 올려주도록 협조를 구하겠으니, 실려지면 한번 읽어보시기 바랍니다. 엘에이에서. 보고 싶은 친구 이돈희가!

【제431호】 2012년 1월 20일 금요일

대한민국 제1회 기록문화 종합대상을 수상하고

이 돈 희 (본지 수석부사장 겸 수석 논설위원)

지난 12월 19일에 국회 본관에서 '대한민국 기록의 날 제정 선포 및 제 1회 대한민국 기록문화 대상 시상식'이 있었습니다.

단체 17개 분야 18명, 개인 8개 분야 18명 합계 25개 분야 36명이 수상 하였는바, 저는 역사와 사회부문에서 '제 1회 기록문화 종합대상'을 수상하였습니다(12월 20일자 본지 참조).

종합대상 수상 사유로 "이 나라의 어버이날 노인의 날 창시자로 돈독하신 효행정신 심으려는 귀한 행동 희망나라 의의국 건설하신 큰신 어른" 이라 기록된 족자와 큰 상매를 받는 순간, 하느님께 감사와 감사의 기도를 드렸습니다.

사실 44년전인 1968년 21살 대학생이 우리나라에서 처음으로 노인의 날을 만들고 3년간의 홍보기간과 어려운 준비절차를 거쳐 41년전인 1971년 24살 청년이 노인의 날 행사를 시범으로 서울 신촌에서 직접 행사하자 (1971년 <노인의 날 제정 취지문> 참조), 노인단체인 사단법인 대한노인회는 후원기관으로, 대한노인회장은 고문으로, 이사는 지도위원으로 취임하여 노인의 날 행사를 치루었습니다.

저의 노인의 날 행사 보름후에 사단법인 대한노인회에서 창립 2주년 기념식을 장충체육관에서 가졌는데 이 자리에 저를 초청하여, "이 분은 20대 젊은 청년으로 경로정신에 투철하여 다년간 노인복지 향상에 헌신 중에 있어 우리 노인사회에 기여하는바 지대하므로 그 공로에 치사하고 이에 표창합니다"하면서, 식순에 따라 표창장을 주기도 했습니다.

노인회 노인들도 못(안) 만들었던 노인의 날을 만든 사람이라고 인정하고 표창했던 사단법인 대한노인회의 제2대 회장단(회장: 김공평님)이 바뀐 뒤에는 한 해 두 해 세 해 세월이 흘러가면서 대한노인회에서는 저와 제가 했던 일들을 잊어버리고 지나온 세월이 무려 강산이 4번 변한다는 40년이나 지났습니다.

그런데 지난해 2011년에 노인단체와 노인의 날과는 전연 관계가 없는, 우리나라에서 영국의 기네스북 과 같은 역할을 하는, 10년의 역사를 가진 '한국기록원'에서 기록의 날 선포와 함께, 저를 아버지날과 노인의 날 창시자로 공식 인정하여, 역사와 사회부문에서 제1회 기록문화 종합수상 대상자로 선정해주었으니, 이야말로 사필귀정인 일이라, 감회가 새롭고 만감이 교차하는 수상식에서 제가 어찌 하느님께 감사하지 않을 수 있습니까?

우리나라 어버이날의 모태가 된 아버지날을 만든 이화여대에서도 40년만에 저를 찾아와서, 이화여대에서 아버지날을 만들기 3년 전에 이화여대신문인 이대학보에 이미 아버지날을 광고한 제가 우리나라의 아버지날의 처음, 따라서 우리나라 어버이날의 유래자임을 인정을 했습니다 (이화여대 영자신문 <이화보이스> 2008년 5월호 참조).

40년이란 어떤 숫자입니까? 모세로 말하면 80세의 노구에 이스라엘인을 이끌고 이집트를 탈출하고 가나안에 이르기 직전에 이르는 장장 120세까지의 일이요, 저는 장가도 안간 총각 24살에서 노인을 향해 나아가는 64살까지에 이르는 일이었습니다.

감히 말씀드리건데―, 비유하자면 이 사회가 거대한 바위라면 저는 조그마한 유리구슬에 불과했습니다. 조그마한 유리구슬인 제가 거대한 바위를 뚫으려고 애를 쓰면 애를 쓸수록 뚫기는 커녕 절반으로 깨지고, 사분의 일로 깨지고, 팔분의 일로 깨지고, 깨지고 깨지다가 나중에는 후 불면 날아가는 먼지에 지나지 않음을 절감했습니다.

그러나 그 먼지마저 어딘가에는 있지 아주 없어지지 않는다는 것도 시상식에서 알았습니다. 하늘에서 보면 하나의 미물에 불과한 제가 한 일, 하긴 그것도 "실종되어가는 효친경로사상을 부활시키라" 말씀주신 예수님의 음성에 순종하는 저에게, 40년만에 저도 전혀 몰랐던 '한국기록원'이라는 기관을 통하여, '제 1회 기록문화 종합대상'을 받게 하심으로써 전 세계에 공표되도록 해주셨습니다.

'일개인이 한 날을 만들기도 힘든데, 아버지날과 노인의 날 등 좋은 두 날을 만든 것은 바로 세계적인 기네스 감이라고!' 주님!, 주님이 하시는 일과 섭리 참으로 오묘하십니다, 그리고 감사합니다.

하느님의 은총으로 제게 노인의 날을 만든 지 50주년이 되는 2018년까지 살게 육신생명 허락해 주시고, 노인의 날 행사에 굳이 내빈으로서가 아니라 다른 사람들처럼 행사장에 초대받는 한 사람으로서라도 참석할 수 있는 기회가 오기를 소망합니다.

대한노인신문을 사랑하시는 전국에 계신 독자님들께 2012년 임진년 새해의 설날을 맞이하여 가내 더욱 행복하시고 건강하시길 기원합니다. (미국 LA에서)

 ## 동기들께 알려드립니다

이돈희

지난 10월 1일자로 대한노인신문에서 수석부사장 겸 수석논설위원으로 발령받았습니다.

사실 돌이켜보니, 약 50년 전부터 아버지날과 노인의 날, 한국노인문제연구소, 한국노인학회, 예수님생애연구소 등을 만들었습니다. 이를 알리기 위하여 그 문턱 높은 방송국이나 신문사나 잡지사를 찾아다니면서, 냉대와 거절을 당할 때마다 무명인의 비애를 절감했고, 제가 일을 할 때 잘 기사화 해주는 신문사 하나쯤 소유하고 있었으면 하는 불가능한 소원을 가지고 있었습니다.

그 후 지금까지 저도 저의 글을 기고만 했지, 아무리 좋은 글이라도 남의 글을 실어줄 입장이 아니었던 제게, 하느님의 가호 있으셔서 금년 10월 1일에는, 가톨릭신자가 발행하는 우리나라의 최초의 노인신문인 대한노인신문에서, 20년 전 창간호부터 제가 논설위원으로 사설이나 시론, 기타 글을 쓰게 한 인연과 그간의 세월의 흐름 속에서 사회적으로, 국가적으로 의의 있는 일을 한 것을 인정하는 의미라며, 위의 직함으로 발령을 받았습니다.

부사장과 논설위원은 현재도 있지만, 저의 격을 높여주고 싶다며, 수석부사장과 수석논설위원으로 임명해주었습니다. 20년 전에 이 신문을 창간하신 이용만 회장님은 작고하셨고, 지금은 그 아드님인 이상도 형제님이 발행인으로 있는 신문입니다.

늦게나마 언론인의 한 사람이 되어 글을 쓸 수 있다는 것도 감사하고, 이제는 다른 사람의 좋은 글도 실어줄 수 있는 입장도 됨이 하도 감사하여, 지난 주일(11월 13일) 주일에는 명동성당에 가서 미사에 참례하고, 아래 성모동산에서 여러 가지 감사기도를 드렸습니다.

이 일이 아니라도 명동성당에서 3분의 신부님을 주례신부로 모시고 결혼한 것이 11월이라, 매년 11월이면 빠짐없이 한 주를 골라, 없이 명동미사에 참여한 것이 벌써 38회째가 되기에, 올해는 지난주일(11월13일, 평신도주일)에 명동성당 오후 4시 미사를 하고, 인근의 불고기 부러더스란 식당에서 맛있는 식사와 와인 한 잔을 곁들였습니다.

제가 결혼하던 38년 전후에, 명동성당 앞 길거리에는 여러 해 동안 군밤·오징어·은행·쥐포 등을 팔던 연약한 아가씨가 있었는데, 지금은 그의 남편과 대를 이은 아들이 팔고 있지요. 이미 중년을 지나는 그녀는 단골이었던 저를 기억 못하지만, 저는 잘 기억하고 있지요. 활기찬 명동거리를 걸으면서, 38년 전 당시는 지금의 청춘남녀들처럼 젊은이로 거리를 활보했는데, 지금은 노인을 바라보는 나이가 되는 사람으로 함께 걷고 있음을 느끼게 합니다. 마침 행사되고 있는 서울시의 청계천 등 축제도 거닐면서, 리어카 아줌마가 만드는 잉어 빵도 사먹어 가면서, 즐거운 데이트를 하고 왔습니다.

  글이 자꾸 길어지려 하여 줄입니다만, 매우 부족한 저에게도 이런 기회를 주신 하느님과 신문사에 다시 한 번 감사드리면서, 문학이나 글쓰기가 취미인 동기들의 시·수필·시론 등을 발표하는 작품 활동에 대해서 제가 가능한 한 기사화하고, 발표할 지면을 드리도록 하겠습니다. 카페나 신문에 발표한 글을 모아 훗날 책으로 발간하는 것도 좋은 일 아니겠습니까?

  인터넷 검색창에서, 대한노인신문 또는 www.daehannoin.co.kr 을 치신 후 대한노인신문의 홈페이지로 들어오시면, 격주로 발행되고 있는 대한노인신문의 주요기사를 읽으실 수가 있습니다. 홈 페이지로 직접 들어가 참여하시거나, 제 이 메일 주소로 메일을 보내시는 방법으로 참여하시기 바랍니다. 감정평가사로서의 감정평가 활동도 그대로 계속하고 있습니다. 대단히 감사합니다.

선린상고57회 홈페이지(2011.11.15)

오늘은 어린이날

방정환선생의 업적을 기리며

오늘은 제 86회 어린이날이네요.

자랑스러운 우리 선린상고의 선배님이신 방정환 선생이 1922년에 어린이날을 만드시어 금년이 제86회가 되었습니다.

일제시대 때 수많은 어린이들에게 꿈과 희망을 주시기 위해 어린이날을 만드셨던 방정환 선배님에 관해 자세히 알고 싶은 동문들은 인터넷 홈페이지인 '한국방정환재단'으로 들어가 보십시오.

어린이 날 만들 당시의 어린이들은 벌써 86년이란 세월이 흘렀으니, 거의 다 작고하셨거나 생존해 계신다면 100세 전후가 되시겠지요.

사정상 선린상고 2학년을 중퇴하셨던 방정환 선배님은, 훗날 보성전문학교를 나오셨으며, 일본에 유학도 하시고, 손병희 선생님의 셋째 따님 (손용화님)과 결혼하시어, 그 분의 사위가 되셨습니다.

방정환 선생이 선린상고를 졸업하지 않으시어, 동문 명부에도 없어 학교 동문회에서도 잘 모르고 있던 선배님임을 알게 된 것은, 제가 우리나라의 아버지날과 노인의 날을 만들면서, 이 두 날을 만들고 이를 제정시키기가 너무 힘들어 방정환 선생께서 생존해 계시다면 식사라도 대접해 올리며 어린이날을 만드신 동기와 그 경과를 알고 방법을 자세히 배우고 싶지만, 이미 작고하시어 그럴 수도 없어 아쉽다는 글을 쓰기도 했습니다.

또 방정환 선생의 전기를 쓰고 싶어서 자료를 모으는 안내 광고를 몇몇 신문과 잡지에 안내 광고를 하던 중, 〈주간한국〉이라는 주간지를 본 그 분의 조카(방진용님)로부터 방정환 선생이 당신의 큰 아버지라는 편지를 받기도 했으며, 몇몇 신문과 잡지에 안내광고가 있은 후 여러 경로를 통해서 방정환 선생이 선린상고를 중퇴한 선배님임을 알고, 얼마나 얼마나 기뻤는지 모릅니다.

제가 방정환 선배님의 조카인 방진용님으로부터 편지를 받은 것이 만 40년 전인 1968년이고, 당시에 "방정환 씨는 저의 큰 아버지이시고 금년 고교를 졸업한 남학생입니다." 라고 밝힌 것으로 보아, 올해 57~58세가 되리라고 생각합니다.

선배님인 방정환 선생은 어린이날을 만들고, 약 50년 후배인 저는 아버지날과 노인의 날을 만드는 것도 괜찮은 일이라고 생각했었습니다.

방정환선생의 조카인 방진용님이 40년 전의 일을 기억하고, 연락주시면 맛있는 식사라도 꼭 한번 대접하고 싶은 마음입니다.

2008년 5월 5일 제 86회 어린이날에
아버지날과 노인의 날 만든 이
이 돈희 후배 씀

한국방정환재단 홈페이지(2008.5.5)
동일자 충효예운동본부
선린상고 57회
성복동성당 홈페이지

42년 만에 만난 친구

　어제 42년 만에 전완수를 만났습니다. 재작년엔가 한국 다녀갈 때는 전화 통화는 했지만, 만나지를 못해서 서운했는데, 오는 5월 19일 장남 결혼식으로 온 기회에 만나니 얼마나 반가운지!!!

　광화문 세종문화회관 2층 맥스웰 하우스 찻집에서 비록 점심 때 만나긴 했지만, 그간 살아온 이야기를 나누고, 근처의 종로빈대떡집에서 빈대떡과 서울 막걸리와 냉면을 먹으면서, 아쉬운 3시간을 보냈습니다. 중고등학교 6년을 같이 다녔으니, 전완수와 같은 반이었던 친구도 많겠지만, 특히 고3 때는 나와 같은 3학년 4반에서 친했던 전완수라 기억도 새롭고….

　5월 18일부터 한 달 여, LA와 알래스카 등을 가게 되어 또 못 만나게 될까 걱정되던 중, 미리 한국에 와서 반갑게 만났지요. 이제 우리 연배가 되면 건강해서 친구와 만나는 것보다 좋은 일도 없지요!

　19일 결혼식 날 많이 참석해주셨으면, 특히나 고3 졸업반 친구들께서!

선린상고57회 홈페이지(2007.5.12)

가정의 달에 '효'를 생각하며

청파 이돈희

먼저 가정의 달인 5월에 귀 〈소도〉지가 창간됨을 축하드립니다. 계절의 여왕이요 가정의 달인 5월에 〈소도〉가 탄생하는 목적의 하나가, 대책 없이 사라져가는 우리나라의 민족정신과 효친경로사상의 부활에 일익을 담당하고자 함이 아닐까 생각한 까닭입니다. 그렇지 않고서야 〈효〉를 주제로 하는 글을 창간호에 실리겠으며, 유명하지도 않은 저에게 글을 쓰라고 하셨겠습니까?

잘 아시는 바와 같이 가정의 달인 5월에 근로자의 날·어린이날·어버이날·스승의 날·성년의 날 등 귀한 날들이 속해 있습니다.

우리나라 인구의 90% 이상이 대상이 되는 위 날들은 다 그만한 이유가 있어서 일 년 열두 달 중 다른 달이 아닌 5월 가정의 달에 자리 잡고 있는 것입니다. 이는 각 가정이 잘 되어야 사회가 잘되고 나라가 잘됨을 웅변으로 말하고 있습니다. 화목한 가정이 가장 기본입니다.

따라서 세상이 어떻게 돌아가고 변할지라도, 어린이와 성년이 된 자는 어버이와 스승이 잘났거나 못났거나 지극정성으로 섬기며 존경하여야 합니다.

반대로 어버이와 스승은 자식과 제자를 자기 몸처럼 사랑하고 잘 양육해야 합니다. 근로자와 직장인은 동료와 힘을 합하여 성실히 일하여야 하고, 그 대신 직장과 국가는 어떤 경우든지 생계를 보장하여 주고 퇴출시키지 말아야 합니다.

따지고 보면 각 가정과 직장이나 사회 그리고 국가에서도, 가장 근본적인 이것이 제대로 제자리를 잡지 않아서, 온갖 문제가 발생하는 것입니다.

효를 주제로 쓰는 글이기에, 여기서는 효를 생각하게 되는 〈어버이날〉에 대해서 이야기 하겠습니다.

〈어버이날〉은 1972년까지 〈어머니날〉이던 것이 다음해인 1973년부터 제1회 〈어버이날〉로 변경되었습니다. 〈아버지날〉은 그 보다 10년 전인 1963년에 제가 처음으로 만들었고, 이화여대에서는 그 8년 후인 1971년에 만들었으며, 이화여대에서 〈아버지날〉을 만들고 행사한 2년 후인 1973부터는 5월 8부터 〈어머니날〉이 〈아버지날〉과 합쳐진 어버이날로 변경되었으며, 그것이 벌써 제35회가 되었습니다.

다시 말하면, 〈아버지날〉은 선린상고(현 선린인터넷고) 2학년 학생이던 1963년에 아버지들도 자식들로부터 당당하게 사랑의 카네이션을 받을 수 있게 하기 위하여 만든 것입니다.

어릴 때부터 부모님의 사랑에 목말라 했던 저와 아버지 없는 가정에 있는 친구들의 외로움과 물질적인 어려움을 보면서, 각 가정에서 자녀들을 위해 불철주야 애쓰시고 노력하시는 부모님을 위하여 당시부터 〈아버이날〉을 만들고 싶었지만, 이미 국가에서 부모의 절반인 어머니를 위해 정한 〈어머니날〉은 있으면서, 나머지 절반인 아버지를 위하는 〈아버지날〉이 없어서 제가 1,252명에게 조사한 결과를 가지고, 〈아버지날〉을 만들었던 것입니다.

이 날을 만든 후에 언론사를 찾아가서 협조를 구했지만, 고등학생이 만든 것이라고 잘 호응해 주지 않았습니다. 독자투고도 많이 했지만 성과가 없어서, 40년 전인 1967년부터는 당시의 우리나라 4대 일간지라 생각되던 동아 · 조선 · 중앙 · 한국일보 등에 조그맣게 광고를 했습니다. 동국대학교 학생이던 당시에 아르바이트 해서 번 돈으로 광고하기엔 광고비가 너무 비싸서 아주 조그맣게 광고할 수밖에 없었습니다.

1968년에는 주간한국 · 주간 중앙 · 소년세계 등 유명일간지보다 광고비가 훨씬 저렴한 곳에 광고하는 중, 이화여대 신문인 이대학보에까지 〈아버지날〉을 알리는 광고를 하기에 이른 것입니다. 지면(紙面) 관계로 자세히 쓰진 못합니다만, 이대학보에 광고가 나간 지 3년 후인 1971년에 6월 12일을 이화의 〈아버지날〉로 만들고 행사를 했던 것입니다. 수많은 언론기관에서 보도하였음은 말할 나위도 없습니다. 개인보다 기관 · 학교 · 사회 · 국가가 힘이 있는 것이니 당연한 일입니다.

제가 〈아버지날〉을 만든 지 10년 만인 1973년에 5월 8일 〈어머니날〉이 〈어버이날〉로 변경된 것입니다. 〈어버이날〉이 처음부터 〈어버이날〉이 아니고, 〈어머니날〉이던 5월 8일이 언제부터인가 〈어버이날〉로 바뀐 것임을 현재 45세 이상 된 사람은 거의 다 압니다.

그러나 〈어버이날〉이나 〈노인의 날〉이 되면 데스크로부터 저를 취재하라는 지시를 받은 신문사나 잡지사의 40세 미만이거나 더 젊은 기자들은 〈어머니날〉이 〈어버이날〉로 변경된 것임을 모르다보니, 저를 찾아 와서는 "선생님은 〈어버이날〉이 이미 있는데도 왜 반쪽인 〈아버지날〉을 만들었는가? 〈어버이날〉이 있는데 왜 또 〈노인의 날〉을 만들었는가?"라는 질문을 하기도 합니다. 지금의 5월 8일 〈어버이날〉로 변경되기 전에는 〈어머니날〉이었던 것과 〈노인의 날〉의 필요성을 모르는 젊은 세대의 기자들로서는 당연한 질문일 수밖에 없습니다만.

이미 9년 전 제26회 〈어버이날〉을 즈음한 1998년 5월 7일자 〈시사저널〉의 〈사람과 사람〉란에서 저를 취재한 기사에 당시 문정우 기자(현재 부장·대기자)는 "〈어머니날〉이 〈어버이날〉로 된 사연" 이라는 제목으로 인터뷰 기사를 쓰면서 "1973년에 〈어머니날〉이 〈어버이날〉로 바뀐 사연은 무엇일까? 한국노인학회 회장 이돈희(51)씨가 바로 5월 8일에 아버지들도 카네이션을 받을 수 있게 만든 숨은 공로자이다. (중략)

그가 뿌린 씨앗은 1971년 이화여대 기독교학과 학생들이 〈아버지날〉 제정운동을 개시하고, 1973년에 정부가 〈어머니날〉을 〈어버이날〉로 개편해 결실을 맺었다. "정부 요로에 끈질기게 진정서를 내 지난해 〈노인의 날〉이 공식 제정되는데 기여하기도 한 그는 지난 3월 노인복지개선에 전념하기 위해 다니던 직장(한국토지공사 부장)도 그만 두었다." 고 적고 있습니다.

고등학생 때부터 효친경로사상의 부활을 위하여 〈아버지날〉과 〈노인의 날〉, 그리고 한국노인문제연구소와 한국노인학회를 만들어 힘을 다 기울여 노력한지 40여년이 되어 60세 회갑의 나이에 가정의 달을 맞고 보니 감회가 없을 수 없습니다.

핵가족으로 가족끼리도 떨어져 살아야 하는 현실에서, 시간적 여유를 가지고 부모와 친지를 찾아뵙게 하고자 〈어버이날〉과 〈노인의 날〉을 공휴일로 하거나 휴일로 옮겨주기를 효·노인관련 단체와 정부당국에 희망하고 있는 중이지만, 효를 표방하는 그 많은 효·노인관련 단체, 잡지사나 신문사가 있으면서도 위 두 날을 공휴일로 하거나 일요일로 옮겨주는 일엔 그리도 무관심 한지 모르겠습니다.

그래서 이제는 저보다 젊고 유능한 젊은 세대들이 나서서 효친경로사상의 부활운동을 계승하기를 가정의 달을 맞아 소망합니다. 우리나라의 희망은 믿음직한 젊은이들에게 달려있기 때문입니다.

중국의 원자바오 총리는 외국 방문 때 교민과 유학생들에게 연설하게 되자 장·차관을 일어나게 한 자리에 노인을 앉게 한 후 연설을 하고, 미국의 부시 대통령은 최고령 기자를 맨 앞자리에서 취재하도록 배려를 하고 있습니다. 좋은 것은 본받아야 합니다.

소도(蘇塗)(2007년 5월 창간호)
참좋은이들21(2007년 5월호)

KBS TV 〈생로병사의 비밀〉 특별출연!

이돈희

보고 싶은 선린 동기(선후배 동문님)들에게!

전국적인 장마로 피해가 많은 요즘도, 동기(선후배 동문님)들이 모두 건강하셨으면 참 좋겠습니다.

KBS TV 담당자와 아산 병원 홍보 담당자로부터 연락을 받고 며칠 간 고심 끝에 KBS 1 TV 〈생로병사의 비밀〉 프로에 출연키로 결정하였음을 알립니다.

잘 아시다시피 이 프로는 건강과 의학전문 방송프로그램으로서, 여러 가지 번거로운 절차가 있음에도, 이 프로에 출연키로 결정한 것은 우리나라의 대장암의 최고 전문의사가 서울 아산병원(전 중앙병원)의 김희철 교수이다 보니, KBS의 이 프로에 김희철 교수가 출연하게 되었고, 이 프로에 출연하게 된 김희철 교수가 KBS에 나를 추천하였기 때문입니다.

　대장암의 이론이나 수술로 워낙 유명한 분이라 (TV를 보면 알겠지만 그렇다고 나이가 많지도 않습니다), 그간 김 교수의 수술로 완치된 환자가 어디 저 뿐이겠습니까마는, 김 교수는 김 교수 나름대로 자기의 많은 환자들 중에서 나를 추천한 이유가 있었을 것이므로, 철들기도 전 아주 어린 아기 때부터 지금까지 60년 가까이, 친구와 동료들 알게 모르게 온갖 잡병과 만성병을 앓아 오면서, 각종 병원과 한의원, 약국을 내 집처럼 다니면서 수십 년을 계속 치료하고 위험한 수술도 여러 번 하고 살아오지 않을 수 없었던 나로서, 전국 각지의 집에서, 병원에서, 기도원에서, 열악한 요양시설에서, 전철역 지하도에서, 기약 없이 투병하는 수많은 고질병, 난치병, 만성병 환자와 그로 인해 고생하는 눈물겨운 가족들에게 희망을 주기 위해 어려운 결정을 했습니다.

　이 방송에 출연하지 않으면, 내가 암 수술까지 한 환자임을 모르고 지나갈 대부분의 초중고·대학·대학원 동기들, 선후배들, 직장 동료들, 그리고 많은 친지들과 방송을 보고서야 알게 될 국민들, 또한 아내로 볼 때도 아내가 나온 각급 학교의 친구들, 직장으로 나가고 있는 학교의 선생님들, 수천 명이 넘는 제자들이 모르고도 지나갈 수 있었던 것을 굳이 출연함으로써 내가 암환자였음을 알 수 있게 됨을 피하지 않은 것은, 위에 말한 이유 외에도, 아무리 기도하고 소원해도, 하느님과 부처님의 기적도 잘 나타나지 않고 치료도 되지 않는 고통 속의 수많은 환자들에게, 그래도 인간의 생명과 건강은 참으로 귀하다는 것, 이왕 사람으로 태어났으니, 죽기 전에는 어떠한 어려운 환경과 역경에서도 굴하지 말고, 목표를 가지고 열심히 살아가시라는 격려를 해주고 싶었기 때문입니다.

　태어날 때부터 병약하기만 했던 자식인 나를 위해 일평생을 걱정하며 사시다가 위암과 폐암과 그 후유증, 패혈증으로 작년에 돌아가신 뵙고 싶은 아버지, 지금도 노인성 우울증과 걷지도 못하시고 고생하시는 어머니의 자식에 대한 사랑과 정성에 감사드리며, 온갖 역경을 감수하고, 나를 위해, 역시 환자이신, 시 부모님에게까지 훌륭한 자식 몫을 해 오고 있는 며느리인, 사랑하는 아내의 지극한 희생과 봉사에 진심으로 감사드리고 싶은 마음도 한몫을 했습니다.

촬영은 특별한 사정변경이 없는 한, 촬영 팀이 오는 7월 24일의 오전에는 나의 집에서, 오후에는 내가 건강을 위해서 다니고 있는 어느 스포츠 센터에 가서, 7월 26일에는 아산병원에서 김 교수에게 진료 받는 모습을 녹화하기로 예정되어 있으며, 방송은 8월 1일 (화) 오후 10시부터 약 1시간 중 일부입니다. 이날 유방암, 위암, 전립선 암, 폐암 등도 같이 나올 것입니다.

선린상고57홈페이지(2006.7.18)

고성삼	이 박사가 암환자였다니 놀랍네. 하여튼 이제 건강을 회복하였다니 감사하네. 항상 건강하게 행복하기를 주님의 이름으로 기원하네.
장경문	아! 그런그런 일이 있었구먼. 참으로 감사할 일이네요. 알고 보니 하느님께 감사하셔야겠네요. 더욱더 건강하길 주님의 이름으로 기원 합니다.
전완수	더욱 강건하시기 바랍니다.
김상일	어느 누구나 病魔와의 싸움에서 이겨야만 自身의 모든 삶에서 成功한 사람이다. 돈희형 정말 멋지다.
권회칠	정말 놀라운 이야기네요. 이곳 뉴욕에서도 생로병사의 비밀을 볼 수 있으니 기대해 봅니다. 정말 다행입니다. 더욱 건강하시고 기운동 계속하시고 행복하세요.
이성민	이 박사, 그렇게 어려운 시절이 있었군요. 그래도 모든 것을 이겨내고 지금은 남을 위해 여러 활동을 활발하게 하시고 계시니 대단합니다. 앞으로 더욱 건강하시고 활발한 활동 기대합니다. 8월 1일 TV는 꼭 시청해야겠네요. 돈희 형! 파이팅!!
6반 백용기	이돈희 임마누엘 형제님. 건강한 모습의 암 완쾌를 축하 합니다. 우리는 모두 늘 감사만하고 살기에도 부족한 시간입니다. 다시 한 번 축하드리고 감사 합니다.
worldcup	이제야 홈피를 보고 알았지만 모든 일이 형통하게 이뤄지길 바랍니다.

 **감사 감사드립니다**

이돈희

삼칠일(21일)전인 3월 3일에 돌아가신 아버지의 영혼을 위해,

못 올 이유 충분하고, 교통 편 지극히 불편함에도 수지 성당 위령실로 직접 참석하고 정중한 조의를 베풀어 주신 57회 안용준 회장, 임명선 전회장, 이성민 총동문회 사무국장을 포함한 수많은 동기 여러분과 특히 부부가 함께 찾아오셔서 각종 기도와 연도를 열심히 받쳐 준 요한회 회원 전원에게 심심한 감사를 드립니다.

무녀독남 외아들인 내가, 아버님의 작고하심을 통해 정성어린 친구들과 요한회 회원 내외분들이 좋았음을 실감했습니다.

졸업 후 40년 동안 동기들의 수많은 아들 딸 결혼식과 부모님들의 별세 등 애경사에 힘닿는 대로, 시간 나는 대로 참여했지만, 애경사가 나로서는

처음이기 때문에, 걱정도 많았지만, 전 직장인 한국토지공사에서의 분에 넘친 조문과 한국감정평가협회와 감정평가사들은 물론, 아내가 재직한 학교재단에서만 200명이 넘게 찾아 주셔서, 외아들 외며느리로서는 정말 잘 했고, 사람들도 무척 많이 왔다는 칭찬을 들었습니다.

외국에 있으면서도 조의를 표해 준 권회칠 동기와 전완수 동기에게는 더 말 할 수 없는 고마움을 느낍니다.

낮에 운동으로 자전거를 타고, 혼자 운동장에서 축구공을 찰 만큼 건강하셨던 아버지가, 그 날 밤에 주무시다가 잠이 깨신 후 방도 덥고 하여 땀이 나니까, 샤워라도 하시겠다고 샤워하신 것이, 감기가 되고, 갑자기 폐렴이 되고, 폐혈증이 되셔서, 서울 아산병원 중환자실에서 치료 중 2번의 심장사가 와서, 수차례의 심폐 소생술과 수많은 각종 주사, 실험, 수혈, 최고단위 항생제 사용, 이뇨제 등을 투여했건만, 중환자실에 입원, 시술 후 의식 회복 한번 못 해보고 18일 만에 돌아가신 것입니다.

내가 왜 이야기를 쓰는가 하면, 인간의 생명이란, 더구나 노인의 목숨이란 하루를 내다 볼 수 없는 것을 말하기 위함입니다.

아버지도 당신이 샤워 후유증으로 돌아가실 줄 아셨으면, 밤에 주무시다가 잠이 안 오고 덥다고 샤워하시지 않으셨겠지만, 사람은 자기가 하는 것이 최선인 줄 알지만, 목숨도 잃을 수 있음을 알려주기 위함이고, 우리도 이미 나이 60세를 전후한 노인세대를 향하고 보니, 건강과 섭생에 조심하라는 것을 말씀드려, 참고하게 하고 싶어서랍니다.

아무튼 나를 사랑하시던 나의 아버지는 당신 혼자 힘으로는 용변도 불가하고, 심신을 움직일 수 없는 76세의 어머니를 요양원에서 같이계시면서 돌보시다가, 이생을 하직하셨습니다.

 발병 첫 날이 사순절(고난 주간) 첫 날인 2월 13일이었고, 예수님처럼 생사를 헤매는 고난을 받으시다가 역시 고난 주간 동안이던 지난 3월 3월에 돌아가신 것입니다. 천주교에선 3월을, 성모 마리아님의 배필이자 예수님의 양부이신 성 요셉을 기리는 〈요셉 성월〉로 하고 있습니다.

 예수님처럼 40일의 사순절에 생사를 헤매는 막심한 고통을 18일간 주야로 받으시다가 돌아가시고, 아버지도 성당에서 세례 받으실 때 이름이 요셉이신데, 요셉인 아버지가 임종자의 주보성인인 요셉 성인의 〈요셉 성월〉인 3월의 3일에 돌아가셨으니, 그리고 아버님의 평소의 신앙심으로, 그리고 아버지를 위해 기도해 주신 수많은 사람들의 기도의 힘으로 인해 하늘나라에 반드시 가신 것으로 확신하지만, 그래도 아버지의 단 하나 외아들인 나로서, 여러 동기와 요한회 회원과 신우회 회원들께 간절히 부탁하니, 오늘 24일 성목요일부터 27일 부활주일까지는 나의 아버지 이 재석 요셉님을 위해 기도 중에나, 교회 예배 중 또는 성당의 미사 중에, 천국에서 하느님을 뵐 수 있도록 기도해 주시길 !!!

 예수님의 부활도 죽음이 없으셨다면 없답니다. 요셉인 아버지가 요셉 성월인 3월의 3일 (삼월 삼진 날), 음력으론 1월 23일(외우기도 좋은 일이 삼 날)에 심한 고통과 고난을 받고 돌아가셨으니, 혹 앞으로 이 날이 기억나는 신자 동기들은 앞으로도 이 날에는 기도해 주시면, 금상첨화가 될 것입니다.

 물론 천주교에선 이 날 위령(영혼) 미사를 드리는 예식이 있으니, 자식으로서 내 죽는 날까지 돌아가신 날과 아버지 생신날에 미사를 드리고, 산소를 자주 찾아 뵐 것입니다.

내가 부모님을 위해 할 수 있는 것이라면 다 하고 싶습니다. 31년을 내가 모셨고, 6개월 전부터는 개신교 전도사님이 하는 요양원에서 늘 돌 봐주시던 아버지를 보내고 홀로 남으신 어머니에게 잘 해드리는 것이(어머니에겐 충격 받으실까봐 아직 아버지가 돌아가셨다는 말씀을 못 드리고 아버지 암이 재발하여, 집에서 아산 병원에 입원하신 후, 통원 치료 하고 계시다 하고 있음), 돌아가신 아버지에게도 효도라 생각되어, 많은 기도와 열심한 신앙인, 효심 있는 자식으로 살아갈 각오입니다. 동기 여러분이 신앙 안에 한 형제, 친구로서 애정 어린 지도 많이 해 주시길 충심으로 바랍니다.

다시 한 번 57회 동기들에게 심심한 감사와 정성어린 조문에 인사를 드립니다. 감사, 감사합니다.

이돈희 올림
선린상고57회 홈페이지(2005.3.24)

백용기   이돈희 회장님, 수고 많으셨습니다. 부친께선 생전에 열심한 신앙생활 하셨고 많은 기도가 있었기에 하늘나라에서 안식하고 계시리라 믿습니다. 계속 기도드리겠습니다. 또한 원하신다면 반영구적으로 기도드릴 수 있는 곳도 있어 소개해 드리겠습니다.

이돈희   정성어린 답변 대단히 감사합니다. 반영구적으로 기도도릴 수 있는 곳 소개해주시길 원합니다.
그렇지 않아도, 젊은 신부님에게 부탁드려 돌아가신 아버지뿐만 아니라, 어머니와 저의 내외를 위해서 매년 정기적으로 미사를 올려주시는 방안을 생각하기도 했었습니다.

고성삼   직접 찾아뵙고 위로의 인사를 드려야 했건만 정말로 미안하다. 하여튼 돌아가신 분을 생각해서라도 굳세게 살기 바란다. 나도 3년 전 갑자기 아버님을 잃고 정말 암담했었다오. 여하튼 열심히 기도드리겠습니다. 하느님의 은총이 함께 하시기 기도드립니다.

 ## 공공 도서관에 저서 900권 기증

김왕수 편집국장 효도실버신문(2004. 8. 31)

40여 년 간 효친경로사상의 부활을 위해 노력해 어버이날 제정과 노인의 날 제정을 이룩해 내어 아버지날과 노인의 날 만든 이로 널리 알려진 이돈희 씨가 최근 지난해 자신이 펴낸 저서 〈효친경로사상의 부활을 위하여〉를 전국 900여 곳의 전문대학 이상의 대학 도서관 및 국공립 도서관에 장서로 기증했다.

이돈희 씨는 "21세기 한국의 미래를 짊어지고 나갈 우리의 청소년들이 이 책을 읽고, 효가 고리타분한 옛 것이 아니라 시대의 흐름에 맞는 현대의 효를 실천하는 지혜를 갖기 바란다."고 기증의 변을 밝혔다.

이돈희 씨는 여기에 그치지 않고 9월에는 국민의 대표인 국회의원들이 효친경로사상의 부활과 올바른 노인관을 정립하고 바람직한 노인복지 정책을 입안해 주길 바라는 뜻에서 17대 국회의원 299명 전원에게 자신의 저서를 기증할 예정이다.

 또한 자신의 모교인 선린인터넷고등학교와 동국대학교에도 책을 별도로 기증하여, 후배들을 시작으로 전국의 청소년과 대학생들에게까지 효사상이 부활되도록 하고 싶다고 한다.

 지난 해 자신의 40년에 걸친 효친경로사상의 부활을 위해 노력해 온 일들을 한권의 책으로 저술해 낸 이 씨는 앞으로도 힘닿는 데까지 자신의 저서 기증과 원고 집필, 강연, 그리고 방송 등을 통하여 효친경로사상의 정립과 부활에 힘써 나갈 계획이라고 밝혔다.

이성민	이 兄! 대단합니다요. 경비도 만만치 않을 텐데...... 큰일을 하셨군요. 우리57동기의 자랑입니다. 앞으로 국회의원, 학교에 계속해서 보내신다니, 고마울 따름 입니다. 효친경로사상을 위하여! 파이팅!
권회칠	노인박사님! 정말 큰 일하시고 사셨습니다. <효친경로사상의 부활을 위하여> 책을 글짜 한자 빼지 않고 않고 정독을 했답니다. 우리 동기 중 이돈희 노인박사 같은 분이 있다는 것 영광입니다. 지금 이 글 고국에 와서 쓰는 것입니다. 연락할게요.
임명선	권박사 드디어 고국에 도착하였군~~ 그동안 세월이 자네 얼굴을 얼마나 바꾸어 놓았는지 궁금하구나!! 빨리 한번 보자꾸나.
이돈희	회칠아! 네가 한국에 왔다는 소식을 이성민 극장으로 부터 듣고 반가웠는데, 여기서도 알게 되어 더욱 반갑다. 오랜만에 한국엘 나왔으니 무척 바쁘리라 생각한다. 너를 만나는 9월 30일이 무척 기다려진다. 나의 졸서를 글짜 한자 빼지 않고 정독했다니, 나보다 더 행복한 저자가 어디 있겠나? 책 제목은 내가 몇 년 전 러시아 작가 톨스토이의 생가를 아내와 같이 여행 하면서, 톨스토이가 쓴 '부활'을 생각하고 내 책 이름도 거기서 강한 힌트를 얻었다네. 또한 결심했지. 내가, 사라져가는 효친경로사상을 부활시키는 마지막 보루가 되리라고. 그래서 책을 쓰게 되면,<효친경로사상의 부활을 위하여>라는 책명으로 책을 쓰겠다고. 톨스토이 내외가 늘 앉자 쉬었던 그네에서 우리 부부도 잠시 앉아 보기도 했었네.
이영찬	바쁘다는 핑계로 미리 메일을 보지 못해 이렇게 큰일을 한 동기 아니 그것도 월1회씩 만나는 그런 친구의 큰 업적을 이제야 축하하다니 조금은 뒤통수가 간질거리지만 어찌하겠나. 축하할일은 축하해야하니. 장하이. 그대 아니면 누군들 이런 일을 해내겠나. 회칠군을 만날 때도 36년이나 된 편지를 간직하고 있는 그런 진국의 자네니까. 정말 장하고 축하하네. 그리고 자랑스럽네!!!

어버이날, 노인의 날 제정에 숨은 기여

한국노인학회 이돈희·임마누엘회장

중학교 3학년 때(1963년) 부모님과 함께 영세를 받았습니다. 영세받기 얼마 전 교리를 가르쳐준 수녀님이 내 손을 꼭 잡고, '부모를 공경하고 커서 성가정(聖家庭)을 이루어 살기 바란다.' 하신 말씀이 어린 가슴을 어찌나 울리던 지요… 1973년에 '어머니날'이 개칭되어 '어버이날'로 바뀌게 된 사연을 아는 사람은 드물다. 그 사연의 주인공인 한국노인학회 이돈희 임마누엘(57세·수지본당) 회장.

그가 바로 아버지들도 카네이션을 받을 수 있게 만든 숨은 공로자다.

어릴 적부터 집안의 가장인 아버지의 든든한 소중함을 느끼며 자란 그는, 어머니날은 있는데 아버지날이 없는 게 몹시 안타까웠다. 그래서 선린상고 2학년 때 학생과 어른 1,200 여명을 대상으로 여론조사를 실시, 그 결과를 들고 각 언론사를 찾아 다녔다.

그러나 기자들은 웃기만 할 뿐 기사화 하지는 않았다. 그러나 그는 포기하지 않고 동국대 4학년 때인 1968년에 아버지 날 제정운동을 재개했다.

> 高 2때부터 '아버지날' 제정 운동
> 1973년 '어머니날'을 개칭 결실
> '효친경로사상 부활' 위해 책 출간

딸과 아버지의 사랑이 극진하다는 점과 아버지 덕에 좋은 환경에서 공부할 수 있다는 점에 착안, 이화여대 학보사를 찾아 의견을 건넸다. 그러나 이마저 여의치 않자 아르바이트로 광고비를 마련해 아버지날에 관한 기사 광고와 투고를 계속했다.

이런 노력의 씨앗은 이화여대 신문에 광고한 지 3년 만인 1971년에 이대 기독교학과 학생들이 아버지날 제정 운동을 펼치면서 자라났고, 마침내 이회장이 아버지날을 만든 지 만 10년 만인 1973년에, 정부가 어머니날을 어버이날로 개편해 결실을 맺었다.

그는 1968년부터 무려 30년간을 노인의 날 제정에 앞장서서 지난 1997년에 노인의 날(10월 2일)을 공식 제정하게 한 주인공이기도 하다.

요즘 효친경로사상이 바다에 잠수했다고 개탄하는 이돈희 회장.
그는 오늘도 '효친경로사상을 부활시키는 것이 자신에게 준 하느님의 사명'이라며 노인문제 해결을 위해 애쓰고 있다.

얼마 전에는 가정의 중요성과 효의 진정한 의미를 부여하기 위해 불살랐던 지난 시절의 회고를 담은 〈효친경로사상의 부활을 위하여〉(도서출판

범론사)라는 책을 펴 내기도 했다.

권구식 기자 (인터뷰 사진은 생략)

이 기사는 안양에 살고 있는 최중기 동기가 보았다는 이번 5월 2일자 〈경기천주교신문〉의 기사를 전재한 것임.

경기도 내 모든 성당에서 주일에, 신자들에게 주보(週報)와 함께 배포되는 천주교 신문으로 발행부수 10만 부임.

금년 5월 8일 어버이날이 벌써 제32회 어버이날이라 감회가 깊음. 동기들과 함께, 앞으로도 이 어버이날이 여타의 어느 날 못지않게 의미 있는 날이 되었으면 싶고….

보고 싶은 권회칠, 전완수 학형에게

　나의 책을 잘 읽어 보았다는 소식을 이 게시판과 e-mail로 보내준 회칠이와 완수 모두 보고 싶구나!

　인터넷에 올라와 있는 사진으로, 모습을 추정하긴 하지만, 내년이면 벌써 만 40년이나 못 보았으니, 정말 보고 싶다.

　내 책이 멀리 미국에 있는 자네들에게까지 날아갔으니, 이것 또한 내 기쁨 아니겠는가? 다 읽은 다음에라도 제발 쓰레기통에는 버리지 말게. 나중에 아버지 친구가 쓴 책이라 하고, 자네들의 자녀에게 대물림 해 주질 않겠나?

　지난 4월 11일 부활주일에

　완수 부인이신 구매화님을 비롯한 5자매의 전시회가 열리던 〈오색오미

전〉에 아내와 같이 가서 좋은 많은 작품들을 감상하면서, 자네들의 소식을 들었지만, 게시판 또는 e-mail을 통해 연락을 직접 받으니 더욱 보고 싶다.

〈오색오미전〉을 나온 후엔 아내와 같이 참으로 오랜만에 인사동 거리를 젊은 사람들 사이에서 즐겁게 데이트 하고, 거기서 저녁 외식을 하니 그것도 참 좋더라!

명동엔 여차하면 가면서도 지척에 있는 문화와 예술의 거리인 인사동엔 왜 그리도 안 왔었는지, 후회 아닌 후회가 되더군!

젊은이들의 젊음이 부럽고, 우리 부부도 서로 더욱 사랑하면서 살아가고 싶다는 마음이 저절로 생기고!

우리 동기들 앞으로 평균 잡아, 20년은 살까 몰라.
내 책 머리에 나오지만, 우리에겐 하루하루가 너무 귀한 날이잖아.

지금까지 앞만 보고 살아왔다면 이제는 좌우로 뒤로도 보면서, 남들을 위해 살아갈 나이도 되었지?

처음 책을 보니 주제가 주제인 만큼 상당히 딱딱할 줄 알았는데, 얼마나 재미있게 썼는지, 어려서부터 축적된 경륜을 그대로 느낄 수 있었다는 완수의 말과 나를 생각하면서 선명한 책 표지까지 인터넷에 띄운 회칠이 감사해.

고등학교 친구인 자네들의 따스한 마음에 내가 너무 행복하다네.

서울의 광화문엔 〈교보문고〉라는 서점이 있는데, 나는 가끔 그 곳에 가서 내 책을 사서 아는 사람들에게 주기도 하지.

　저자인 내가 출판사에서 한꺼번에 수십 권을 사는 것보다 서점에서 사면 조금 비싸긴 하지만, 저자입장을 떠나 독자입장에서 교보문고에서 몇 권씩 살 때도 그 나름대로 기분이 괜찮거든.

　완수 자네의 말처럼 다음에 우리 꼭 만나기로 하세. 만나는 장소가 서울이면 어떻고, 자네들이 사는 뉴욕이면 어떤가!

서울에서 돈희가
선린상고57회 홈페이지(2004.4.28)

이돈희 동기께 감사드리며

작성자
권회칠(hoe7kwon@yahoo.com)

봄이 짙어만 갑니다.

보내주신 공들여 집필하신 책과 선린57 동기회 송년의 밤 CD를 잘 받았습니다. 자랑스러운 마음으로 정독한 후, 가족과 친한 친구들과 돌려가며 읽은 후, 정중히 모셔두겠습니다.

지난 4월 19일 외손녀를 보았으니 이제 총각의 몸으로 미국에 와서 할아버지가 되였으니 세월이 참으로 빠르지요.

10년이면 강산도 변한다는데 이곳 생활이 30년이 넘었으니 내 모습도 세 번은 변했다고 할까요. 그러나 마음만은 옛날 그대로 이니 옛날에 많이 듣던 음악 한 곡 첨부합니다.

동문들 모두 행복하고 건강들하세요.

권희칠 올림
선린상고57회 홈페이지(04.4.28)

이돈희	회칠아! 총각의 몸으로 먼 타국 땅으로 이민 가서 30년이란 세월 따라 외조부까지 되었으니, 감회가 오죽하겠나. 진심으로 축하한다. 보고 싶은 친구 회칠아! 나는 네가 영등포구 궁동 96번지에 살면서 67년에 내게 보내준 편지를 잘 간직하고 있다. 너무 오래되어서 쓴 너도 뭐라고 쓴지 모를 편지, 너도 보고 싶겠지만, 아직 인터넷에 올릴 줄을 모르니, 올리는 방법을 배운 다음에는 올릴 것을 약속한다. 내 책 읽은 후에 정중히 모셔두겠다니, 책 쓴 사람이 이것 보다 보람 있는 일이 어디 있니? 오후 3시에 있는 KBS의 녹음 방송을 준비하다가 자네 생각이 몹시 나서 두서 없이 썼어. 첨부한 음악이 않나오는데, 어버이날도 다가오고 하니 <어머니 마음>이란 노래를 넣으면 어떨까?
권광일	음악이 잘 들립니다. 아마도 컴퓨터에 음악을 듣는 프로그램이 깔려있지 않은 것 같습니다. 새파란 수평선 조개잡이 가는 저 배들.... 진주조개잡이가 들립니다.
이돈희	학교선생님인 광일아! 반갑다. 회칠이 한테 답글 쓴 다음에 천천히 들어보니, 아름다운 노래, 진주 조개 잡이가 나오드라구. 그렇다고 지워버리기도 뭣해서 그냥 두었었네. 안 지운 덕택에 자네의 답글을 받은 셈이 되었으니, 이것 또한 즐거운 일이야.

 ## 효친경로 수기 모집

이돈희 한국노인학회장(아버지날과 노인의 날 만든 이·감정평가사)은 효친경로 수기를 모집하고 있다.

오는 5월 가정의 달을 맞아 전국의 청소년은 물론 성인들의 효행수기를 접수 받는다. 또한 최근에는 지난 40여 년 간 심혈을 기울여 온 효친경로사상 운동을 바탕으로, 21세기에 맞는 효친경로의 지침서인 〈효친경로사상의 부활을 위하여〉라는 책을 발간 (도서출판 범론사 : 02-847-3507~8번)한 후, 충효 및 노인문제에 관심이 있는 각급 기관과 단체, 학교, 직장, 개인 등에 보급하고 있다.

저자는 책 후기에서, "청소년인 고등학생이나 대학생은 물론 적어도 한국인이라면 나이에 관계없이 이 책을 평생에 한번은 꼭 읽었으면 싶다.

이 책을 읽음으로써 자식으로서 자기 부모님을 한번은 더 생각하게 되고, 어떠한 환경에서도 제정신으로, 올바른 마음으로 살아가게 될 것이다." 라고 말하고 있다.

효도실버신문(2004. 4.12)
선린57회 홈페이지(2004.4.19)

최홍규	이 시대에 돈희처럼 노인들을 그렇게도 끔직이 생각해 주는 사람들이 몇이나 될까? 생각해 본다. 우리가 살아 있음에.
이돈희	홍규야! 반갑다. 그저께 즐무덤 성지순례(청양 소재)에 나올 줄 알고 기다렸는데 안 왔더군. 홍우식이도 안 오고... 자네가 안 나와 서운 했지. 옛날 같으면 효친경로 수기 모집 안내도 많은 신문에 나겠지만, 요즘은 노인에 관해 관심 가져주는 신문사나 방송국도 적어 기사 한번 나오기 되게 힘들지. 전에는 동아, 중앙, 한국, 서울, 문화, 세계일보 등에도 잘 나왔었는데.

'재클린 캐네디 오나시스' 하면 생각나는 글

독설 여성론(毒舌 女性論)

이돈희

겨울이 삼한사온이라면 여자는 사한삼온이다.

22세 밖에 안 된 필자가 여성관인들 변변하랴만 대학생 때 만들어 본 독신클럽, 문학클럽 또는 성당 등 각종 모임에서 사귄 여성을 통해 얻은 내 나름대로의 결론이다. 마음 곱고 항구 여일한 여자가 없지는 않다.

그러나 보리죽 끓듯 변하는 여자·짙은 화장에 붉은 매니큐어의 여자·오만한 여자·시끄럽게 떠드는 여자, "예쁜 아가씨 있으니 놀다 가세요." 하는 여자도 있는 걸. 남자가 여자보다 위대함은 한번 먹은 마음이 오래가는 점이고 여자가 남자보다 편리함은 한번 먹은 마음을 쉽게 변경하거나 잊어버릴 수 있는 점이리라, 남자가 징그러운 송충이라면 여자는 독 있는 살모사다.

사랑에 애태우는 청년들이여! 돌아선 여인은 생각지 말라. 여자는 돌아서면 냉정하니까. 예를 들자, 새삼스럽게 들먹거림이 귀찮지만 여자들 간에도 논쟁이 분분했던 재클린으로…

총에 맞아 죽은 것만도 억울한데 너 어쩜 그럴 수 있느냐고 케네디가 알링톤 국립묘지에서 뜨거운 눈물로 부르짖지만, 육신 없는 케네디는 싫다고 차갑게 돌아서지 않았는가. 하이힐을 똑똑 울리며…

그래도 케네디는 재클린의 행운을 빌고 있을 것이다. 사나이답게, 자유 우방국가의 으뜸 대통령답게. 어쩌면 다음과 같은 독백을 했을 지도 모른다.『허무하다. 내가 가장 사랑하던 재클린이 돌아서다니. 이럴 줄 알았더라면 차라리 앵무새 같은 새나 기를 걸….』하지만 존 군과 캐럴라인 양의 행복을 멀리서 보아야만 하는 케네디여! 여자란 어차피 그런 것이지요.

주간조선(1969.11.23)

재클린 케네디의 남편인 존 F 케네디 미국 대통령이 1963년에 암살되었습니다.〈필자 주〉

소련이 미국과 가까운 쿠바에 핵미사일을 배치하려고 했던 1962년에 재클린이, 남편인 케네디 대통령과 통화에서 "백악관에 핵 벙커가 없어도 저와 아이들은 도망가지 않아요. 저와 아이들은 무슨 일이 있어도 당신과 함께 하겠어요. 당신 없이 사느니 당신과 함께 죽겠어요." 한 지 겨우 6년만인 1968년에, 그리스의 갑부 선박왕인 아리스토텔레스 오나시스와 재혼했지요.

이름도 '재클린 케네디 오나시스'란 긴 이름으로 바꾸고, 그리스의 드넓은 바닷가 한가운데 호화판 요트 안에서 일광욕을 즐기며 호사하는 장면을 여러 분도 보셨겠지요? 3세 밖에 안 되던 존 군이 백악관을 떠나는 자기 아버지 영구차에 마지막으로 거수경례하는 눈물겨운 모습도 보셨겠지요.

인기가수 백지영 씨의 '총 맞은 것처럼'이 아니라, 진짜 갑자기 총 맞은 후에 죽을 수밖에 없어 죽었습니다.

"나도 정말 내 사랑하는 위대한 조국 미국과 가족인 재키(재클린의 애칭)와 캐롤라인과 존을 위해 정말 살고 싶었는데, 눈 못 감겠던데, 어느 날 육신 없는 나는 싫다고 뾰족 구두 하이힐 똑똑똑 울리며 뒤도 안돌아보고 사라지니, 허무하기 비할 바가 없어. 애들을 위해서라도 재혼 안하고 살다 올 줄 알았어." 하며 알링턴 묘지에서 매우 안타까워하던 케네디 대통령의 말씀이 필자의 귓가에 자꾸만 들려와서, 대신 위 졸 글을 썼는데, 아! 세월 빨라라, 벌써 42년이나 되었습니다.

아무리 돈과 호화로운 생활이 좋기로서니, 미국의 미남 대통령인 케네디의 30대 영부인이던 재클린이 60대 불한당이던 아리스토텔레스 오나시스 (Aristotles Onassis)와 결혼하는 것이 당시 한국인의 정서라든가, 더구나 돈 없던 22세의 미혼남인 입장에서 여성이란 미묘한 존재가 이해가 잘 안 가서 써 본 것이지요(실제로 오나시스와 4~5년 살아보니, 기대했던 것 보다 한참 밖이라, 영부인이던 체면불구하고 이혼소송 중인 1975년에 오나시스 영감이 죽었음). 그 후 한 번 더 결혼(모두 세 번 결혼 함) 후 많지 않은 나이인 65세를 일기로 1994년에 암으로 작고하였지요. 당시 3세짜리 존 군은 1999년에 비행기사고로 죽고요. 위 '독설 여성론'을 영어로 쓸 줄 알았더라면, 재클린 할머니(필자의 82세 어머니와 동갑)에게 작고 전에 보냈을 텐데, 그러질 못했고요. 반대로 이야기하면 재클린은 자기에게 한국말로 쓴 필자의 이 글도 못보고 작고한 것이지요.

재클린 할머니와 저와는 이상하게 인연이 있는 것 같아요. 케네디 대통령이 암살당하던 1963년이 필자는 아버지날을 만든 해이고, 오나시스와 재혼하던 1968년은 필자가 노인의 날을 만든 해이지요. 그래서 이런 해(年度)를 잘 외우고 있지요. 부부가 마치 생년월일이나 결혼연도를 잘 외우는 것처럼!

천국에선 시집장가 안 간다 하니 재클린은 케네디의 부인도, 오나시스의 부인도, 셋째 남편의 부인도 아니겠지요?

케네디 대통령과의 47년 전의 위 통화내용이, 케네디 대통령 취임(1961년) 50주년을 맞은 올해 2011년에 책으로 나온다지요. 저는 아버지날 만든 지 50주년(2013년)을 맞아 『효친경로사상의 부활을 위하여』 2권을 낼 것이고요. 하느님이 건강을 허락하신다면…. 저도 암을 앓았고 64세랍니다.

아내와 함께 미사 참석 후에
성복동성당 홈페이지(2011.9.25)

첫 눈 내리는 날 만나요

이돈희

(주간여성 : 71.1.3, 주간조선 : 71.1.4)

첫눈 내리는 날 만나요
몇월 며칠 몇시가 될지 모르지만
또 그대와 내가 그날
어디에 있을지도 모르지만
우리 처음 만났던 그곳에서
첫눈 내리는 날 만나요.
시간이야 안 정하면 어때
그대 기다리는 시간은 아무리 길어도
지리하지 않은 걸.

내가 그대를 흰눈처럼 사랑하고
그대가 나를 백합처럼 사랑하니
우린 즐겁고 행복할 수밖에 없어라.
그대 눈동자 방긋 웃고
나의 눈동자 미소 지으면
눈내릴 때 포근함처럼
우리의 사랑도 한없이 포근하리.
우린 그동안 기다리는 거야
보고 싶어 못견뎌도 기다리는 거야
그러다 첫눈 내리는 날 만나는 거야.

저자 설명

위 글은 저자가 쓴 몇 안 되는 졸시(拙詩) 중의 하나로 다른 시인들의 데뷔 전 습작시에도 못 미침을 잘 안다. 그러나 능력부족으로 이 이상의 시는 아직 쓰지 못하였기에 부끄러움을 무릅쓰고 실었다.

꼭 유명인이 되고자 해서가 아니라 적어도 인간으로 태어난 표시로, 멋있는 시 한 편이나 명언 한 두 줄, 작사, 작곡, 그림 하나 쯤 세상에 남기고 싶은 마음 누구나 한번쯤은 있지 않을까? 이런 원초적인 생각이 문학과 예술을 탄생시킨 뿌리이다 말하면 잘못일까?

예전처럼 사랑을 조심스럽게 하거나, 편지같이 정성들인 수단이 아니라, 일반전화나 휴대폰으로 속전속결, 여자가 먼저 키스하자 하고 프러포즈하는 인터넷 세상인 지금 읽어보니 유치함도 극치이다.

그래서 아니 실을까 생각해보지 않은 바도 아니다. 그러나 당시에 위 두 주간지에 실렸고, 환우들을 위한 방송프로가 있던 KBS와 CBS에서 낭랑한 아나운서와 성우의 목소리로 정감스럽게 방송되기도 한 것이라 실었다.

이 시 아닌 시를 보면 생각나는 일 하나는, 이것을 읽은 독자가 작곡을 해왔다. 악보를 봐도 잘 부를 줄 모르는 〈악보맹〉이라 서라벌 예대를 나오고 색소폰 연주를 하는 둘째 처남인 호식님에게 연주해 보라고 주었는데, 얼마 후에 그 악보를 분실하였다 한다. 악보를 봉투 채로 건네서 작곡자 이름도 모르고 있다.

나의 글에도 작곡자가 있다는 자부심(?)도 사라졌고, 어떻게 작곡한지 몰라 정말 아쉬운 생각이다. 또 하나는, 당시 1월 17일자 주간여성에는 다음과 같은 해명을 하는 사건이 발생했다. 이 글이 두 주간지에 함께 발표되고 두 방송국에서 방송이 되자, 일반 미혼 남자들은 물론 국군장병들까지 보낸 크고 작은 형형색색의 정성담긴 편지를 매일 집배원이 다발로 묶어 배달해 오는데, 일일이 읽을 수도, 답장을 할 수도 없어 보낸 해명기사이다. 주간조선은 지면을 안주어서 해명을 못했지만, "저는 남성입니다. 저는 1월 3일자 「주간 여성」신년호 독자 살롱 란에 「첫눈 내리는 날 만나요」를 쓴 이돈희입니다.

제 이름이 여자 이름 같아서 여성으로 알고 편지를 주신 분이 너무나 많이 계십니다. 남자인 저로서 일일이 해명을 드릴 수 없어 고민하던 중 이 난을 통해 밝힙니다." 나도 같은 미혼 남자였기에, 미혼 남자들이 미혼 여자에게 〈사랑의 편지〉를 어떻게 쓰나 알고 싶기도 해서 〈재미로 읽어나 보자, 후훗!〉 하고 처음엔 그냥 지나갈 생각을 하기도 했지만, 매일 수백 통의 편지에, 집으로 찾아오는 남자들까지 있어 그들의 실망을 줄이기 위해 해명을 안 할 수가 없었던 것이다.

사랑을 찾는 미혼 남자, 시를 좋아하는 사람들이 많음을, 그리고 신문과 방송의 위력이 크다는 것을 이 한편의 졸 시를 통해 알았다. 태진아님이 노래했던가 "사랑은 장난이 아니야."라고. 정말 사랑은 장난이 아님을 알고 있어서, 이미 32년 전에 〈저는 남성입니다.〉라고 해명을 했었나 보다.

이 책이 출판된 뒤에는 이해인 수녀님의 시집을 모두 구해서 읽고 몇 편쯤 외어 볼 생각이다. 언제나 맑고 환하게 웃는 모습의 이 수녀님과 동시대에 태어나서 살아가고 있음을 행복하게 생각하고 있다. 여러분도 그러하시길 바란다.

이 수녀님의 시를 읽어보면 왜 저자가 이 수녀님을 존경하는지 저절로 알게 될 것이며 수도자의 향기와 마음을 체득할 것이다. 소중하고 귀한 시가 듬뿍 담겨 있다. 수녀님의 시집을 읽고 묵상하면 책 값 수십 배의 인간으로 변모할 것이다.

 PS : 흰 호랑이의 해인 올해 경인년 새해에, 100년 만에 내렸다는, 그래서 너무나 많이 내린 눈으로, 며칠 째 출퇴근 교통이 마비되고 어거적어거적 걷게 만드는 눈의 뜻밖의 횡포(?)이긴 하지만, 벌써 아득히 약 40년 전, 총각시절에 쓴 위 졸시가 생각이 나서…

 졸저(拙著)를 보면서 컴퓨터로 한 줄, 한 줄 쳐 봤습니다. 포근히 내리는 눈과 사랑과 추억은 정말 아름답네요. 귀 밑머리가 점점 희어져감에도…그리고 이해인 수녀님! 힘내시고 암에서 속히 완치하세요. 수녀님을 사랑하는 독자들과 저 같은 신자들이 있잖아요! 대장암에서 완치된 저이기에 동병상련의 마음으로, 수녀님을 위해 다음 주 미사 때 간절히 기도드리겠습니다.

2010년 1월 6일 이 임마누엘 드림

 추신 ～ 매년 첫눈이 내릴 때면 위의 졸 시가 생각납니다. 오늘 많은 첫눈이 내렸습니다. 12월 초에 이렇게 많은 첫 눈이 내리는 것은 드문 일이라 합니다. 이제 20일 후면 즐거운 예수님 성탄이 다가 옵니다. 예수님의 은총 하에, 한 살을 더하는 2013년에도, 이 지구상의 모든 가정이 화목하고 건강하시며 행복하시길 기도합니다, 아멘!

2012년 12월 5일 노인박사 드림
가톨릭언론인신앙학교 홈페이지(2012.12.6)

〈성 요셉의 생애〉를 읽도록 권유하고 전달해라

이돈희

미사 때 기도하면 아주 가끔 말씀이 내립니다.
오늘 사순 제4주일 주일미사 영성체 후 간절한 기도 중에는,

"임마누엘아, 성 요셉 성월과 사순절에 무엇을 했으며, 남은 동안에는 무엇을 하려느냐?" 라는 미세한 말씀과 함께,

"나의 영원한 자녀들에게 책을 한 권 읽기 권유해라." 는 부드러운 말씀이 들렸습니다. 그래서 매우 두려운 마음으로 여쭈었습니다.

" 흠숭하올 주 예수 그리스도님, 무슨 책입니까?"

예수님의 말씀이 내리면, 착각이나 분심이 아닌가?, 예수님을 가장한 마귀의 시험이나 유혹은 아닌가? 하늘의 천사를 비롯해 예수님을 위해 오

롯이 일평생을 바치는 성직자인 사제와 수도자, 그리고 어떤 처지에서든 정말 열심인 평신도가 얼마나 많은데, 유아 때부터 60년 이상을 고질병과 난치병을 평생의 십자가처럼 지니고 살아가야 하며, 번민과 죄와 세상사로 찌들고 오염되고, 스스로 생각해도 열심하지 못한 평신도인 저에게, 또 무슨 감당하기 어려운 말씀을 내리시는가 싶어, 심장 터질 것 같고 두렵기 때문입니다.

하기 쉽다고 하고 하기 어렵다고 피할 수 없는 것이 주님이 내리시는 사명임을 알면, 주님을 뵈었다는 환희의 기쁨보다는 몸 둘 바를 모르는 경이로운 마음에 떨지 않을 수 없어 간신히 여쭙게 됩니다.

그러나 확실하고 분명한 말씀이셨습니다.

"바로 〈성 요셉의 생애〉란다. 성 요셉 성월과 사순절에는 〈성 요셉의 생애〉를 읽도록 권유하고 전달해라."는 음성이 예수님의 말씀이겠습니까? 아니면 마귀나 사탄이 하는 시험이나 유혹의 장난이겠습니까? 가톨릭교회는 이미 약 2천 년 전부터 오로지 삼위일체 하느님만을 굳게 믿고 있으며, 하느님을 믿는 신앙심을 견고히 할 목적으로 "영원한 자녀들" 중에서 신앙의 모범을 보인 신인(神人) 예수님을 닮은 많은 성인성녀들을 탄생시켜서, 그들의 전기라든가 생애를 읽고 감동받고 있으며, 일반세례자도 그들의 이름을 세례명으로 부여받고 본받아 살아가는가 하면, 그들의 삶을 항상 묵상하고 따르며, 하느님께 귀중한 자기 인생을 오롯이 창조주 하느님께 바치며 기도하고 일하며 살아가는 수도회의 수도자도 대단히 많습니다. 그것이 가톨릭의 오랜 전통이기도 합니다.

그러나 성인중의 성인이요 성자 하느님의 어머니인 성모마리아 다음의 성인인 성 요셉 즉 "주님의 양부, 마리아의 정배, 만물 창조한 주를 돌보신 아버지, 구세주 예수님을 기르신 성 요셉(가톨릭 성가 280번: 성 요셉 찬양하세 1 · 2 · 3절 참조), " 천주 성부가 간택하신 요셉, 성모의 보호자, 성가정의 모범, 천주성자의 양부 되신 요셉" (위 성가 281번: 성 요셉 1 · 2절 참조)의 생애는 많이 읽혀지고 있지 않음을 말씀하시면서, 2012년 성 요셉 성월, 사순절 기간 중인 오늘에, 다음과 같은 말씀을 부연해 주시면서 전달토록 하셨습니다.

"M. C. 바이즈의 〈성 요셉의 생애〉가 널리 읽히도록 권유해라.
바이즈는 나의 생애인 〈예수의 내면생활〉을 쓴 수녀이기도 하다.

이 두 책을 쓸 때 내가 그를 도왔느니라. 앞으로 성 요셉 성월과 사순절 기간에는, 이 날들을 거룩하고 유익하게 보내는 방법으로 이제와 같이 나의 수난과 십자가 죽음과 부활을 묵상하며 〈성 요셉의 생애〉가 널리 읽혀지도록 권유하고 전달해라. 대상은 주교를 포함한 사제와 수도자를 포함한 모든 세례자이니라. 세상에서 어머니 마리아와 더불어 나의 육신을 기르고 성가정을 이룬 양부가 성 요셉님 아니냐? 어머니와 양부를 더욱 기리도록 해라. 이를 읽고 성가정의 삶을 실천하는 자녀들이 되길 바란다. 부모에게 효도하여라(부모를 공경하라). 똑같이 나를 믿는다면서 프로테스탄트에서는 어머니 마리아에 대해서도 그렇지만 양부 요셉에 대해서 너무 모르고 공경심도 적어지고 있다. 그들도 달라질 것이다.

부모에게 효도하지 않고, 낙태를 하고, 각종 폭력과 이혼과 파괴되는 가정이 늘어나 가슴 아프다. 가정의 소중함을 누구보다 잘 알고 〈성가정의 생애〉를 쓰려는 너에게 주는 메시지다… 이로 인한 어떤 비방과 박해가 있더라도 끝까지 참고 용기를 가져라."

전달자 주 예수님께서, 사순절과 성 요셉의 달에는 사제와 수도자, 평신도 모두 읽도록 권유하신 〈성 요셉의 생애〉란 책을 저는 몇 번 읽은 적이 있어, 서재에서 확인하니, 가톨릭 크리스천 출판사 발행, 박필숙(사비나) 옮김이었습니다. 제가 읽은 책 속지에는 "결혼 30주년을 기념하며 명동성당에서 2003년 11월 22일" 이라고 아내 강 로잘리아가 쓴 글씨가 있었습니다.

전달자로서 예수님께서 모든 세례자가 읽도록 권유하신 이 책을 출판한 가톨릭 크리스천 출판사와 번역자 박필숙(사비나) 자매님께 심심한 감사를 표합니다.

아무리 좋은 책이라도, 양부 성 요셉님과 그 저자와 출판사와 번역자가 없었으면, 한국인인 저도 물론 읽지 못하였을 것이고, 구세주 예수님도 저에게 말씀주시지 않으셨을 것임을 잘 알고 있습니다.

이태석 신부님은 혼탁한 이 시대에 하느님이 보내신 진정한 사제입니다. 하느님께서 예수님을 빼닮은 이태석 신부님을 이 세상에 보내지 않으셨다면, 그리고 예수님의 사랑과 희생을 온 몸으로 실천하고 48세란 아까운 나이에 하느님 품으로 선종한 이태석 신부님의 삶을 〈울지마 톤즈〉로 제작한 KBS 방송사가 없었다면, 지금처럼 알려지거나 전교홍보가 되지 않았을 것입니다.

김수환 추기경님과 더불어 이태석 신부님은 50년 내에 가톨릭 성인품(聖人品)에 오르실 분이라고 제가 쓴 바 있습니다. 이 세상에 결코 우연으로 일어나는 일은 없다고 생각합니다.

성부 하느님의 섭리와 성자 예수님의 말씀은 항상 시대를 초월하고 기묘하여, 심호흡을 하면서 감사로이 전달을 적습니다. 아멘!

2012년 성 요셉 성월과 사순절 제 4 주일인 3월 18일
전달자 이 임마누엘 적음

첨언 ～ 미사 중에 일어나는 분심이나 헛된 생각을, 후 불면 날아가 버리는 먼지만도 못한 공명심에서 예수님의 말씀이라 착각하고 전달했다가, 스스로 영원한 지옥으로 떨어지는 불행이나 오류를 막아야 하므로, 위 예수님 말씀을 분별하기 위하여 좀 더 깊이 묵상하고 기도하기로 마음을 먹었습니다. 잘못하면 50여 년을 신앙생활을 했으면서도 인생 마지막을 수포로 돌아가게 하는, 돌이킬 수 없는 매우 중요한 일이기 때문입니다.

그래서 사순절 제 5주일인 3월 25일과 사순절 마지막 주일인 4월 1일, 그리고 52년 전에 제가 영세 받았던 바로 그 부활대축일 주일인, 올해는 4월8일 부활대축일 주일에 경건한 미사 영성체후, 성령님의 도우심을 따라 전달을 공개하기로 결심하기에 이르렀으며, 또 한 번 더 신중을 기하고자 한 주일 동안 더 묵상하고 확신을 가진 오늘 부활제 2주일이자 하느님의 자비 주일인 4월 15일 주일에 천주교 서울 대교구 서울 주보 홈페이지 〈Good News 게시판〉의 이 자유게시판을 통해 처음으로 공개하게 되었음을 밝힙니다. 예수님 부활의 기쁨과 함께 하느님의 자비가 온 누리와 저를 비롯한 모든 인류에게 알려지기를 기도하는 마음에서 입니다.

가톨릭에서 하느님의 자비 주일을 최근에 있게 만든 성녀 파우스티나 수녀님이 전하는 〈자비는 나의 사명〉이라는 책을 아베마리아 출판사에 직접 40권을 구입해서 고등학교 친구들과 대학교 동창들에게 기증한 바도 있습니다. 이 책이 널리 읽혀져서 하느님의 자비와 주님의 사랑을 더욱 알

게 해야 하는 까닭입니다.

  마침, 다니고 있는 성당에서 3월 24일부터 시작한 '신앙성숙을 위한 8주간의 성령세미나'에도 아내 로잘리아와 같이 참석하고 있음을 밝힙니다. 내년인 2013년이면 "효친경로사상의 부활을 위하여 일생을 바쳐라"는 말씀에 순종하기 위해, 그 구심점이 되기 위한 방안으로 16세에 만든 아버지날이 50년, 21세에 만든 노인의 날이 45년이 되는 해입니다. 두 날을 고등학생과 대학생 때 만든 저도 이제는 지하철 무료승차 시작인 65세가 되었습니다.

  앞으로 태어나면 안 될 복제인간이 태어나고, 25세기 30세기 35세기가 되고 세월이 흘러가도 예수님이 재림하시기 전까지, 가족 간의 화목과 이웃과 사회의 질서를 위해서는 시대에 맞는 효도를 하여야 합니다. 30년, 50년 늦게 태어나고 젊다 해서 하느님으로부터 먼저 영혼을 받고 태어난, 어버이나 어르신을 무시하거나 학대할 권리는 이 세상의 어느 누구에게도 없습니다.

  하느님이 먼저 귀한 영혼주시고 하늘나라에도 대부분 먼저 부르시는 분이 우리의 어버이요 어르신인데, 이 세상에 인간으로 태어나서, 어버이나 어르신인 노인을 효도(공경)하지 않거나 폭언, 폭행, 무시하는 일은 하느님 말씀에 대한 전면 도전이므로, 그러면서도 자기의 구원과 행복을 기도하는 것은 옳지 않습니다.

  인류의 지능과 문명이 아무리 발달하고 개인주의가 되어가도 인간과 일반 동물의 차이의 마지막 보루가 부모와 어르신에 대한 효도와 자선과 이웃 사랑, 자녀 사랑을 실천하느냐 마느냐, 역지사지의 마음 가지고 살아가느냐, 자기 한 몸 편하자고 개인 위주로만 살아가느냐 일 것입니다.

다시 한 번 전달합니다. 앞으로의 "성 요셉 성월과 사순절에는 〈성 요셉의 생애〉를 읽도록 권유하고 전달해라."

이제 얼마 남지 않은 저의 육신생명 다하는 날까지, 주님 말씀에 합력하여 선을 꼭 이루고 살고 싶으며, 이 전달 글을 보시는 여러분들도 주 예수님 믿으시며 주님의 은총 하에 합력하여 선을 이루도록 노력하면서 살아가시도록 간곡히 부탁드리고 싶습니다. 아울러 저의 영혼과 육신의 건강을 위하여 많이 기도해주시기 바랍니다. 감사합니다.

전달자 소개
(오해를 막기 위하여)

- 52년 전 중3으로 올라가던 부활주일에 부모님과 같이 세례 받음

  (교리담당 수녀님으로부터 부 : 요셉, 모 : 마리아, 저 : 임마누엘로

  가족 모두 세례명을 성가정 본명으로 받음)

- 고2 때 아버지날 만듦

  (10년 후 국가에서 당시 어머니날과 합쳐져 어버이날로 됨, 올해 제40회)

- 대4 때 노인의 날 만듦(29년 후 국가에서 제정됨, 올해 제16회)

- 어버이날 노인의 날 공휴일 지정 제언

- 감정평가사

- 한국토지공사 21년 근무

- 한국노인문제연구소, 한국노인학회, 예수님생애연구소 만듦

- 노인학 및 예수님생애연구가

- 어릴 때에 극심한 폐렴, 기관지확장증, 초중등학생 때 이비인후과 전부 수술,

장년 때 동맥 등 여러 부위의 혈관 팽창으로 인한 고위험으로 색전술 이틀에 걸쳐 시술

- 지금의 암보다 무서운 폐결핵 발병과 재발(청년시절),
  대장암으로 투병생활(중년시절), 심장비대, 고혈압, 매일 기침 · 가래
- 육신의 치유를 위하여 각종 기수련 및 가톨릭과 개신교에서 이뤄지는
  치유집회 무수히 참석
- 전국 천주교예수노상전교회 부부 전교사
- 국민고충처리위원회, 국민권익위원회 전문상담 위원 역임
- '성지 이집트 이스라엘 요르단 순례기', '주님은 저를 울게 하셨습니다'
  '국회의장님과 모든 국회의원님들께 드리는 글' 발표
- 이태석 신부 '울지마 톤즈' 극장판 DVD 300개 18대 국회의원 전원에게 전달
  (천주교 전교와 제발 국회의원의 국회 내 폭력과 욕설과 막말, 기물파괴, 난투극,
  유언비어, 허위사실 유포, 좌경화 없이 우리나라와 국민만을 위하는
  의정활동하기를 호소하기 위하여)
- 『서기 2000년을 대비한 나의 미래설계』현상공모 대상 수상 (2,853명 중)
- 제1회 대한민국 기록문화 종합대상 수상
- 라디오 · TV 방송 출연 500회 이상
- 신문 · 잡지 인터뷰 및 기고 250회 이상
- 대한노인신문사 수석부사장 겸 수석논설위원
- 저서 : 〈효친경로사상의 부활을 위하여〉
- 〈효친경로사상의 부활을 위하여〉 신판 및
  2017년에 출간 예정인 〈성가정의 생애〉 구상 및 자료수집 중

출처 ～ 천주교 서울 대교구 서울 주보 홈페이지 〈Good News 게시판〉의 자유게시판(2012년4월15일 부활 제 2 주일) 및 한국평신도사도직단체협의회 자유게시판(2012년 4월22일 부활제 3주일)에서, 2012년 4월29일 부활 제 4주일에 옮김.

첨언 ～ 어제 아내 강 로잘리아와 함께 성령세미나 제 5주 성령충만을 위한 안수 받음.

성복동성당 홈페이지(2012.4.29) 동일자
수단어린이장학회 이태석신부 홈페이지

추신 ～ 이후 2013년 2월 23일에 〈2012년을 빛낸 도전한국인 대상 시상식〉에서 수상. 아울러 올해 성요셉 성월과 사순절 마지막 주일인 성지주일(2013년 3월 24일) 오전 9시 미사 영성체 후 간절한 기도 하는 중에, 위 작년의 말씀을 올해 성요셉 성월과 사순절이 끝나기 전의 마지막 주일인 "오늘 성지주일에 다시 게재하여 널리 알리라."는 말씀을 주시어, 출석본당인 성복동성당 〈차 한잔의 여유〉에 먼저 올리며, 위험을 무릅쓰고 다시 게재하기에 이른 것입니다. 아멘!

한국평신도사도직협의회 홈페이지(2013.3.24)
동일자 가톨릭신문 · 평화신문
천주교 서울대교구 서울주보 굿 뉴스 게시판
전국 천주교예수노상전교회 홈페이지에도 게재

명동 대성당 미사 참례 40년

노인박사

　명동성당에 교적을 둔 적이 없는 신자이면서도 일 년에 하루는 반드시 미사참례 한 것이 벌써 40년이 되고 있다.

　이는 지금의 나로도 마찬가지지만, 당시 도저히 가까이할 수 없는 훌륭한 여인을 아내로 맞게 하고, 세분의 사제를 주례 신부님으로 모시고 명동성당에서 결혼식을 하고, 평생 사랑하는 부부로 살아가게 해주신 하느님과 성모님 그리고 장인장모님께 감사드리는 마음에서이다.

　무녀 독남 외아들로 태어났기 때문에 부모님의 간절한 희망도 있고 하여, 장가갈 능력이나 직장도 없으면서 이른 나이인 26세에 동갑나이 아내와 결혼 한 후, 결혼기념일이 있는 매년 11월의 어느 한 주의 주일을 택하여, 명동성당에 가서 낮 12시 교중 미사참례와 아래 성모동산에서 기도를 해왔는데, 결혼 26주년이 되던 13년 전에는 나도 모르게, 성모님께 다음과 같은 기도를 드렸었다.

성모님, 안녕하세요?

제가 사랑하는 로잘리아와 같이 성모님을 매년 이 곳에서 찾아뵙는 지도 벌써, 결혼하던 나이와 같은 26년이 되었습니다. 제 기억으로는 부산에서 근무하던 때를 빼고는 매년 11월이면 성모님을 찾아뵈었던 것 같습니다. 성모님도 아시죠? 로잘리아는 정말 좋은 여자입니다. 로잘리아와 평생을 살게 해 주셔서 감사드립니다. 언제나 같이 온 로잘리아도 지금 옆에서 성모님께 기도를 드리고 있네요. 성모님께 로잘리아는 지금 무슨 기도를 드리고 있는지 모르지만, 저는 올해는 성모님께 이런 기도를 드리고 싶어요. 다름 아니고요, 26년을 로잘리아와 같이 이곳에 와 기도드린 만큼인 , 앞으로도 26년을 지금처럼 둘이 같이 와서 기도드리고 싶어요. 둘 중에 누구 하나가 죽거나 너무 많이 아프면 같이 오고 싶어도 올 수 없잖아요. 그러니까 성모님, 둘 다 78살까지 살게 해 주시거나 나이 들어 아픈 것은 어쩔 수 없지만 거동이 불편할 정도로 많이 아프지는 않게 전구해 주세요.

성모님! 제가 너무 어려운 기도를 드렸나요? 성모님 감사합니다. 은총이 가득하신 마리아님, 기뻐하소서! 주님께서 함께 계시니 여인 중에 복되시며…(이하 생략), 내년 이맘 때 또 올게요. 안녕히 계세요.

이런 기도를 드린 지도 벌써, 12년이 지난 작년까지 한 번도 빠지지 않고 매년 11월의 어느 한 주를 택해 교중미사를 드리고, 성모 동산으로 내려와 무릎 꿇고 기도를 드렸음은 물론이다. 올해는 바로 11월의 셋째 주일인 오늘 낮12시 교중 미사를 드렸다. 다만, 성모동산의 성모님에게 기도를 드리는 대신(대공사로 성모동산 출입불가), 성당 뒤편, 계성여고 옆의 성모 무염시태 성모상 앞에서 촛불 키고 기도를 드렸다.

하느님이 아니 계신 곳 없이 계시듯이 성모 어머니도 아니 계신 데 없으시니, 집에서 성모님께나, 다니는 성당에서 성모님께 기도드려도 똑같은 기도이나, 매년 11월이면 한 주를 택해 명동성당의 성모님을 찾아뵙고 기도를 드리는 것은, 겉보기는 멀쩡하지만 어려서부터 지극히 나쁜 고질병·난치병을 평생 가지고 살아가야 하는 육신이라 내일모레 어떻게 될지 알 수 없어, 매년 위령의 달이자 결혼기념일이 있는 11월까지 살아있는 한, 성모님께 남을 위한 여러 가지 전구 기도를 하면서, 기도 뒤에 드리는 "내년 이맘때 또 오겠어요. 안녕히 계세요." 하는 약속을 실천할 수 있는 건강을 주시는 성모님의 자애로우신 사랑에, 실망하게 해드리고 싶지 않은 마음을 실천하기 위해서이다.

육신의 부모님과의 약속을 지키지 않는 것도 결코 잘하는 일이 아닌데, 하물며 성모님과 한 약속을 깨트려 성모님의 마음을 아프시게 할 수 없다는 생각에서, 지금까지 아내와 더불어 항상 기쁜 마음으로 실천하고 있는 것이다.

어떤 해엔 명동성당을 자주 가기도 하지만, 이렇게 일 년에 한 번씩이라도 가는 또 하나의 이유는, 책 읽기를 좋아하는 나에게 가톨릭서적이 대부분 구비되어 있는 명동성당내의 서점을 들려보고 싶어서이다.

오늘 교중 미사 후에는 교황 베네딕트16세의 저서인 〈나사렛 예수〉 (이진수 신부 옮김, 바오로 딸 출판사 발행)를, 아내가 39주년 결혼선물로 사 주었다.

이런 선물이 아니라도 그야 말로 "내 **뼈** 중의 **뼈**요 살 중의 살"인 아내가 항상 고맙고 빚지는 마음이다. 주보 1면을 보니, 신앙의 해 대림특강인, '교황 베네딕트 16세 「나사렛 예수」 1·2 해설 특강'이, 12월 3일, 10

일, 17일 등 3일 동안 있다. 명동성당을 본당으로 둔 신자들 얼마나 큰 행운인가! 14~15년 전 오금동성당에 다닐 때 주임신부님이던 여형구 신부님께서 교중 미사를 드리셨다. 오금동성당 주임 신부님에서 명동성당 주임 신부님이되신 여형구 신부님으로부터 성체를 받아 모시니, 미사 드리는 기쁨이 배가되었다. 명동성당의 사목회장님이 여인인 점도 놀라왔고, 마침 평신도 주일이라 여인 사목회장님의 평신도 강론도 잘 들을 수 있었다.

여신부님께서 오금동 본당시절에, 유명 영화배우 김지미님 부부를 영세시키셔서, 시부모님을 위해, 그리고 본당의 노인 분들을 위해 아주 수수한 옷차림에 거의 화장기 없는 얼굴로 자주 봉사하는 모습에 큰 감명을 받기도 했었다.

주보 3면 '말씀의 이삭' 에서는, 가수 인순이 세실리아 씨의 " 말씀은 나의 위로, 나의 생명" 이란 글도 읽을 감명 깊게 읽었다. 온 몸에 열정과 혼신을 다 해 열창하는 노래들에 못하지 않게 참 잘 쓴 글이었다.

일 년에 한 번은 명동성당에 가는 또 하나의 이유는, 40년 이상을 즐기는 명동교자를 줄서서 기다려 가며 먹는 재미가 있기 때문이다.

음식점 광고한다고 욕하지 마시라! 종업원이 자주 바뀌는지, 40년 단골을 기억해주는 종업원 하나 없지만, 명동에서 명동교자만큼 전통이 있고 유명한 음식이 있는가! 기억은 없지만 몇 백 원 할 때부터 즐기기 시작한 명동교자가 8,000원이 되었으나 아직도 변치 않는 것은 손님을 기분 좋게 안내하는 친절과 맛있는 김치에 원하는 만큼을 무료로 주는 인심의 공기밥과 사리이다. 고물가 시대임에도 저녁을 먹지 않아도 될 만큼 푸짐하게 서비스 받고 나올 수 있다.

일본인 젊은 남녀들도 이 집을 즐겨 찾는 것 같다. 40년이란 세월의 흐름 따라 회갑을 훨씬 넘겼고 하루하루 몸은 쇠해가지만, 외국인들도 가장 좋아하는 명동거리에는 활기찬 젊음이 있다. 이들과 함께 명동거리를 거닐면, 그들처럼 젊은 시절의 추억이 생각나고 최소한 10년은 젊어지는 느낌과 활력을 갖게 된다. 여러 분도 명동거리를 하느님이 주신 그녀(남)와 함께 군밤과 오징어를 사먹으면서 거닐어 보시라!

날이 갈수록 가족이나 이웃에 대한 사랑과 배려는 줄어들고, 세상 살기가 너무 위험해지고, 힘들고, 무섭고 외로워서, 예수님과 성모님께 하소연하고 싶어서, 성모님께 한 약속을 핑계되고, 한국가톨릭 신앙의 본산이자, 결혼한 장소인 명동성당을 매년 찾는지도 모르겠다. 내 육신 생명 움직일 수 없는 날까지…

오늘도 나는 마지막 기도로 하느님께는, "하느님! 이 지구상의 모든 부부와 우리 부부에게 항상 서로 사랑하는 마음 갖게 하소서!"와, 성모님께는 "성모님! 내년 이맘때 또 올게요, 안녕히 계세요."라는 기도와 약속을 드리고 있는 자신을 발견했다.

2012년 11월 18일 셋째 주일(인 평신도주일)
가톨릭신문 홈페이지(2012.11.18)
동일자 평화신문
한국천주교평신도사도직협의회
수단어린이장학회 이태석신부
성복동성당 홈페이지

부동산학의 노래 (부동산학가) 발굴

김영진 교수님의 부동산학의 노래와 저자 공개 후 소감

저자는 〈효친경로사상의 부활을 위하여〉 책의 106, 107 페이지에서 다음과 같은 기록을 남긴 바 있다.

즉 "이러저러한 일로 선후배들로부터 〈김영진 교수의 수제자〉란 말이 과분하지만 부동산학계에 보답하는 의미에서 김영진 교수가 부동산학을 창시하고, 낡은 공병우 타자기로 직접 쳐주셨던 〈부동산학의 노래(부동산학가)〉를 공개한다.

필자도 부동산학과를 졸업한 지 30년이 지났으므로 발전된 현재의 부동산학을 따라갈 수 없으며, 저서나 논문들이, 제자들이 얼마나 나온 지 모르고 산다. 건국대 행정대학원에서 출발한 부동산학이 이제는 수많은 대학과 대학원에서 보급되어 연구하고 있는 까닭이다.

그동안 나 아닌 제자라든가, 친지들에 의해 공개되거나 보관 중인데도 내가 모르고 있는지 모르겠으나(이 부분을 집필하기 위해 사모님인 팽묘희 여사님과 생질인 도서출판 범론사 이종의 박사에게 확인한 바, 두 분도 〈부동산학가〉가 어디엔가 있다는 말은 들었는데, 본 적이 없어 궁금했다며, 저자가 무심코 버렸으면 영구히 사장(死藏)될 뻔한 〈부동산학가〉를 처음 공개하는 것으로 하니, 만약 공개된 것이라면 양해해 주길 바란다. 따라서 앞으로 부동산학 관련저서를 쓰거나 강의를 하는 후학들은 이 〈부동산학가〉를 널리 알려주기를 김 박사님의 영혼을 대신해서 부탁을 올린다.

김 박사님과 한 달 이상을 여관을 전전하면서 숙식을 같이하기도 했던 제자로서 별세 후 23년이 지난 이제야 세상에 알리는 불찰을 용서받고 싶다.

나에게 넘겨준 〈부동산학가〉를 혹시라도 쓰레기통에 버리지 말고 공개하기를 하늘나라에서 얼마나 염원하셨을까? 김박사님의 부동산학에 대한 열정과 국토를 사랑하는 마음이 잘 나타나 있음에 고개 숙인다. 아쉬운 점은 작사·작곡으로 되어 이 가사의 악보는 나에게도 없는 것이다.

김영진 교수의 학문에 대한 집념으로 보아서는 전문가에 의뢰하여 만든 악보가 어디엔가 녹음되어 있거나, 작고하시는 바람에 못 만드셨는지도 모르겠다. 악보가 없다면 음악에 조예가 있는 후학이 김 교수님의 영감을 받아 탄생시켜주기 바란다." 라는 글과 함께 〈부동산학가〉를 공개했었다.

그 후 7년이 지나도록 아무 곳에서도 이 〈부동산학가〉를 알지 못하고 있었으며, 2010년에 〈건국 부동산학 창학 40년 기념 사업회〉에서 〈건국 부동산학 창학 40년 기념집〉을 발간하면서, 각종 관련 자료를 수집하던 중, 저자에게도 연락이 와서, 김영진 교수가 저자에게 주었던 이 〈부동산학가〉를 기념 사업회에 직접 출석하여 자료로 제출하였다.

그리하여 이 〈건국 부동산학 창학 40년 기념집〉 48페이지에 〈부동산학가〉 전문(全文)이 게재되기에 이르렀다. 여기서 〈부동산학가〉의 전문의 게재를 다시 하지는 않지만, 한 가지 옥에 티는 가사 2절 중 "억(億)대의 재산보다 잘 가꾼 국토" 라는 가사가 기념 집에서는 "역대의 재산보다 잘 가꾼 국토"로 잘못 나왔으며, 기념집 발간 후엔 되돌려주기로 약속했던 자료를 저자에게 아직까지 돌려주지 않고 있는 점이다. 모든 자료는 원본이 중요하다.

따라서 돌려주기로 한 자료는 제공자에게 돌려주어야 하는데, 담당자들이 기념집 만들기만 바빴지 자료를 되돌려 주는 데는 아주 소홀히 하고 있다. 2절에 오식이 있긴 했지만, 〈건국 부동산학 창학 40년 기념집〉에 그렇게라도 빛 보게 한 저자를 하늘나라에서 웃으시면서, 칭찬해 주실 것 같다. 한국에 부동산학이란 새로운 학문을 개척하신 김영진 교수님! 존경하고 사랑합니다.

2013년 5월8일 제 41주년 어버이날에
제자 이돈희 올림

신간 안내

이돈희

효친경로사상의 부활을 위하여
〈효도실버신문에서〉
이돈희 저 / 범론사 간 / 1만원

지난 40여 년 간을 아버지날 제정과 노인의 날 제정, 그리고 효친경로사상의 보급을 위하여 많은 노력을 기울여 온 이돈희 한국노인학회회장이 최근〈효친경로사상의 부활을 위하여〉라는 저서를 출간했다.

56년간의 세월을 지나오면서 40년간을 노인문제 해결을 위해 몸 바쳐온 저자, 10대에는 효친사상을 위한 아버지날을 제정하기 위해 뛰어 다니고, 20대에는 경로사상을 위한 노인의 날 제정을 위해 한 몸을 불사른 이돈희 씨는 독실한 가톨릭 신자로 80세가 넘는 부모를 30년간 모셔오고 있기도 하다.

저자는 책머리에 중학교 3학년 때 세례를 받을 때 수녀님으로부터 "예수님처럼 부모님 잘 모시고 효도하며 성가정(聖家庭)을 이루며 살라."는 말씀을 듣고, 2년을 묵상하며 기도하는 가운데 받은 사명이 바로 〈효친경로사상의 부활〉이었다고 밝히고 있다.

전 5부로 나누어 편집된 이 책은 제 1 부에 저자 이야기를, 제 2 부에 작은 소품의 글들을 실었으며, 제 3 부에 잡지 인터뷰·글 모음을, 제 4부에 신문 인터뷰·글모음을, 제 5 부에 방송출연 대담 모음을 각각 담아내어, 저자가 40여 년 간 걸어온 길을 집약시켜 누구라도 이 책 한 권을 가지면 시대에 맞는 효친경로(孝親敬老)의 참 뜻을 알게 될 것이라고 말한다.

가정이 잘 되어야 사회가 잘 되고 사회가 잘되어야 나라가 잘 되는 것이므로, 나라가 잘 되도록 하기 위한 접근 방법으로, 효문화(孝文化)의 부활을 강조하는 이 시대의 효 지침서로 엮어낸 〈효친경로사상의 부활을 위하여〉는 이 시대를 사는 사람들에게 정신적인 양식을 전해주는 책이다.

선린상고, 동국대학교 상학과, 건국대학교 행정대학원 부동산학과를 나온 이돈희 씨는 한국토지공사에도 20여 년 간 재직하면서 청춘을 보냈다. 토지공사 퇴직 후에는 감정평가사로, 국민고충처리위원회 감정평가 민원 상담 전문위원으로 활발한 활동을 펼쳐오고 있다.

현재에는 동국감정평가법인 감정평가사, 민원상담 전문위원으로 재직하며, 노인학 및 예수님생애 연구가로 활동하고 있으며, 전국의 많은 노인대학, 사회기관과 단체 및 직장 연수원에서 특강 강사로 활약하고 있고, 각종 신문과 잡지, 방송 등에서도 효친경로사상의 앙양을 위해 힘쓰고 있다.

선린상고57회 홈페이지(2004.2.16)

고성삼	축하하네. 새해 복 많이 받기 바라네.
이돈희	고성삼 박사! 반가워! 바쁜 중에도 답 글을 주고 소식을 전해주는 자네 같은 친구들이 참 좋아. 알고 있으면서 연락하나 없는 친구가 있는가하면 조그만 일에도 격려와 칭찬을 해주는 자네 같이 마음 열린 친구도 있고.... 나의 대학 동기 중에 두 달에 한번 씩 모이는 20명 가량인 모임이 있는데, 4월 모임에서 출판을 축하하는 모임을 해주겠다니, 얼마나 보람 있는지 몰라. 늦 재미가 이런 것 아니겠어? 장례식장에 찾아가도 영휴는 말이 없어! 아냐, 분명히 무슨 말은 했겠지만 알아들을 수가 없지. 그것이 우리 인간의 한계야! 세상에 수많은 대학생 제자를 길러낸 자네가 한없이 부럽네. 자네도 새해 복 많이 받고 건강하게!
박학수	그동안도 그래왔겠지만 지금도 보람을 만끽하며 지내는 돈희 형이 부럽소이다. 그런 돈희 형을 동창으로 둔 나는 '호박이 넝쿨째 굴러 떨어지는 복'을 받은 셈이지요. 돈희 형, 반갑고도 고맙소이다.
이돈희	학수야! 또 코멘트를 주어 고맙다. 나를 동창으로 둔 것이 "호박이 넝쿨째 떨어진 복"이라고. 아니야, 나는 자네를 동창으로 둔 것이 더욱 큰 복이야. 서로를 진실되게 알아줄 때 큰 힘이 되지. 언제 한번 만날 수 있으려나?
최홍규	돈희에게! 네가 있어 자랑스럽다. 행복의 비결은 필요한 것을 얼마나 갖고 있느냐 가 아니라 불필요한 것에서 얼마나 자유로워져 있는가 하는 것이다. 세상은 모든 것이 아름답다. 적극적이고 긍정적인 사람들의 눈에는-- 존경해 주는 만큼 그대들의 몫이다.
이돈희	홍규야! 너의 행복의 비결에 정말 공감한다. 법정 스님도 무소유의 행복을 말씀 하였지. 내 책을 보아서 알겠네만 나는 행복하다 하며 살고 있지. 예수님도 인간적으로는 33세 밖에 안사셨는데, 나는 벌써 예수님보다 20여년을 더 살았거든. 그런데도 우리 인간들을 위해 아무 것도 안남기면 안되겠다 싶어서 현대판 효친경로사상을 부활시키고 싶었고, 책도 쓰고 싶었고, 뜻대로 출판까지 해서, 나의 사상에 공감하는 일반 독자들까지 생기고... 자네와 같은 반가운 동기들의 축하도 있으니, 행복하네!.

 ## 4반 친구들도 많이 나왔으면 좋겠다

이제
연말연시도 보름 안팎,
크리스마스도 열흘,
57회 동기 모임이 바로 내일로 다가오니
한 가지 소망이 있네.

졸업한 지 벌써 40년이 가까운데,
반모임도 아닌 57동기 모임에서
무슨 4반 친구냐 하겠지만,
그래도 한 번도 안 나온 반 친구들이 보고 싶은데 어쩌냐?

각종 모임에 자주 나오는 친구들은 꼭 동기회 모임이 아니라도 여기저기서 만나게 되는데, 각종 경조사나 소모임, 동기회 모임조차 한 번도 안 나오는 친구들을 보고 싶어서 동기회보를 보고 연락을 하면,

연락이 되면서도,
꼭 나오겠다고 하면서도,
안 나오는 보고 싶은 친구야!
자네들이 누구라고 이름은 안 밝히겠지만,
무슨 사정이 있었건 그래도 우린 선린 상고 친구 아이가?

건강이 나빠서,
경제적으로 어려워서,
바빠서 못나왔건
새삼스레 나오기 뭣해서 그냥 안 나왔건
지금은 너 나 할 것 없이 우리 모두 처지가 피차 오십보백보라네…
지금 자주 만나는 친구들도
20년, 길어도 30년, 40년 후면
만나고 싶어도
못 만날지도 몰라.

자네나 내가 바깥출입을 못할 정도로 아파서 일지도 모르고,
내가 이 세상에 없거나
자네가 없을 수도 있거든.

그러니 우리 같이 살아 있는 지금인 내일은
꼭 참석하게, 정말 보고 싶네.

제목이야 4반 친구라 했지만 자네가 꼭 4반이어야 할 필요는 없네.
자네와 나는 적어도 3년 또는 6년을 선린에서 보냈는데,
꼭 졸업반 때 4반이 아니면 어떤가?
다른 학년에선 같은 반이던 친구였잖아.

그러니
졸업반 때 아무 반이었던 상관 말고,

꼭 나오게.

내일 나오면
나 말고도 다른 많은 동기 친구들도 자네를 알아보고,
열렬히 환영해 줄 걸세.
우린 모두 선린의 좋은 친구들이거든!

돈희가
선린상고57회 홈페이지(2003.12.15)

이돈희   대단히 반갑고, 고맙습니다. 4반이 참석자가 예년에는 4~5위였는데, 올해는 7반 다음으로 2위로 껑충 뛰어 올랐습니다. 앞으로는 4반 반창회도 갖자고 열렬히 부탁하는 친구들도 있었습니다. 만나면 즐겁고 몸도 건강해집니다. 열심히 노력합시다. 57회 화이팅, 4반 파이팅!

최홍규   반창회 합시다. 이 돈희 반장님! 화이팅!

친구가 쓴 책이
영풍문고에서도 볼 수 있다면

오늘은 가을 이후의 첫눈으로, 함박눈이라 할 만큼 많은 눈이 내렸네그려.

누구라고 밝히진 않겠네만, 영풍문고에서 내 책을 샀다는 이야기를 휴대폰으로 연락 준 동기가 있었네. 솔직히 나는 영풍문고가 큰 서점의 하나라고는 알고 있지만 어디에 있는지도 모르네.

여점원에게 이 책 쓴 저자 이돈희가 내 선린상고 친구라고 하면서 자랑하면서 샀다더군!

책 안 표지의 내 사진과 함께 지은이 소개에 "선린상고, 동국대학교 상학과, 건국대학교 행정대학원 부동산 학과 졸업"이라고 있어서, 선린상고 출신임을 자랑하기가 쉬웠다."고 하네…

내가 감탄하는 것은 우리 나이에도 서점을 찾아 책을 사는 낭만적인 친구들이 있다는 사실이지. 나도 귀찮아서 잘 안 가게 되는데…

이제 몇 달 후면 자네들이 교보문고나 영풍문고 등 대형서점에, 인터넷으로 내 책에 대해 쓴 서평(書評)도 볼 수 있을 것 같네! 참, 서평 많이 쓰는 사람은 대형서점에서 주는 선물도 푸짐하다고 하네. 참으로 좋은 세상이야!!

아무렴, 나는 책이 많이 나갈수록 보람 있어 좋고, 모교인 선린상고가 자연히 전국적으로 광고비 없이도 PR이 되어서 좋고…

학생 시절엔 몇 푼 벌겠다고 신문 팔아가며 가정교사 해가며, 직장 다니면서는 월급 보너스 엄청나게 투입하며 아무도 알아주지 않는 데도 그리운 선린상고 시절인 40년 전부터 아버지날과 노인의 날을 만든 것도 다름 아닌 어린 나에게 하느님이 내게 사명으로 내려주신 〈효친경로사상의 부활〉을 위한 방안이었던 것이 알려져서도 좋다네.

지금 하는 이야기지만, 남이 안하는 일을 이것저것 하려니 그동안 정말 너무 힘들었다네. 그래서 자네들과 만날 시간도 못 내고…바쁜 토지공사 다니면서도 책하나 써서 밤에는 고시학원 몇 군데 나가서 강의도 했지. 실버타운 만들 땅 몇 평이라도 사는 데 보태겠다는 엄청난 포부로…

내가 책의 후기 맨 마지막에 뭐라고 되어 있는지 아는가?

〈소파 방정환 선생을 존경하는 저자 청파 이돈희 드림〉이라고 되어 있네.

방정환 선생이 선린 2학년 중퇴라 졸업 앨범이나 졸업생 명부에도 없어 선린 출신임을 아무도 모르던 것을 내가 방정환 선생을 연구하면서, 방정환 선생이 선린선배인 것을 알게 되어서, 방 선생이 선린출신임을 기회 있는 대로 밝혀왔고, 자네들도 보았겠네만, 선린동문회 2002년 봄 호에도 밝혔었고, 내 책 231 페이지 이하에서도 게재했지.

내 호가 왜 청파인지 아는가?

첫째, 선배인 방정환 선생이 작은 물결인 〈소파〉이고
둘째, 한문은 다르지만 선린상고가 청파동에 있고,
셋째, 나의 아내의 친정이 청파동이고
넷째, 내가 방정환 선생이 선린의 선배임을 알고부터

어린이날을 만든 방 선배를 존경하는 의미에서라도 아버지날과 노인의 날을 만든 내가 호를 쓴다면 나는 푸른 물결인 〈청파〉로 한 것이 40살인 1987년부터, 이번에 쓴 책에서 후기의 마지막을 그렇게 쓰게 되었다네. 이만하면 내가 방선배의 후배일 만하지?

특히나 오늘처럼 첫눈 내리는 날이면, 얼마 전의 홈페이지 〈57문단〉에나 내 책 159 페이지 이하에 나오는 〈첫눈 내리는 날 만나요〉는 안성맞춤이지. 가수 이용이 〈잊혀진 계절〉에 나오는 "10월의 마지막"이라는 7글자가 매년 있는 10월 달을 빛내주듯이 나는 〈첫눈 내리는 날 만나요〉라는 9글자로 많은 한국의 선남선녀들이 매년 첫눈 내리는 날을 기억하게 하겠지!

그러니까 벌써 30여 년 전 첫 눈 내리던 크리스마스 이브 날, 〈노인의 날〉을 만들었는데, 찾아가는 곳마다 아무도 안 알아주고 취지를 아무리 설명해도 취재해주는 곳도 없어, 노인의 날 취지를 알리는데 필요한 신문 광고비(장난 아니게 비싸지!)를 조금이라도 벌겠다고 번화한 광화문 4거리에서 가판대도 없이(매일 파는 사람은 가판대가 있지만, 토요일일이나 일요일 등 부정기적으로 파는 사람들은 20-30년 전이나 지금이나 가판대가 없음. 보자기 깔고 신문을 놓고 팜) 몇 가지 신문을 가판하던 때, 〈신문 한 부 주세요!〉 하면서 내가 파는 첫눈에 젖은 신문을 사면서도 몹시 행복해 하던 두 남녀를 보고 추측하며, 상상하며 쓴 시도 아닌 졸시(拙詩)이지만, 솔직히 그 때만 해도 30여 년 전, 장가도 안 간 젊은이였으니, 용기와 만용이 함께 있었지. 흐르는 세월 따라 지금은 고혈압을 걱정해야 하고 몸과 마음이 삐꺽거리는 나이가 되었고! 참 방 선배님은 어린이들에게 구연동화를 하시다가 고혈압으로 서울대학병원에서 32세에 애석하게 작고하셨지!

윤석중 선생님은 92세까지 사시다 어제 돌아가셨는데....
방정환 선배님도 윤석중 선생님처럼 오래 사시면서 더 많은 작품을 남기셨으면 얼마나 좋을까 생각하게 되네.

오래 살면 없던 병도 생기고 힘도 들어서 꼭 오래 산다고 좋은 것은 아니지만, 방 선배님은 생각할수록 아까운 느낌이 들어서 하는 이야기이네.

"이 세상에 내노라" 하는 작가나 시인이 지금까지도 많았고 앞으로도 엄청나게 많겠지만, 〈첫눈 내리는 날 만나요〉라는 제목으로 시를 쓴 사람은 나밖에 없지 않겠나?

"프랑스의 세느 강이 코리아의 한강보다 아름답거나 규모가 장관이라서가 아니라 프랑스의 유명한 시인이 썼고, 외국어로 번역이 많이 되고, 회자되고 보니까 한강보다 이름이 나고 유명해진 것이지.

비록 나는 한국의 무명인이지만, 언젠가는 죽은 뒤라도 이 시 하나만은 세계 어느 유명한 시인에게도 제목은 안 뺏길 것이다." 생각하고 지으면서 바로 외었던 것이지. 사실 한강이 세느 강보다 알려지지 않았을 뿐이나 실제론 어느 모로 보나 세느 강보다 몇 백배 낫지.

　아무튼, 30여 년 전의 크리스마스 이브에 첫 눈 맞으면서 신문 팔던 그 추억이 내 책의 한 페이지를 장식했고, 오늘 서울방송(sbs) 〈마음은 언제나 청춘〉 프로(담당 아나운서 유영미)의 팬클럽에서는 클럽 회장인 (선생님 출신인 노인이신데 우리의 인터넷 박사 임명선, 안용준, 권회칠처럼 인터넷에 올리는 것 도사임) 김효묵님이, 나의 위 졸시를 눈 내려 가득 쌓인 장독대 마당과 Tree를 배경으로, Caroll kidd가 너무도 감미로운 목소리로 부른 When I dream, I dream of you 를 음악으로 깔아 SBS 인터넷 이 프로에 올린 것이 얼마나 멋있는지 모른다네. 환상적이야! 한 번 들어가봐!

　나는 올릴 줄 모르지만, 영상과 음악을 인터넷에 올릴 줄 아는 친구들은 한번 올려보는 것도 재미있을 것 같네. 구태여 안면도 없는 시인들의 유명한 시만을 올릴 필요가 있나? 무명 동기들의 시에도 배경 음악이나, 영상을 깔아보면 그것도 하나의 아이디어 아닐까?

　반가운 동기 한사람이 영풍문고에서 전화도 주고, 첫눈도 오고, 영화 〈러브 스토리〉의 명장면들이 생각나고 8일 후면 만날 자네들이지만, 그래도 보고 싶어서 몇 자 적었네. 잘 있게!

돈희가
선린상고57회 홈페이지(2003.12.8)

| 이돈희 | 알라딘 이라는 인터넷 서점에서도 내 책을 찾아 볼 수 있다고 하니, 참 좋은 세상임을 실감합니다. |

| 이돈희 | 알라딘에서는 인터넷으로 저자와 독자와의 대화의 창도 마련할 계획이라 하니 기대가 큽니다. 저자가 작가마당에 글을 올리고, 독자는 의견을 발표하는 난인 것 같습니다. 자세한 것은 다른 기회에 알릴게요. |

친구가 쓴 책이
교보문고에도 있다면

보고 싶은 친구 OO 에게!
오늘은 참 기쁜 날이네.
자네도 기뻐해 주겠지?
왜 인지 아나?

격 주간으로 나오는 모 신문사의 편집국장이 지난 1일에 서울 교보문고 (사회·정치 분야 12번 코너)에서 내 책을 사 보았다네. 책 제목도 특이하려니와 내용이 너무 좋아서 감명 깊게 읽었다며, 한 주는 자기가 멋지게 책을 소개해 주고, 그 다음 번엔 인터뷰 기사로 크게 내겠다며 내 자택(경기도 용인)을 찾아와서 2시간을 취재하고 갔네.

나는 내 책이 교보문고처럼 큰 서점에서 팔리는 줄도 몰랐다가 신문사 편집국장이 간 다음에, 그냥 연습 삼아, 한글로 "교보문고"를 치고 교보문고의 홈페이지에 들어가서 〈국내서적〉의 옆에 있는 검색어에 내 이름만을 쳤는데도 아! 책표지와 출판사와 정가(定價) 등이 뜨지 않겠나?

나도 깜짝 놀랐네. 교보문고의 검색어에 책 제목이나 출판사만 쳐도 나오는 게 신기하드라고! 정말 신기한 인터넷 세상이야!

18년 전에는 전국적으로 판매하는 〈부동산 공법〉이란 책을 써서 교보문고에서도 진열도 되고 팔렸지만, 그 때는 인터넷이 없던 시대라 내가 쓴 책이 인터넷에까지 뜨리라고는 생각도 못했었지!

국립도서관에 들어가서 저자 이름이나, 책명을 쓰면 내가 나오긴 하지만 책 표지까지 컬러로 나오진 않았거든!

사실 나는 자네들은 할 줄 아는 좋은 음악이나 사진 등을 인터넷으로 올릴 줄 모르는 〈컴맹〉인지라 책을 내고도 아무데도 올릴 줄 몰라서 가만히 있었는데, 인터넷에도 뜨고 신문사에서도 알고 기사화 해준다니 얼마나 기분 좋은지 모른다네. 요즘은 내용도 중요하지만 선전의 효과도 무시할 수 없는 것을 잘 알지만, 사진하나 올릴 줄 모르는 〈컴맹〉이니 별도리가 없지.

영화감독이나 가수가 자기 영화나 노래가 대박이 되길 바라는 것처럼 소설가나 시인 등 작가들도 자기 책이 나오면 많이 팔리기를 바라지 않겠나?

그래서 비싼 광고도 하는 거고!

나도 40년간 아무 도움 안 받고 어렵게 해온 일을 정리한 책이니, 신문사나 잡지사 신간서적 같은데, 이왕이면 많이 소개되고 알려져서 많이 팔렸으면 하는 것이 거짓 없는 심정이지!

그렇다고 자네한테까지 팔고 싶어서 선전하려고 이 편지 쓴 것은 아니니 오해 말게!

친구한테 책 팔아먹는 사람이 어디 있나? 자칫 하다간 오해나 받고 쩨쩨하다고 욕이나 먹지! 그냥 한 권 주겠네. "노인의 날 만든 이돈희는 선린상고 때 동기동창인 친군데, 그 친구가 쓴 책이 교보문고에 가도 있다." 라는 생각이나 자부심을 가지고 더 친해지세!

나도 책을 쓴 친구가 있어 서점에서 판매되고 있다면, 축하해 주고, 그 사람 내 친구라고 자랑해 줄 것 같네. 서점에 가서 친구가 쓴 책이 있으면 반가울 것 같고!

오늘은 이만 줄이네!
자네 내 휴대폰 번호 알지!
모르면 선린 동기회보를 보게!
그리고 전화 한 번 주게!

선린상고57회 홈페이지(2003.12.3)

이성민	이 兄, '효친경로사상을 위하여' 책 발간을 진심으로 축하하네, 대단하네그려. 다시 한 번 祝! 發 刊!!
최홍규	돈희야! 책 발간을 진심으로 축하한다. 정말 자랑스러운 친구다. 한 송이 국화 꽃을 피우기 위해 소쩍새는 그렇게 울었나? 돈희 파이팅!
송시윤	항상 남을 먼저 생각하고 실천하는 돈희의 모습이 정말 자랑스럽네. 항상 건강하게 웃음을 선사하는 돈희를 생각하며 진심으로 축하하네, 파이팅!
안용준	이돈희 책 발간을 축하하네. 어려서부터 남달리 효성이 지극하더니 역시... 요즘같이 경로사상이 땅에 떨어진 시대에 따끔한 충고가 될 걸세. 다시 한 번 진심으로 축하하네.
권회칠	고등학교 때 아버지날을 만든다고 설문조사한다고 열심이더니 노력한 것은 다 이루고 마는 우리의 자랑 이돈희 동문! 요즈음 꼭 필요한 경로에 관한 책 발간을 진심으로 축하 합니다요(왜 '요'를 썼냐하면 우리 딸이 아주 어렸을 때 존대 말을 쓸 때에는 '요'를 쓴다니까 대답할 때도 네 요. 축하합니다요... ㅎㅎ).
이돈희	성민이, 홍규, 시윤이, 용준, 회칠이 하나 같이 모두 반갑다. 회칠이를 제하면 모두 동기모임에서 볼 수 있겠네. 회칠이 너에겐 전완수 편으로 책 보내줄게. 동문들이 뉴욕 고려서점에서도 내 책을 살 수 있도록 힘써 주게!

2013 자랑스런대한국민 대상
시상식 개최

이돈희 대한노인신문사 수석부사장 겸 수석논설위원 수상

지난 1일 국회 헌정기념관에서 '2013자랑스런대한국민大賞' 시상식이 개최되었다.

대한국민 대상은 국내외 정치, 경제, 사회, 문화예술, 스포츠, 기업경영, 자치행정 등 사회 각계각층에서 위대한 대한국민의 자존심을 세워 대한민국의 위상과 국격을 높이는데 기여한 당당한 대한국민에게 수여하는 대한민국 최고의 상이다.

제3회 '자랑스런대한국민大賞'은 '대한국민운동본부'에서 주최하고, '엔디엔뉴스', '한국바른언론인포럼'과 '세계평화사랑연맹'이 주관했으며, '컨슈머포스트', '서울시티', '대한국민'이 후원했다.

시상분야는 국회의정대상, 지방자치의정대상, 입법정책대상, 지방자치

▲'파이팅!'을 외치고 있는 영광의 수상자들

행정대상, 기업경영대상, 교육과학대상, 법률사법대상, 보건복지대상, 환경노동대상, 여성가족대상, 문화체육대상, 사회봉사대상, 사회공익상이며 활동 공적을 기초로 하여 선정했다고 한다.

심사위원장인 이주형 한국대학생발명협회 회장은 "공정한 심사를 위해 수많은 시간과 토의 과정을 거쳐 왔으며, 선정된 분들의 자긍심을 칭송하고 명예롭게 하고자 최선의 노력을 다했다." 고 수상자 선정 절차를 설명했다.

식전공연▲

대회장은 서영훈 前 대한적십자 총재가 맡아 시상식의 격을 높였고, 세계적인 평화작가로 주목받고 있는 한한국(세계평화사랑연맹 이사장) 세계평화작가가 대한국민대상위원회의 위원장을 맡았다. 식전 공연으로는 녹색환경합창단의 합창과 무형문화재 19호 양봉녀 外 4인의 국악공연이 있었다.

> 부문별 수상자는 다음과 같다

◆ 국회의정대상 ◆

노철래 국회의원(법제사법부문)
이낙연 국회의원(기획재정부문)
이명수 국회의원(창의인재부문)

◆ 지방자치의정대상 ◆

김명수 서울시의회 의장(의회발전부문)
박승용 논산시의회 의원(의회발전부문)
조남수 노원구의원(의회발전부문)

◆ 입법정책대상 ◆

김종욱 국회의원 보좌관(입법정책부문)
이창호 국회의원 보좌관(입법정책부문)

◆ 지방자치행정대상 ◆

유덕열 동대문구 구청장(자치행정부문)

◆ 기업경영대상 ◆

신동국 (주)한양정밀 대표이사(미래창조부문)

에릭스완슨 밀레니엄서울힐튼 총지배인(창조경영부문)
이국희 한국농수산식품유통공사 감사(공기업혁신부문)
정휘동 (주)청호나이스 회장(창조기업부문)
최염순 성공전략연구소 대표이사(국민강사부문)

◆ 교육과학대상 ◆

이돈희 대한노인신문사 수석부사장 겸 수석논설위원(충효사상부문)
김갑종 대림대학교 세무회계과 교수(의회발전부문)
문종철 경기도 교육청 매원고등학교 교장(창조교육부문)
전의식 공주대학교 자동차공학부 교수(교육과학부문)

◆ 법률사법대상 ◆

이재진 변호사(법률발전부문)

◆ 보건복지대상 ◆

조용희 홍성군보건소장(의료복지부문)
박미영 한국음식문화재단 이사장(한식발전부문)

◆ 환경노동대상 ◆

이종현 세계자연보호기금 한국사무소 대표(국제봉사부문)

◆ 여성가족대상 ◆

배정임 부산광역시건강가정지원센터 팀장(여성발전부문)

◆ 문화체육대상 ◆

강금영 녹색환경합창단 단장(문화진흥부문)

김주리 전남도립국악단창악부비상임단원(전통문화부문)
전무송 영화배우(문화발전부문)
김흥국 김흥국장학재단 이사장(문화체육부문)
임수정 가수(국민음악부문), 엄홍길 산악인(국위선양부문)

◆ 사회봉사대상 ◆

강동형 민주평화통일자문회의 제주시협의회 수석부회장(사회공헌부문)
구영선 (사)한국경비지도사협회 사무총장(사회복지부문)
김갑재 환경과복지를생각하는시민의모임 상임대표(시민화합부문)
김필수 대림대학교 자동차학과 교수(소비자권익부문)
소찬호 한국바른언론인포럼 대표(언론발전부문)
이정원 광양항만항운노동조합위원장(노사화합부문)
정분옥 (주)장영다이아몬드호텔 대표이사(지식경영부문)

◆ 사회공익상 ◆

김관기 파오스 대표(중소기업부문)
김동수 전국기독교협의회 대표회장(목회선도부문)
김순희 교육과학교를 위한 학부모연합상임대표(다문화가정부문)
김영훈 (주)뭉치마이스 대표(관광진흥부문)
김일수 경북구미시청 소장(창조행정부문)
김종수 엘루체컨벤션 회장(지역사회발전부문)
김주복 (주)백송산업주식회사 대표이사(직능단체부문)
김창섭 (주)동우MC대표이사(노인복지부문)
민양기 인구교육전문강사회장(상담봉사부문)
윤소천 시인(시문학부문)
정미홍 에릭슨 코리아 대표이사(의료봉사부문)
조희길 (주)청호나이스 전무이사(마케팅혁신부문)
주재준 서울서부지방검찰청 수사관(치안봉사부문)

▲이돈희 본지 수석부사장 겸 수석논설위원이 수상하고 있다.

이돈희 본지 수석부사장 겸 수석논설위원(아버지날과 노인의 날 만든 이/ 감정평가사)은 "큰 상을 받게 되어 무한한 영광입니다. 저는 인간이 동물과 다른 점은 동물은 다 자라면 부모를 떠나고, 자신의 부모나 할머니 할아버지를 전혀 모른다는 점입니다. 하지만 인간은, 자식이 다 자라고 나서도, 부모에게 효도하고, 부모의 부모이며, 할머니 할아버지인 노인을 공경한다는 점입니다.

저는 이것이 '효친경로사상'이라고 생각합니다. '효친경로사상'은 인간이 다른 동물과 다른 마지막 보루인 것입니다. 저는, '효친사상'을 부활시키고, '경로사상'을 부활시키기 위해 50여 년을 노력해 왔습니다. 앞으로도 변함없는 노력을 할 것이며 기도 속에서 최선을 다할 계획입니다."라고 수상소감을 밝혔다.

신현두 공동대표는 "'2013자랑스런대한국민大賞'은 단순히 수상자 이름의 무게가 아닌, 우리의 주변에서 묵묵히 스스로의 한계를 넘어서기 위해 노력한 분들을 발굴해 시상한다는 점에서 그 의미가 있다."고 말하며, 이번 시상식은 "수상자분들이 보여준 당당한 자긍심을 우리 모두가 공유하고, 우리 사회에 전해주는 계기가 될 것."이라고 기대했다.

한한국 공동대표는 "2013년 지금의 대한민국은 한류와 더불어 각 분야에서 창조적인 발상과 가치 있는 미래투자로 희망 대한민국이 이제는 세계의 선두가 되었습니다. 대한민국이 이렇게 성장하기까지는 오늘 영예의 상을 수상하시는 각 분야의 여러분들이 대한민국의 발전을 위해 끊임없이 노력하신 공이 컸다고 생각합니다. 2013자랑스런대한국민대상 시상식이 해를 거듭할수록 대한민국의 대표적인 상으로 국민들께 각인될 수 있도록 계속해서 최선의 노력을 다하겠습니다."라고 했다.

대한노인신문(2013.08.05)

주님은 저를 울게 하셨습니다

이돈희 (대한노인신문사 수석부사장 겸 수석논설위원)

어제 오후 6시40분부터 국회 대강당에서 "바티칸과 동시상영, 고 이태석 신부님 다큐멘터리 〈울지마 톤즈〉 상영 및 DVD 전달" 이란 대 현수막과 상영을 안내하는 포스터와 함께 1부에서는 국기에 대한 경례, 국민의례, 내빈소개, 경과보고, 치사, 축사(한국 천주교 평신도 사도직협의회장)에 이어 대한노인신문사 발행인과 제가 국회에 전달하는 DVD 전달식이 있었고, 2부에서 약 90분간 내빈과 참석한 일반인들과 함께 영화상영이 진행되었습니다.

상영시간 내내 많이 울었지요. 영화 자체에서 받는 감동으로도 울게 되었지만 1년 동안 해 온 일이 생각보다 너무 힘들고 서러웠고 그래도 결국 이룩했다는 안도감과 그것도 바티칸과 동시에 이루어지게 하신 주님의 섭리가, 한국인인 제겐 너무도 벅차고 감격스러워서요.

주님!, 감사하고 감사합니다. 정말 감사합니다.

(내년 2012년에는 5년 만에 다시 주님께서 태어나시고, 피난 가시고, 자라시고, 세례 받으시고, 가르치시고, 수난 받으시고, 피땀 흘리시고, 죽으시고 부활하신 이집트, 요르단, 예루살렘 성지를 순례하고 묵상하고 기도하며, 2017년에는 제가 생각하는 양부 요셉 성인님, 어머니 성모 마리아님, 그리고 주 예수님을 기리는 '성가정의 생애'를 출간하고 싶습니다. 이 소원마저 이루어주소서, 아멘!)

수단어린이장학회 이태석 신부 홈페이지(2011.12.17)
성복동성당 홈페이지(2011.12.14)

글라라윤	그동안 숨은 노력을 하신 노인박사님께 진심으로 감사의 마음을 전합니다. 어떤 목표도 수행하는 과정도 쉬운 것은 결코 없는 듯합니다. 부디 건강하시어 나머지 소원도 다 이루시길 바랍니다.
홍이	힘들게 하심도 성취되게 하심도 모두 주님이 계획하신 일인걸 우리 모두가 압니다. 주님은 저희가 소원을 혀끝에 올리기 전에 이미 알고 계시다 하시니 노인박사님의 소원.. 이미 알고 계시지 않을까 생각합니다. 답변 주시리라 믿습니다!!!
이펠릭스	노인박사님 수고하셨습니다, 그리고 장하신 일 하셨습니다. 뜻하시는 모든 일, 주님 안에서 이루시고 늘 건강하시고 행복하세요.
가을들녘	어려운 일 하시느라 수고하셨습니다. 감사드립니다.
영진	꾸준하게 노력하시어 좋은 결과를 가져오심에 감사 드립니다. 수고하셨습니다.

얼굴도 모르는 그대와 당신에게

이돈희 (대한노인신문사 수석부사장 겸 수석논설위원)

좋은 일은 합력하여 선을 이룬다는 성경 말씀이 있지요?

지난 해 12월 〈울지마 톤즈〉 다큐멘터리를 KBS를 통해서 보고, 평범한 인간은 도저히 할 수 없고, 정말 예수님을 닮은 분인 이태석 신부님 같은 분만이 할 수 있다 생각했지요.

그런데 2011년 새해 첫날 미사 참례 시 영성체(領聖體) 후 기도 중에, "이 다큐멘터리가 아주 훌륭하니, 많은 사람이 보도록 네 힘껏 노력하되, 특히 모든 국회의원들이 보고 깨닫게 하라."는 말씀을 주시는 같아, 처음엔 미소하기 그지없는 제가 어떻게 가톨릭 국회의원만도 아닌 비신자 불신자(不信者)를 포함한 모든 국회의원들까지 볼 수 있게 하겠는가? 라는 생각에 머리를 흔들었습니다. 그러나 한국인 모두에게 예수님을 전도하는 방법엔 이 영화가 최고라는 생각도 들었습니다.

실은 제가 전국 천주교예수노상전교회 전교사이면서도, 공기가 나쁜 전철역 등에서는 자꾸 기침이 나서 부득이 전도를 포기한 것이 영 마음에 걸려 예수님께 죄송한 생각을 갖고 있던 차이기도 했습니다. 아무튼 예수님이 주시는 사명은, 쉽다고 하고 어렵다고 안 할 수 없다는 것이 제 인생의 결론이므로, 고민 고민 하다가 극장판 〈울지마 톤즈〉가 나오는 것을 계기로 마음을 굳히고, 한 해 동안 정말 부지런히 노력했지요. 그러나 역시 생각보다 어렵더라고요.

그래서 국회의원 모두에게 볼 수 있도록, 극장판 DVD 300개를 제작사로부터 구입해, 신문사에 기증하기에 이르렀고, 그 신문사에서 국회의원 한 분 한 분의 이름을 DVD 라벨에 붙여서 국회에 전달하도록 부탁을 드렸고 (제작사에서는 라벨을 붙여 줄 수가 없다고 하였으며, 국회의원들의 각자 이름이 있는 라벨을 붙이지 않고 배포하면, 한 국회의원이 여러 개를 가져갈 수도 있고, 그렇게 되면 DVD를 못 받는 국회의원 숫자도 그만큼 생길 수도 있을 수 있으므로), 국회로 잘 보내는 방법을 모색 중에 있었습니다.

그런데, 이제 미지의 그대와 당신이 아시는 바와 같이 아주 좋은 기적이 일어났지요? 얼마나 좋은 영화이면 가톨릭의 본산 바티칸에서 한국 이태석 신부의 바로 이 영화를 상영하겠습니까? 거기에 발맞추어 우리나라에선 제가 DVD를 배포하려던 바로 그 국회에서 〈울지마 톤즈〉를 상영하게 되었으니…

바티칸에서와 한국 국회에서 동시 상영이 이루어지게 하는 것이, 프란치스코 성인이 평화의 기도에서 예수님의 도구가 되기를 원하셨듯이, 또 하나의 도구인 저의 뜻과 간절한 기도에 잘 응답하시고, 사용하시는 예수님의 섭리 아니면 무엇이겠습니까?

고백하건데, 영화 DVD 한 개 만을 보내고 국회에서 상영하게 하기 위하여 별별 노력을 다해봤습니다만(그러면 구태여 비싼 DVD를 300개나 구입할 필요도 없으므로), 예수님은 그렇게 하는 것을 허락하지 않으시기에, 하도 답답한 마음에 이유를 깊숙한 기도 중에 어느 날 무례하게 여쭈어 보았습니다.

예수님의 대답이 과연 예수님다운 걸작이셨습니다. "여당, 야당, 민노당 무소속 할 것 없이 서로 반대만 하고 싸우느라 정신없이 바쁜 국회의원들이 국회에서 그 영화가 상영된다 한들 과연 마음을 합해 300명이 다 보겠느냐? 어림도 없다.

설령 국회의원들이 국회에서 다 본다 한들 그 가족들이나 친척이나 지역구 주민이나 노인회 노인들은 못 보지 않겠느냐? 그러니 재물 아까워하지 말고 국회의원들 각자에게 보내라. 네가 가진 물질 전부 내가 준 것이 아니냐?" 하셔서 저도 모르게 무릎을 치면서 손을 모은 후 "주님 옳습니다. 말씀대로 그렇게 하겠습니다." 하고 일기장에 써 놓고 발표할 기회를 찾고 있던 중, 가톨릭신자가 대표이사와 발행인을 맡고 있는 대한노인신문사(20년 전 창간호부터 논설위원을 맡아 사설, 시론, 칼럼 등을 써 온 인연이 있는 신문)에 9월 15일에 기증하게 되었고, 그 후 신문사에서는 10월 1일자로 수석부사장과 수석논설위원으로 임명해 주었고, 그 직책으로서, 11월 20일자 대한노인신문 〈제언〉란을 통해 국회의장과 모든 국회의원님들께 드리는 글을 발표했던 것입니다.

또한 개인 사정으로 12월 18일에는 출국할 예정이 있기도 하여, 가능하면 출국 전에 마무리 하고 싶어서 12월 6일에 신문사 상임고문, 발행인과 제가 같이 국회 가톨릭분과 국회의원을 방문하기에 이르렀고, 국회 상영일에 상영 끝난 후, DVD를 국회의원들에게 배포토록 하였으니(DVD를 미리 배포하면 바쁜 핑계로 국회상영 시에도 안 볼 의원이 더 생길 것이므로), 이 모든 것이 범사를 섭리하시는 예수님의 기획이 아니겠는지요?

합력하여 선을 이룬다는 말씀을 항상 믿고 살아왔지만, 기도하고 노력하는 자에게는 기적을 베풀어주신다는 것을 경험케 하는 한 가지 예를 오늘은 간단히 두서없이 기술하고 끝내겠습니다. 정리는 나중에 하기로 하고!

그것은 〈한국기록원〉이라는 단체에서, 외국으로 말하면 기네스 북을 만드는 것 같은 단체에서 오는 19일(월요일) 오후 늦게, 역시 국회에서, 〈기록의 날 선포 및 제 1회 기록문화 대상〉이라는 시상식이 있는데, 제가 그 수상자 중에 한사람으로 선정되었으며, 그도 일반수상자가 아닌 종합수상자로 선정되었으니 수상자 대표의 한 사람이라 참석하지 않으면 안 된다고 주최 측에서 오늘 오후 1시에 연락 왔지만, 하루 전인 18일 일요일 탑승해야 할 비행기 예약이 취소되지 않아 참석을 할 수 없어 포기하고 대신 성경책 마태복음 7장 7절과 8절을 붙잡고 기도만 하고 있었는데, 항공사로부터 20일에 출발하기로 되었던 사람이 해약을 요청했다고 하며, 이틀 연기를 해 주었습니다.

지극히 개인적인 이야기이지만, 미국에서 24년 전에 선종하신 장인어른의 생신이 오는 12월 21일인데, 아내 강로잘리아와 그 100주년 생신 기념일에, 미국에 있는 산소에 찾아뵙고 기도드리자고 굳게 한 약속도 그대로 지킬 수 있으니, 얼마나 고마운 일인지요? 19일 수상식 참석하고 다음날 20일에 떠나면 미국은 역시 20일 오후라 21일인 100세 탄생기념일을 기념하려던 것을 계획대로 할 수 있으니 말입니다.

하느님만 의지하고 살아 온 인생 64살 중 75% 인 48년을 오로지 예수님 부활하셨듯이 '효친경로사상의 부활'이란 화두로 살아 온 지극히 몸 많이 아픈 저에게, 하느님은 이처럼 지극히 개인인 저를 사랑하셔서 〈제 1회 기록문화 대상〉에서 수상자로 선정되게 하시고, 순간순간 절묘한 기적의 기쁨을 주신 것입니다.

다시 한 번 하느님과 저를 위해 기도해주시는 얼굴도 모르는 형제자매님들께 감사드리고 싶습니다. 다가오는 성탄일이 기쁘시고, 새해가 행복한 해가 되시기를 기도드리겠습니다.

2011년 12월 14일 23시, 이 임마누엘 드림
수단어린이장학회 이태석신부홈페이지(11.12.15)

끝으로 하룩 동안 격려의 댓글 주신,
수사님을 비롯한 형제자매님들께도 감사드립니다. 감사합니다. *^-^*

동그라미 수사	하느님의 사람, 고 이태석 요한 신부님의 참 사랑과, 나눔과 섬김의 삶을 담은 다큐멘터리 '울지마 톤즈'가 성탄절을 앞두고 바티칸 상영과 때를 같이하여 노인박사님의 제언과 고흥길(바오로) 의원의 초대와 추천으로 국회에서도 상영하게 되었음을 환영하고 진심으로 축하드립니다. '톤즈의 돈보스코'로 사람이 사람에게 꽃이 되어 줄 수 있음을 보여준 이태석 신부님. 남수단 톤즈에서 하느님 사랑의 이름으로 수도자요, 사제요 선교사로, 의사와 교육자로 불꽃같은 삶을 살다 가신 당신의 이름은 '사랑'입니다. 하느님, 이태석 신부의 삶을 통해 길이 찬미와 영광 받으시고 당신 은총으로 우리나라와 국민을 축복하여 주소서.
나무 로즈마리	의회에서 상영되는 이태석 신부님 이야기~ 주님 우리들 삶에 직접적인 영향을 미치는 법안을 제정하시는 그분들 마음에 사랑의 불을 놓으소서.
홍이	교황청에 상영된다는 사실만으로 기쁜데 여러 사람 노력으로 국회에도 상영되는 우리 신부님 이야기...... 요한 신부님은 가셨지만 그 분의 숭고한 사랑으로 인해 여러 사람 마음에 사랑의 씨앗이 움트지 않았을까 생각합니다. 신부님 사랑에 의해 좀 더 많은 사람들이 세상에 대한 인식과 사랑에 대한 생각이 바뀌기를 기도해봅니다.
영진	다시 한 번 수고와 노력하심에 감사드립니다. 이번 상영으로 우리 주변에 작은 실천이라도 실행에 옮기는 계기가 되었으면 합니다. 감히 신부님을 사모하면서도 우리들은 주변에 나의 뜻과 같지 않다는 이유로 시기와 미움 악한 마음을 갖는 일이 없지 않나 되돌아보고 회개하고 더 나은 삶과 주변을 위해 반성하는 시간이 되기를 간절하게 기원 합니다. 다시금 노력하여 주신 노인박사님 에게 감사드립니다.
grace	세상을 밝히는 등불을 꼭 필요한 곳에 켜놓으시려 묵묵히 애쓰셨던 모습, 그 노력에 감사드립니다. 분명 더 나은 세상이 될 겁니다. 신부님의 사랑이 환하게 국회의 불을 밝히기를 기도합니다. 수고하셨습니다.
사랑지기	이태석 신부님의 사랑의 전파는 어느 분야든 예외가 없어야 하겠죠. 그렇지만 그렇게 만들기는 참 힘이 들것입니다. 노인박사님의 그 노고가 얼마나 큰 것인가 느껴집니다. 부디 이 영화를 보는 동안은 여야 없이 사랑으로 하나가 되어 신부님의 향기가 상영관 전체를 가득 채우기를 기도드립니다.

<울지마 톤즈 DVD 기증의 건>

대한노인신문사

우 121-819 서울시 마포구 염리동 155-11 금곡빌딩 3층 http://www.daehannoin.co.kr
전화 : (02)701-8157 전송 : (02)790-9321 E-mail : ido403@empal.com

==

문서번호 : 11-1205
수　　신 : 국회의장
참　　조 : 비서실장, 사무총장
제　　목 : 故이태석신부 이야기 「울지마 톤즈 DVD」 기증 의 건

----

1. 대한민국 국정을 위한 의장님 노고에 무궁한 경의를 표합니다.

2. 본지는 전국 1,000만 노인들의 권익을 대변하는 신문으로 전국 노인회 및 노인복지단체, 경로당 등에 배포되고 있는 창간 20년의 전통을 지닌 노인전문지입니다.

3. 금번 아버지날과 노인의 날을 만든 靑波 李敦熙 본지 수석부사장 겸 수석 논설위원(노인의 날, 아버지날 만든 이)께서 기증해주신 故이태석신부님의 아프리카 수단에서의 봉사활동 이야기를 엮은 「울지마 톤즈 극장판 DVD」 300셋트(싯가 900만원상당)를 국회의원 전원에게 1개씩 전해 질 수 있도록 기증코자 하오니 시간과 장소를 정해 주시기 바랍니다.

다　　음

기증품목: 故이태석신부 이야기 「울지마 톤즈 DVD」
수　　량: 296셋트

※ 연락처 :02)701-8157　대한노인신문 총무국

2011년 12월 5일

 대한노인신문사

〈울지마 톤즈〉 국회 상영 확정 안내

로마교황청과 동시상영

故 이태석 신부의 감동 휴먼 다큐멘터리 영화

울지마 톤즈에 초대합니다.

일시 : 2011년 12월 16일(금) 18:30
장소 : 국회의원회관 대회의실
주최 : 고흥길 국회의원
      한나라당 중앙위원회 천주교분과
후원 : 대 한 노 인 신 문

이돈희 (대한노인신문사 수석부사장 겸 수석논설위원)

✚ 초대장 앞면 ✚

로마교황청과 동시상영

이태석 신부의 감동 휴먼 다큐멘터리 영화

울지마 톤즈에 초대합니다.

일시 : 2011년 12월 16일 (금) 18:30
장소 : 국회의원회관 대회의실
주최 : 고흥길 국회의원, 한나라당 중앙위원회 천주교분과
후원 : 대한노인신문

✚ 초대장 뒷면 ✚

초대합니다.

이태석 신부님은 국제 구호가들 사이에서도
최악의 지옥이라는 아프리카 수단 톤즈 마을에서
의사, 건축가, 선생님으로서 자신의 모든 것을 바쳐
사랑과 눈물의 씨앗을 뿌리고 마흔 여덟의 짧은 생을 마감했습니다.
사람들은 그를 수단의 슈바이쳐, 쫄리 신부님이라 불렀습니다.

이태석 신부님의 아름다운 삶을 담은 영화 〈울지마 톤즈〉는
로마교황청에서 상영할 예정이고, 같은 날 국회에서 상영합니다.
이 영화를 통해 국회가 국민을 더 사랑하고
사랑을 실천하는 사회가 되었으면 좋겠습니다.

고(故) 이태석 신부님의 감동 휴먼 다큐멘터리 영화
〈울지마 톤즈〉 국회상영에 초대합니다.
2011년 12월 국회의원 고흥길(바오로)

※ 문의사항은 TEL02-788-2755(고흥길 의원실)로 연락주시기 바랍니다.
※ 화환은 정중히 사절합니다.

추신   2011년 11월20일자 대한노인신문의 노인박사 제언 "국회의장님
과 모든 국회의원님들께 드리는 글"(일련번호 5054호) 참조

수단어린이장학회 이태석 신부님 홈페이지(2011.12.15)

특종 속보!!!
〈울지마 톤즈〉 국회 상영 예정

이돈희 (대한노인신문사 수석부사장 겸 수석논설위원)

특종 속보!! 〈울지마 톤즈〉 국회 상영 예정

상영 예정일시: 2011년 12월 16일 18시

필자는 2011년 12월 6일 오전 국회로 대한노인신문사 OOO 상임고문, OOO 발행인과 함께 고흥길 국회의원을 방문하였다.

이는 고(故) 이태석 신부 이야기 〈울지마 톤즈 DVD〉 기증의 건(위 대한노인신문 문서번호 11-1205(2011.12.5) 문서, 즉 국회의장(참조: 비서실장, 사무총장)에게 보내는 문서를 국회에 접수시키기 전에, 예의상 한나라당 중앙위원회 천주교분과 고흥길 국회의원에게, 위 문서 내용을 말씀드리고, 접수시키기 위한 것이었다.

3인의 예방 취지와 접수시킬 문서를 읽은 고흥길 의원으로부터, 바티칸의 〈울지마 톤즈〉 상영(12월 15일) 즈음에 상영하기 위하여, 우리나라 국회에서는 12월 16일 오후 6시에 상영을 목표로 준비 중임을 알 수 있었다.

필자가 재직한 신문은 격주간지로 다음 발행일이 12월 20일이고, 이는 국회상영 예정일이후여서 상영일전에 이 글(또는 기사)을 실을 수 없어, 필자가 모시는 성복동성당과 이태석 신부의 홈페이지인 수단어린이장학회에 특종으로 올리기로 하였다.

이 문서를 접수하지 않고 돌아온 자세한 이유는 기회 있을 때 밝히기로 하고, 이 문서에 따라 기증하기로 했던 DVD 300 세트는 고흥길 국회의원실에서 DVD에 부착된 명단대로 모든 국회의원에게 배포하기로 합의되고, 그에 따라 모든 국회의원에게 전달되었다.

선린상고 57회 홈페이지(2011.12.7)
동일자 수단어린이장학회
성복동성당 홈페이지

동그라미 수사	사랑과 겸손은 우리 사회를 아름답게 합니다. 이태석 신부님의 삶을 통해 보다 아름답고 나은, 가난하고 고통받는 이들과 함께 하는 자랑스런 대한민국이 되었으면 좋겠습니다. 모든 것은 하느님이 주신 것이므로 우리가 하느님을 섬기고 참다운 세상을 만들어 가는데 '울지마 톤즈' 가 국회위원 모두에게 큰 힘이 되기를 빕니다.사람들은 모두 자기를 칭찬해주고 온갖 관심을 보여주기를 바랍니다. 그러나 여기 보십시오! '이태석 신부' 처럼 자기 자신을 버리고 사랑과 나눔을 온몸으로 실천함으로써 하느님과 사람들을 위해 불꽃처럼 살다간 이처럼 '겸손한' 사랑의 사람 또한 없습니다.... 모든 수고와 노력에 감사드리며 기도합니다.
Raphaela	반가운 특종이네요^^ 노인박사님께서 그동안 <울지마 톤즈>의 국회 상영을 위해 쉼없이 주장해오셨는데... 결국 해내셨네요^^낙숫물이 바위를 뚫는 사례를 몸소 보여주셨어요 ㅎㅎ... 노인박사님의 집념과 노력에 감동합니다. 감사합니다.
사랑과희망	진리가 통하는 세상, 그런날들이 빨리 오기를 ...기도합니다
사랑 감사 기쁨	감사합니다. 노인박사님의 기도를 들어주셨군요~. 노인박사님 늘 건강하시고 기쁘고 보람있는 나날 되시길 기도드립니다.
영진	수고 하시고 애쓰셨습니다!! 국회에 의원들이 보고서 서로 싸우지 않고 남을 미워하지 말고 모함하지 않고 참 사랑을 베풀면 올바른 국정 운영이 되리라 기대해 봅니다.
행복지기	반가운소식에 감사와 박수를 보내드립니다. 노인박사님 수고하셨습니다. 늘 건강하시고 행복하시길 기원합니다.
나무 로즈마리	평균수명 85세 시대에 이렇게 나이드신? 분들이 열심히 활동하신다는 소식 참 고무적입니다.이참에 국회의원님들도 진정 복음안에서 다시 태어나시기를 희망해 봅니다. 주님. 기적을 보고 싶네요. 애쓰신 노인박사님. 소식 감사합니다.
홍이	제발 그분들 보고 느끼는 게 있었으면 좋겠습니다....
빅토리아노	이태석 신부님의 고귀하고 헌신적인 사랑이 부디 이 흙탕물마저도 정화시킬 수 있는 기적이 일어났으면 하는 바램입니다.

"영화 '울지마 톤즈' 국회의원 모두 꼭 보시길"

이 글은 아버지날과 노인의 날 만든 이 및 공휴일 지정 제언자 이돈희씨가 한나라당 홈페이지 2011년 6월 6일 네티즌 발언대에 올린 글을 발췌하여 싣습니다. <편집자 주>

이 돈 희
아버지날과 노인의 날 만든 이

저는 '지구 밖으로 탈출하려는' <효친경로사상>의 부활을 위하여 40여 년전에 우리나라 처음으로 아버지날과 노인의 날을 만든 이돈희(李敦熙)입니다.

다름 아니라, 먼나라 아프리카의 남부 수단에서 48세란 아까운 나이로 의사로 신부로서 선생님으로서 고귀한 일생을 마친 이태석신부님이 주인공인 <울지마 톤즈>라는 영화를 우리나라 국회의원 모두에게 보실 수 있도록 하고 싶어, 이를 주선해 주실 국회의원님을 찾고자 한나라당 홈페이지에 글을 올리게 되었습니다.

<울지마 톤즈>는 인구에 회자되는 대로 '국민영화'라 해도 좋은 참 좋은 영화입니다.

저는 이 '국민영화'를 청소년시절부터 심성 곱게 자라나야 할 중·고등학생과 대학생들, 어려운 환경에서 좌절하거나 비뚤어지기 쉬운 수많은 남녀 젊은이들, 온 국민들에게 이 영화를 보여주었으면 좋겠다는 마음으로 간절히 기도해왔습니다.

하지만 현실적으로 저 혼자서는 도저히 불가능한 일임을 알았습니다.

그래서 차선책으로 금년 초부터 명실 공히 한분 한분이 모두 입법기관이요 명실공히 우리나라 대한민국 국민의 대표자이신 300명 가까운 국회의원님들만이라도 이 영화를 모두 보시게 했으면 좋겠다는 생각으로 여러 가지 방법을 알아보고 모색해 왔지만, 막상 좋은 방안(아이디어)이 없어 지금까지 실행하지 못하고 있을 뿐입니다.

나라당의 홈페이지 <네티즌발언대>를 통하여 세 번이나 올렸음에도, 이름 없는 개인의 제안이다 보니, 그 많은 한나라당 국회의원님 중에서도 누구도 호응이 없어 다시 한번 한나라당 홈페이지의 <네티즌발언대>를 통하여 말씀드리게 되었습니다. 소수인 야당보다는 월등히 다수인 한나라당 국회의원님들을 통해서 이루고 싶어서입니다.

물론 소속이 어느 당이든 18대 현직 국회의원 여러분께서 여야와 무소속이라는 정당의 울타리와 정쟁(政爭)을 잠시 떠나셔서 290여분인 국회의원님들 모두가 장소가 국회내의 어떤 특정 장소이든, 의원사무실이든, 가정이든, 어디에서건 감명 깊은 이 영화를 보신다면, 의원님들의 대통합과 소통의 차원에서도 매우 바람직할 것입니다.

또한 국회의원님들의 이런 모습들을 멀리서 가까이서 바라보는, 우리 대한민국의 국민들과 주민들의 행복지수도 높아질 것이며, 요즘도 그러하지만 내년 국회의원과 대통령 선거일이 다가올수록 국내외적으로 불측의 고난과 어려움이 빈발할 우리나라에 하루하루 평화와 안정이 이루어진다는 벅찬 희망을 가지고 살아갈 수 있을 것입니다.

한번 부탁 올립니다. 저의 간절한 소망인 <울지마 톤즈> 영화를 우리나라 모든 국회의원이 관람할 수 있는 방안을 알려주십시오.

이 세상에 태어나서 세월과 함께 회갑을 훨씬 넘기도록 살아오는 동안에 참 좋은 영화를 많이 보아왔지만, 제가 감히 국회의원님이 모두 보셨으면 하는 영화는 유일하게 이 영화 뿐임을 고백합니다.

따라서 국회의원 수 만큼 이 영화 DVD가 필요하다면 제가 구입해드리겠습니다. 우리 조국 대한민국을 위해 불철주야 애쓰시고 노력하시는 18대 모든 국회의원님들께서 이 영화를 보시게 할 수 있는 방법을 알려주신다면 제가 무엇을 못하겠습니까? 다른 당에 친한 국회의원 친구가 있으면 함께 도와주실 수도 있을 것입니다.

오직 이 영화가 정말 좋아서이지 이 영화의 제작진과는 하등의 이해관계가 없습니다. 오해 없으시기 바랍니다.

이 자리를 빌어 첨언합니다만, 야당인 민주당에서 작년 보궐 선거시부터 선거공약의 하나로 어버이날의 공휴일 지정을 발의하고 있습니다. 좋은 일과 정책은 여야를 떠나고 선거를 떠나서라도 발굴함이 옳을 것 같습니다.

여당인 한나라당에선 18대 국회기간에 노인의 날을 <효실천하는 공휴일>로 지정하거나 공휴일 지정이 불가하면 토요일로 변경해서라도 일요일과 더불어 연휴가 되는 효과가 되도록 해주시길 제안합니다.

18대 야당 민주당에선 어버이날을 공휴일로 지정토록 노력하고, 여당인 한나라당에선 노인의 날을 공휴일로 지정토록 노력하면, 효친경로사상의 부활을 위하여 우리나라 18대 여당 야당 모두 멋진 일 하나씩 하시는 것 아닙니까?

국회의원들께서 좋은 정치해주시길 기도 드립니다. 아멘!
6월 6일 현충일 새벽에

대한노인신문(2011.6.20)

청파(淸波) 이돈희 선생
『울지마 톤즈 DVD』대한노인신문사에 기증

> 이태석 신부 다큐 『울지마 톤즈 DVD』 본사 기증
> 淸波 이돈희 선생, 국회의원 전원에 배포 요청

48년 외길인생을 아버지날과 노인의 날 제정, 그리고 효친경로사상의 부활을 위해 헌신해 온 청파 이돈희 선생(예수님생애연구소장)이 故 이태석 신부의 아프리카수단 봉사활동을 담은 다큐『울지마 톤즈 DVD』극장판 300개(시가 9백만 원 상당)를 본사에 기증하고 이를 18대 국회의원 전원에게 배포해 줄 것을 당부했다.

아프리카 수단에서 현지인들에게 선교활동과 의료봉사활동을 통해 한국가톨릭의 위상과 수단의 슈바이처로 불리며 사랑의 인술을 펼치다 지병으로 지난해 숨진 故 이태석 신부의 아프리카 현지생활을 다큐멘터리영화로 제작한『울지마 톤즈 DVD』극장판의 기증식은 지난 15일 오후 5시 30분 본사 사무실에서 열렸다.

이날 기증식은 기증자 이돈희 선생을 비롯한 본사 오세중 고문, 이형근

회장, 이상도 발행인, 배정웅 대표이사, 조영모 (사)대한노인회서울시연합회 고문, 김왕수 주간 등이 참석한 가운데 열렸다.

이돈희 선생은 "저의 작은 정성을 대한노인신문사에서 받아준 데 대해 감사드리고, 이 영화가 이 나라의 국정을 다루는 국회의원분들이 꼭 한번은 보아야 될 것 같아 기증하게 되었다." 고 밝혔으며, 본사 배정웅 대표이사는 "이돈희 선생의 뜻을 기려 국회에서 전달식을 갖고 국회의원 전원에게 배포해 드리겠다."고 감사의 인사를 전했다.

본지는 이날 기증받은 『울지마 톤즈 DVD』를 빠른 시간 내에 국회에 전달할 계획이다.

대한노인신문(2011.9.20)

 ## KBS에서 e-mail을 보내왔습니다

이돈희 (대한노인신문사 수석부사장 겸 수석논설위원)

김향기 발행인에게!

김 사장님과 통화한 후 집에 와서 이 메일을 열어 보니 KBS에서 다음과 같은 이 메일이 와 있어 김 사장님께 알려드립니다.

이번에 나온 〈참좋은이들 21〉 6월호를 읽고 김 사장에게 내 전화번호를 알아보고는, 그 글에 나온 나의 야후 e-mail 주소를 보고 보낸 것입니다.

우선 잘 쓰지도 못한 글을 실어준 김 사장에게 감사드리며, 지성이면 감천이라는 듯, 하느님이 하라 하시어 매우 매우 부족한 제가 하는 데도 불구하고, 바로 그 영화 '울지마 톤즈' 의 제작팀으로부터 연락이 직접 올 줄은 몰랐습니다 (마치 제가 이화여대 학보에 아버지날 광고를 하고, 그 아버지날 광고를 보고 아버지날을 만든 이화여대에서 무려 40년이 지나서 이화여대 기자들이 저를 찾아온 것과 흡사한 느낌입니다. 하느님의 섭리는 참으로 묘하십니다. 이런 일에도 저 같은 사람을 도구로 사용하시는 것을 보면).

지난해 연말의 주일 미사 영성체 후 기도 중에 이런 일을 하라는 하느님의 음성에, 착각인가 하는 반신반의를 하면서도 순명하는 뜻으로, 김 사장에게 e-mail로 〈울지마 톤즈〉 영화 이야기를 하기 시작하고, 지금까지 추진 해왔던 것인데, 드디어 그 영화 제작팀으로부터 연락이 온 것입니다.

담당자 김윤희 씨가 김 사장과 통화시 저에 관해 무엇을 물었고, 김 사장께서는 뭐라고 하셨는지 궁금합니다.

국회의원 모두에게 이 영화를 보게 하고자 하는 뜻이, 차질 없이 잘 이루어지도록 기도 부탁드립니다. 그리고, 제가 보낸 이 e-mail은 영구히 삭제하지 마시고, 유종의 미를 거둘 수 있도록 , 같은 언론기관에 종사하시는 분으로서, 저를 많이 도와주시기 바랍니다.

하느님이 허락하신다면, 2013 년에 졸저 〈효친경로사상의 부활을 위하여〉 개정 증보판을 낼 때, 수록할 예정인 자료의 하나가 될 것 같기에, 이 e-mail을 삭제하지 말아 달라 부탁드리겠습니다. 대단히 감사합니다.

2011년 6월 14일 새벽에 이 임마누엘 씀

안녕하세요. <울지마 톤즈> 제작팀입니다
보낸 사람 : 김윤희
받는 사람 : donhee20@yahoo.co.kr 이돈희
2011년 6월 13일, (월) 오후 5:44

메시지 본문

안녕하세요.
KBS스페셜 <울지마 톤즈> 제작팀입니다.

현재 저희는 <울지마 톤즈> 후속 작품을 준비 중에 있는데요.
선생님께서 저희 영화를 국회의원 분들께 보여주자는 내용의 글 올리신 것을 읽고 문의차 연락드립니다.
괜찮으시다면 선생님과 통화를 좀 하고 싶은 데요.
연락처 문의 드립니다.

저는 KBS스페셜 김윤희입니다.(휴대전화번호 : 이돈희가 삭제)
답변 부탁드립니다. ^^

영화 〈울지마 톤즈〉
국회의원 모두 관람하시길

이돈희 (대한노인신문사 수석부사장 겸 수석논설위원)

저는 '지구 밖으로 탈출하려는' 〈효친경로사상〉의 부활을 위하여 40여 년 전에 우리나라 처음으로 아버지날과 노인의 날을 만든 이돈희(李敦熙)입니다.

다름 아니라, 먼 나라 아프리카의 남부 수단에서 48세란 아까운 나이로 의사와 신부로서 선생님으로서 고귀한 일생을 마친 이태석 신부님이 주인공인 〈울지마 톤즈〉라는 영화를 우리나라 국회의원 모두에게 보실 수 있도록 하고 싶어, 이를 주선해 주실 국회의원님을 찾고자 한나라당 홈페이지에 글을 올리게 되었습니다. 정녕 안 계십니까? 이미 2011년 1월 16일, 3월 21일, 4월 24일 등 3차례나 〈네티즌 발언대〉를 통해서도 같은 취지의 말씀을 올리기도 했습니다만.

〈울지마 톤즈〉는 인구에 회자되는 대로 '국민영화'라 해도 좋은 참 좋은 영화입니다. 저는 이 '국민영화'를 청소년시절부터 심성 좋게 자라나야 할 중·고등학생과 대학생들, 어려운 환경에서 좌절하거나 비뚤어지기 쉬운 수많은 남녀 젊은이들, 온 국민들에게 이 영화를 보여주었으면 좋겠다는 마음으로 간절히 기도해왔습니다. 하지만 현실적으로 저 혼자서는 도저히 불가능한 일임을 알았습니다.

그래서 차선책으로 금년 초부터 명실공히 한 분 한 분이 모두 입법기관이요 명실공히 우리나라 대한민국 국민의 대표자이신 300명 가까운 국회의원님들만이라도 이 영화를 모두 보시게 했으면 좋겠다는 생각으로 여러 가지 방법을 알아보고 모색해 왔지만, 막상 좋은 방안(아이디어)이 없어 지금까지 실행하지 못하고 있을 뿐입니다.

말씀드린 바와 같이 여당인 한나라당의 홈페이지 〈네티즌발언대〉를 통하여 세 번이나 올렸음에도, 이름 없는 개인의 제안이다 보니, 그 많은 한나라당 국회의원님 중에서도 누구도 호응이 없어 다시 한 번 한나라당 홈페이지의 〈네티즌발언대〉를 통하여 말씀드리게 되었습니다. 소수인 야당보다는 월등히 다수인 한나라당 국회의원님들을 통해서 이루고 싶어서입니다.

물론 소속이 어느 당이든 18대 현직 국회의원님 여러분께서 여야와 무소속이라는 정당의 울타리와 정쟁(政爭)을 잠시 떠나셔서 290여 분인 국회의원님들 모두가, 장소가 국회 내의 어떤 특정 장소이든 의원사무실이든 가정이든 어디에서건 감명 깊은 이 영화를 보신다면, 의원님들의 대통합과 소통의 차원에서도 매우 바람직할 것입니다.

또한 국회의원님들의 이런 모습들을 멀리서 가까이서 바라보는, 우리 대한민국의 국민들과 주민들의 행복지수도 높아질 것이며, 요즘도 그러하지만 내년 국회의원과 대통령 선거일이 다가올수록 국내외적으로 불측의 고난과 어려움이 빈번할 우리나라에 하루하루 평화와 안정이 이루진다는 벅찬 희망을 가지고 살아갈 수 있을 것입니다.

한나라당 국회의원님들께 다시 한 번 부탁 올립니다. 저의 간절한 소망인 〈울지마 톤즈〉 영화를 우리나라 모든 국회의원이 관람할 수 있는 방안을 알려 주십시오.

이 세상에 태어나서 세월과 함께 회갑을 훨씬 넘기도록 살아오는 동안에 참 좋은 영화를 많이 보아왔지만, 제가 감히 국회의원님들이 모두 보셨으면 하는 영화는 유일하게 이 영화뿐임을 고백합니다.

따라서 국회의원 수만큼 이 영화 DVD가 필요하다면 제가 구입해드리겠습니다. 우리 조국 대한민국을 위해 불철주야 애쓰시고 노력하시는 18대 모든 국회의원님들께서 이 영화를 보시게 할 수 있는 방법을 알려주신다면 제가 무엇을 못하겠습니까? 다른 당에 친한 국회의원 친구가 있으면 함께 도와주실 수도 있을 것입니다. 오직 이 영화가 정말 좋아서이지 이 영화의 제작진과는 하등의 이해관계가 없습니다. 오해 없으시기 바랍니다.

이 자리를 빌려 첨언합니다만, 야당인 민주당에서 작년 보궐 선거 시부터 선거공약의 하나로 어버이날의 공휴일 지정을 발의하고 있습니다. 좋은 일과 정책은 여야를 떠나고 선거를 떠나서라도 발굴함이 옳을 것 같습니다.

여당인 한나라당에선 18대 국회 회기 안에 노인의 날을 〈효 실천하는 공휴일〉로 지정하거나 공휴일 지정이 불가하면 토요일로 변경해서라도 일요일과 더불어 연휴가 되는 효과가 되도록 해주시길 제언합니다.

18대 야당 민주당에선 어버이날을 공휴일로 지정토록 노력하고, 여당인 한나라당에선 노인의 날을 공휴일로 지정토록 노력하면, 효친경로사상의 부활을 위하여 우리나라 18대 여당 야당 모두 멋진 일 하나씩 하시는 것 아닙니까?

국회의원들께서 좋은 정치해 주시길 기도드립니다. 아멘!

6월 6일 현충일 새벽에
아버지날과 노인의 날 만든 이, 공휴일 지정 제언자
이돈희 드림
참좋은이들21(2011년 6월호)

국회의원 전원
〈울지마 톤즈〉 보게 하기 아이디어 모집

노인박사

정치가 무엇입니까?

무엇이 국민을 진정으로 위하는 것입니까?
　보시다시피, 매일처럼 보도되는 우리나라 국회의원들 (가톨릭신자 국회의원 79명 포함)의 언행과 심성이 너무 너무 살벌해지고 있습니다. 국민을 잘살게 하려는 것인지, 싸움을 하려는 것인지 모르겠습니다.

　저의 좁은 소견이지만, 290여명의 여야 무소속 국회의원들이 2010년에 아프리카에서 48세로 일생을 마치고 승천하신 이태석 신부님이 주인공인 〈울지마 톤즈〉라는 영화를 보면 우선 뭔가 가슴에 크게 느끼는 바가 있을 것이고, 그러면 언행과 심성이 좋아질 것이며, 우리나라를 지금 보다는 잘 이끌어 가리라 생각됩니다.

　그래서 2011년 1/4 분기 내에 국회의원 전원이 이 영화를 볼 수 있게 하고 싶습니다.

아이디어가 있으신 분은 연락주시기 바랍니다.
귀하와 더불어 여야 무소속 국회의원 가릴 것 없이 〈울지마 톤즈〉를 라는 영화를 꼭 보게 하고 싶습니다.

가능하면, 좋은 심성을 길러야 할 많은 중고등학생들에게도 이 영화를 많이 보게 하고 싶습니다. 방법이 없겠습니까?

목적은 오직 우리나라가 잘 되는 것뿐입니다.

<보낼 곳> donhee20@yahoo.co.kr & donhee20@kornet.net
<받는 사람> 이 돈 희

성복동성당 및 수단어린이장학회 이태석신부 홈페이지(2010.12.16)

국회의장님과 모든 국회의원님들께 드리는 글

이 돈 희 (본지 수석부사장 겸 수석논설위원)

저는 18대국회 박희태국회의장님을 비롯한 국회의원 전원이 관람하신 후, 대한민국 국회의원으로서의 백찬 사명감과 소명을 새로 가지시게 하고 싶은 마음에서 결코 포기할 수 없는 영화 한편을 소개하고 싶습니다.

그것은 아프리카 남수단에서 예수님과 같은 희생과 사랑을 가지고 의료와 전교, 교육 사업과 국위선양을 하다가 48세를 일기로 일생을 마친 이태석신부님이 주인공인 '울지마 톤즈' 라는 영화입니다.

이신부님은 50년 내에 김수환추기경님과 더불어 가톨릭 성인반열에 오를 분이라고 제가 말씀드린 바 있는 분입니다.

그동안 '울지마 톤즈'를 다큐멘터리로 제작해 방영한 KBS는 물론 공중파방송 또는 개봉되었던 영화관, 기타 매체를 통하여 '울지마 톤즈' 영화를 관람하신 국회의원님도 적지 않으리라 생각합니다.

하지만 의정활동에 바쁘셔서 보시지 않은 국회의원님들이 더 많으시리라 생각해서, 영화판 DVD 300개를 제작사인 (주)마운틴 픽쳐사에서 구입, 대한노인신문사에 의뢰하여, 국회의원님 여러분의 대표인 국회의장님 앞으로 기증할 이돈희입니다.

이 영화를 국회에 잘 전달하는 방법을 찾기 위해 지난 1월부터 몇몇 노인신문사와 잡지사, 국회방송을 포함한 몇몇 인터넷 매체, 심지어 국회의원이 169명이나 되는 한나라당의 홈페이지 '네티즌 발언대'를 통하여, 국회의원들께서 연락을 주시면 '울지마 톤즈'를 보내드리겠다고 수차례나 올렸지만, 어느 의원 한 분도 연락이 없었습니다.

이것 하나만 보더라도 '한나라당은 자기 당 홈페이지에 올라오는 국민의 진심어린 발언에조차 전혀 무관심한 당이자, 국회의원들이구나' 라는 생각이 들지 않을 수 없었습니다.

저는 '울지마 톤즈' 다큐멘터리와 영화를 본 순간부터, 한분 한분이 국민과 지역주민의 대표자이자 헌법기관으로 영향력이 대단한 국회의원님들은 물론이고, 미래의 우리나라 대한민국을 이끌어갈 중-고등학생과 대학생, 가정형편으로 다니고 싶은 학교를 못 다니거나 중도에 그만둔 청소년들, 여러 가지 사정으로 가정과 사회에 버림어져 있는 사람, 교도소에 재소자로 있게 된 분들에게도 보여주었으면 하는 생각을 끊임없이 해왔고 지금도 하고 있습니다.

그러나 저 혼자 힘만으로는 그렇게 할 능력도, 자금도, 시간도 없고, 방안도 모르고 있어서, 매우 아쉬운 대로 우선 국회의원님들께 만이라도 기증하게 된 것입니다.

60여 평생을 살아오면서 국내외의 많은 좋은 영화를 보아왔지만, 국회의원들은 물론 각급학교 학생들과 학교를 못 다니는 청소년들에게 정의감과 사랑, 훌륭한 심성을 기르는 데는 이 영화이상 좋은 영화는 없다고 판단했기 때문입니다.

저의 간곡한 부탁은, 국회의원님께서 전달되는 이 '울지마 톤즈' DVD 를 이미 보셨다면, 안 보신 부인께나 남편 또는 가족, 보좌관, 가정도우미, 아니면 친척에게라도 보게 하시고, 이분들마저 다 보셨다면 지역구에 있는 노인회에 기증하시거나 양로원 또는 노인 너싱홈 등 노인시설에 기증하셔서, 많은 분들이 보시게 해주시면 감사하겠고, 제발 이 '울지마 톤즈' DVD 가 아무런 생각없이 흔한 쓰레기의 하나로 버려지는 일만은 없도록 빌고 싶습니다.

왜냐하면, 이 DVD 300개 구입비용이 결코 많다고는 할 수 없지만, 저로서는 큰 금액이고, 연고가 없는 몇 분의 할머니 할아버지에게 드리면 그분들껜 큰 기쁨이 될 수도 있으려니와,적은 돈이든 많은 돈이든 돈은 소중히 뜻 깊게 사용되어야 할 것이기 때문입니다.

저는 우리나라에서 '아버지날'과 '노인의 날'을 처음으로 만들고 이의 호응과 제정을 위한 비용마련의 방안으로, 주중에는 가정교사 생활과 주말에는 광화문에서 가판신문을 팔던 대학 4학년 때인 1968년의 '어린이 날'에, 서울시내 5대 신문사의 추천을 받은 배달 소년소녀에게, ' 꿋꿋한 의지와 인정을 심어주기 위해서' 정성어린 현금을 어린이날 선물로 보내주기도 했습니다.

아르바이트로 돈을 벌던 제가 돈이 남아서가 아니라, 캄캄한 새벽과 추위에도 신문을 배달을 하고서야 학교에 다녀야 하는 신문사 보급소 배달 소년소녀들에게 '이웃과 사회의 형과 오빠' 로서 마음만 먹으면 할 수 있는 일이기 때문이었습니다.

사소하기 그지없는 일이지만, 신문가판 학생의 이러한 일을 보고서라도, 호수에 돌을 던지면 일어나는 파문처럼, 각 분야의 어른들이 더 규모 크고 훌륭하신 일들을 많이많이 하셔서 소외된 이웃과 무관심한 사회가 보다 밝아지고 명랑해졌으면 했던 간절한 마음에서였습니다.

가판 학생도 마음먹으면 이런 일을 할 수 있는데, 300명 가까우신 대한민국의 국회의원 여러분이 마음만 좋게 잡수시면 무슨 훌륭한 일인들 못하시겠습니까?

국회의장님 그리고 대한민국의 모든 국회의원님!

'울지마 톤즈' DVD를 보면 아시겠지만 이 영화는, 초-중- 고등학교와 대학교에서 배우는 수 십시간의 윤리도덕이나 인성교육, 수 백권의 문학작품이나 위인전을 읽는 것 이상의 훌륭한 효과가 있을 것으로 확신합니다. 참으로 국회의원님 전원에게 보여드리고 싶은 좋은 영화이기에, 중- 고등학생들과 대학생들도 많이 볼 수 있었으면 좋겠습니다.

이를 위해 학부모님과 선생님, 교수님들도 많이 보시게 되길 진심으로 기도합니다. 어느 세대보다 감수성과 정의감이 있는 청소년들은 한편의 좋은 영화나 소설의 영향이, 바로 일생의 방향을 좌우할 수도 있는 중요한 시기이기 때문입니다.

따라서, 제가 국회의원 여러분께 기증하는 300개의 DVD가계기가 되어, '울지마 톤즈' DVD가 중고등학교와 대학교 및 각급 도서관과 교도소 등에 비치되어 많은 사람들이 관람할 수 있도록 국회차원에서 해 주실 수는 없겠는지요.

대한민국을 위해 불철주야 노력하시는 존경하는 국회의원님 여러분!

저 혼자는 불가능하지만, 국회의원님들은 더 이상, 충분히, 효과적으로 하실 수 있지 않겠습니까?

훌륭한 일을 하는데 여당의원님이면 어떻고 야당의원님이면 어떻습니까?

제가 이 영화를 모든 국회의원이 보시게 하고 싶은 이유는 '제발 진심로 국민을 위한 정치와 의정활동만을 해주십시오.'입니다.

말씀드린 것처럼 저는 아버지날과 노인의 날을 만들었으며, 40년 전인 1971년에는 24살의 나이로, 서울 신촌로터리 예식장(현 신촌 웨딩홀)에서, 국가에서 제정되게 하기 위한 시범으로 노인의 날 행사를 직접 행사까지 하기도 했습니다.

개인이 마련한 행사라 규모야 조촐 수밖에 없지만, 식순에 따라 85세 이상 어르신들에겐 장수상도 드리고, 국악인들의 연주와 참석하신 할머니할아버지들이 흥겨워하시는 분위기 속에서, 우리나라 최초인 <노인의 날 제정 취지문>도 발표한 바 있습니다.

언제부터인가 노인문제가 심각해지는 것은 국회의원 여러분도 알고 계시고, 이를 위한 각종 노인복지정책이 사회의 중요한 이슈의 하나가 됨도 잘 알고 계시리라 믿습니다.

그래서 만들 당시부터 아버지날(현재 어버이날)과 노인의 날이 국가에서 제정됨은 물론, 이를 '효 실천하는 공휴일' 로 지정해 줄 것을 부단히 제안해 오고 있습니다. 개인의 힘인 한도가 있음을 절감하기도 합니다.

아시는 바와 같이 지난 10월 2일은 제 15회 노인의 날이었습니다.

민주당에서는 작년 2011년 5월에 어버이날의 공휴일 지정을 발의한 상태이고, 한나라당에는 그런 움직임조차 없기에 한나라당에서도 노인의 날 공휴일 지정을 발의해줄 것을 광복 66주년을 맞는 올해 8월 15일에 '한나라당 홈페이지 정책제언'란을 통해 제안한 바 있습니다.

제 소견으로는, 최소단위로 시작되는 부부가 화합하여야 그 가정이 화목하고, 그 자녀에게는 가정교육과 학교교육이 잘 이루어져야 그들이 밖에서 생활하는 이웃과 직장과 사회가 안정이 되고 질서가 잡히며, 윗사람 아랫사람 서로 알아 볼 줄 알게 되고, 이들 모두의 집합체인 나라가 번영하고 국민이 안심하고 행복하게 살아가게 된다 생각합니다.

지금 우리나라의 가정에서는 이혼이 늘어나고 있습니다. 청소년들의 가출도 늘어나고 있다합니다. 가정이 원만치 못하고 부부갈등이 심하면 그 피해는 자식들에게 돌아갑니다. 가정 폭력이 있으면 그 자녀는 불행할 수 밖에 없습니다.

지금 우리사회를 가만히 살펴보면 어느 분야 할 것 없이 막장으로 가고 있습니다.

부부간에도 존경과 배려는 고사하고 '너', '야' 막말을 일삼고, '지고는 못살아'라는 TV 연속극도 나왔지만, 부부간에 지면서도 살아야지요. 어떻게 이겨야만 사나요? 반쪽인 상대방의 모자라는 50%를 보완해주면서 살아가기 위해 있는 곳이 가정이며, 부부가 아닌가요?

별 것 아닌 일로 못살겠다고 가정에서 이혼이 늘어나면, 이웃과 세상을 비뚤게 보는 비행 청소년이 늘어나고, 그들로 인해 사회에서는 폭력, 강도, 성폭행, 절도, 납치가 만연하고, 조폭이 활개를 치게 될 것입니다.

국가에서는 정치를 전문으로 한다는 국회의원들조차 서로 죽자 사자 불신하며, 폭력을 TV로 보이고, 국회운영마저 엉망진창으로 하고, 서로 반대를 위한 반대만 하느라 민생에 필요한 의안들을 제 때에 처리 못하거나, 상정도 못하고 폐기되는 의안마저 연간 수백 건 수 십건을 넘으니, 매일같이 이러한 국회의원들의 모습을 보고도 살아야 하는 국민도 이지간히 속 좋은 국민들이라고 할 수 있겠습니다.

민의를 대변한다고 국회에 진출한 의원님들이 국가원수인 대통령 내외를 최대의 막말로 욕하고, 초-중고학생들과 학부모가 선생님을 불신하고 구타하는 나라가 바로 우리나라입니다. 예전에 우리나라는 동방예의지국이라는 말을 들었습니다. 하지만 요즈음의 학생들이 평소에 자기도 모르게 하는 욕이나 욕설수준이 여간 아니라고 합니다.

이것이 가정에서 아버지어머니의 일상 대화나, TV 에 비치는 국회의원들의 '난봉과 깡패수준' 의 욕설을 그대로 닮은(물든) 것 아닐까요?

국내외적으로 매우 어려운 정치와 경제와 국방과 교육이 잘 돌아가지 않아 하루하루 생활조차 걱정이 태산 같은 국민은 안중에도 없고, 내년 4월의 국회의원선거와 12월의 대통령선거에 자기가 국회의원이나 대통령 되겠다고 각종 흑색선전, 유언비어 만들어 상대방에 굴레기 씌우거나 갖은 모략과 험담 꾸미는 짓들이 끊이지 않고 온 매스컴을 장식할 생각하면 참으로 답답합니다.

정부와 모든 정당이 영양가 극히 불량미달의 정치와 의정활동을 하니, 대다수 국민들의 천군만마 같은 불신에 힘입어, 어느 날 하루아침에, 대학원장이나, 시민운동을 하시던 변호사 두 분이 정치의 중심에 서게 되는 일이 일어나고 있지 않습니까?

국회의장님 그리고 298명의 국회의원님들!

자라나는 학생과 불량배와 깡패들은 국회의원님의 행동을 본받을 수밖에 없습니다.

국회의 기물을 파손하고, 잠긴 문을 두드려 부수고, 공중부양을 하고, CCTV를 가리고 이게 도대체 대한민국국회의 현주소라고 생각하기가 싫습니다. 국회를 난장판으로 만들지 말고, 국회의원의 인권과 품격을 존중해 주십시오.

다시 한번 부탁 말씀 올립니다. 제발 정치 좀 잘해 주십시오.

그래서 19대 국회의원으로 재선되시고, 훗날 후배 국회의원들의 귀감 되시고, 우리나라의 무궁한 발전을 위해 헌신해 주십시오.

다시 소망합니다. '울지마 톤즈'를 한번 보시면 마음이 새로워지고, 올바른 정치를 하실 각오가 생기실 겁니다. 적어도 나라를 위해서 국회의원인 내가 지금처럼 살아서는 안 되겠다는 생각이 드실 겁니다.

욕설이나 질 나쁜 언행은 부지불식간에 국회의원님의 귀한 자녀와 손자손녀도 본받는 것을 생각하십시오. 지역주민과 국민들에게 존경받는 국회의원이 되십시오.

이태석 신부님 한 분의 영향도 대단할진데, 단합된 299분 국회의원 여러분의 힘은 얼마나 막강하겠습니까?

제가 정지연 선생의 "시일야 방성대곡"을 쓰는 심정으로 이런 글 감히 올렸음을 대단히 송구스럽게 생각합니다.

아울러 글의 전개상 주제넘은 무례가 있었던 점에 대하여 용서를 빕니다.

끝으로, 올해는 국회의장을 포함한 모든 국회의원 여러분께 이 영화 DVD를 보내드립니다만, 내년 12월의 대통령 선거가 끝난 후 새로운 대통령과 국무총리, 각 부처장관, 청와대간부직원에게도 이 DVD를 구입해 보내드릴 생각입니다.

이것 역시 국내외적으로 하루가 멀다 하고 난제가 수없이 발생하고 조속히 해결되어야 할 우리나라이기에, 국민들이 마음 편히 잘 살아가게 하는 정치를 바랄 뿐, 다른 목적 아무 것도 없습니다.

정말 우리나라가 잘 되어야 합니다.

깊은 기도중에 이 글 쓰게 하신 예수님께 감사드립니다. 아멘!

donhee20@yahoo.co.kr

제3부
노인과 어버이

 ## 어버이날의 유래

The tale behind Parent' Day (Ehwa Voice)

이돈희

　이 기사는 이화여대 영어신문인 '이화보이스' 5월호에 실린 글로서, 45년전에 최초로 아버지날을 만들어야 한다고 주창한 이돈희 씨의 사연을 밝히고 있다. 『효친경로사상의 부활을 위하여』란 저서의 저자이기도 한 이돈희 씨는, 노인의 날도 만들었으며, 현재 예수님생애연구가, 국민권익위원회 전문상담위원, 감정평가사로 활동하고 있다〈편집자 주〉.

　5월 달력을 보면 누구든 8이라는 숫자 아래 '어버이날' 이라는 단어를 찾을 수 있다. 몇몇사람들은 이 날이 공휴일이 아님에 아쉬워할 수도, 몇몇은 막연한 죄책감에 휩싸일 수도 있을 것이다. 그러나 '어버이날'이라는 이 단어가 오늘날 모든 달력들에 올라가기까지는 40년 전, 이화여대와 한 동국대 학생의 노력이 있었음을 아는 사람은 몇 없을 것이다.

　차성숙 씨(72, 기독교학과)의 말에 따르면 1971년에 기독교학과 학생들은 레크리에이션 수업을 들었다고 한다. 강의 중 열정적인 교수님과 학생들은 당시 어머니날밖에 없었음을 감안해 강의 프로젝트의 일부로 '아버지날'을 만들어보고자 했다.

그들은 이대학보를 통해 6월 12일을 그들만의 아버지날로 지정했고 이화여대 학생들과 아버지들이 함께 참여할 수 있는 행사를 마련했다. 이 행사에는 아버지와 딸이 함께하는 포크댄스도 포함되어 있었다. 그때 당시 학회장이었던 한은실 씨(72, 기독교학과)는 그날의 기억이 아직도 생생하다고 한다. "그 행사를 한 후로 벌써 30여 년이나 지났지만 아직 기억이 납니다. 아버지들의 얼굴에서 미소가 떠나질 않았죠."

한편, 이화여대 학생들은 알지 못했지만 그 행사장에는 예상치 못한 손님이 와 있었다. 당시 동국대 학생이었던 이돈희 씨는 그날 행사장을 찾아 이화여대 학생들과 그들의 아버지들을 지켜봤다고 한다.

이돈희 씨 역시 1963년부터 '아버지날'을 만들고자 노력을 하고 있었던 참이었다. 당시 얼굴에 여드름 가득한 청소년이었던 그는, 각종 언론기관을 찾아다니며 아버지날의 필요성을 호소했지만 그들은 모두 그의 노력을 그저 장난으로만 받아들이고는 광고란의 작은 자리만 내주었다. 이것 역시 거리에서 신문을 팔며 용돈을 벌던 이돈희 씨에게는 터무니없이 비쌀 뿐이었다.

1968년, 이돈희 씨는 결국 이대학보에 광고를 냈고 이화여대 학생들의 답변을 애타게 기다렸다. "똑똑하고 마음씨 착한 이화여대 학생들이라면 저의 이야기를 들어줄 것이라 생각했습니다. 그리고 딸들이 원래 아버지들과 더 가깝지 않은가요?" 이돈희 씨는 말했다.

1971년, 이돈희 씨는 정부에 아버지날을 기념일로 지정해 달라는 편지를 보냈다. 이때 마침, 아버지날 행사를 주관했던 이화여대 학생들은 각종 미디어로부터 인터뷰 요청을 받고 있었던 참이었다.

이러한 움직임을 본 정부는, 아버지날에 관심을 기울일 수밖에 없게 되었다. 1973년, 이돈희 씨의 10년간의 노력과 이화여대 학생들이 노력이 합쳐져, 아버지날이 기념일로 지정되었다. 후에 아버지날은 어머니날과 합쳐져 5월 8일 어버이날로 지정되었다.

2008년 5월호 <이화 보이스> 강성혜 기자

 THE TALE BEHIND PARENTS' DAY

- 이화여대 영어신문 강성혜 기자 -

As we flip our calendars to May, we find small letters beneath the day 8: Parents' Day. Some may sigh that the date is not marked in red. Others may even feel a familiar pang of guilt. However, not many of us know that nearly 40 years ago, Ewha played a significant role in establishing those two words to be made permanent on every Korean calendar - with the unexpected aid from a Dongguk University student.

According to Cha Sung-sook, ('72, Christian Studies) in 1971, the students of took a class on Recreation. During the lecture, the enthusiastic professor and students came up with the idea of establishing Father's Day as one of their class projects. As only Mother's Day was celebrated in Korea.

They announced their very own Father's Day as June 12 through a small article in The Ewha Weekly and arranged a day for Ewha students and their parents - especially their fathers - to enjoy together. The program included father-daughter folk dancing. "Though the event dates back to more than 30 years ago I still remember having a great time," reminisced Han Eun-shil ('72, Christian Studies), who was a member of the student council at the time. "The fathers just couldn't stop smiling,"

Little did they know, there was also an unexpected guest at their event. Lee Don-hee, a student from Dongguk University, said he stood at the back of the auditorium watching the Ewha students and their fathers.

Lee also had been trying desperately to establish Father's Day since 1963. A pimply high school senior at the time, Lee had been knocking on the doors of major news agencies, all of which turned down his earnest request as a mere prank and only granted him a small space in the section for paid advertisements. This was too expensive for Lee who made his allowance by selling newspapers on the streets.

Lee had ended up running an advertisement in The Ewha Weekly and been waiting for a response since 1968, hoping that Ewha students would join him in his work. "I just knew that the smart and kind-hearted young women of Ewha Womans University would take interest in what I had to say," said Lee. "And aren't daughters more close with their fathers?"

In 1971, Lee sent a letter to the president requesting that the government designate a Father's Day. At the same time, Ewha students who organized and celebrated in the event were being called in for interviews from the media.

After that, the government could not help but take interest in Father's Day. In 1973, with the ultimate push from Ewha students and 10 years of Lee's strained efforts, Father's Day was finally made official by the government. Later that year it was integrated with Mother's Day and Parent's Day was established as May 8.

참좋은이들21(2008년 7월호)
선린상고57회 홈페이지(2008.7.23)

마당바위	유래를 아니 뜻이 되살아납니다.
덕산	하하하! 어버이날은 우리 노인박사 이돈희님의 제창이셨군요! 정말 위대한 일을 하셨습니다. 덕분에 우리도 이렇게 효도를 받게 되어 정말로 감사드립니다. 하하하!
노인박사	50년 전 1963년 고등학교 2학년 때 아버지날을 우리나라에서 처음으로 만들고 부단한 노력 끝에, 10년 만인 1973년에 당시의 어머니날과 합쳐져 어버이날이 된 것이 올해로 벌써 제 41회 어버이날인 것입니다. 언제부터인가 자식 이기는 부모 없고, 아내 이기는 남편 없는 세상으로 바뀌고 있는데, 옛날 5월 8일 어머니날이 아버지날과 힘을 합쳐 어버이날로 되었기 망정이지, 지금도 5월 8일이 어머니날이기만 하다면, 직장에서나 가정에서나 힘들고 위상이 흔들리는 부모의 절반인 아버지들이 어디서 위로를 받고 삶의 보람을 느낄까요?

노인의 날을 공휴일로 지정하기 위한 법안 발의해 주십시오!

이돈희 (대한노인신문사 수석부사장 겸 수석논설위원)

이글은 필자 이돈희(아버지날과 노인의 날 만든 이, 예수님생애연구소장)씨가 지난 8월 15일 제 66회 광복절 기념일에 한나라당 홈페이지의 〈정책제안〉에 올린 정책제안입니다. 필자의 동의를 얻어 본지에 게재합니다.(편집자 주)

✚정책제안✚

노인의 날을 공휴일로 지정하기 위한 법안 발의해 주십시오!

오늘 현재 117명의 의원이 있는 야당 민주당에서 이미 2011년 5월에 양승조 의원 등 15명의 민주당의원들이 어버이날을 공휴일로 지정하기 위한 법안을 발의한 것을 한나라당에서도 잘 아시리라 믿습니다. 참으로 좋은 정책(일) 아닙니까?

오늘은 광복절 제66주년이 되는 기쁜 날입니다. 저는 이 기쁜 날인 오늘 무려 169명의 의원이 있는 여당 한나라당에서도 민주당의 이 입법 발의에 동참해주시길 간절히 소망하고 기도드립니다.

아울러 이 기회에 젊은 어버이가 태반(太半)인 대상의 어버이날의 공휴일 지정도 매우 뜻 깊고 의의 있는 일이므로, 한나라당에서 이제 적극 동참해주시기 소망함은 물론이거니와, 할머니 할아버지 등 대부분이 어르신, 노인 분들을 위한 노인의 날도 공휴일로 지정함은 이보다 더 좋은 정책(일, 중요 노인복지정책) 의 하나로 생각됩니다. 따라서 169명의 기라성 같은 의원을 가지고 계신 여당 한나라당에서는 노인의 날을 광복절 제66주년을 맞는 오늘의 저의 위 제목의 정책제안을 보시고, 노인의 날이 공휴일로 되도록 의안을 발의해 주십시오.

국민의 한사람이 볼 때엔 숫자가 많고 적은 여당 야당이 중요한 것이 아니라 좋은 정책을 발굴, 시행하여 국민에게 희망을 주는 정당이 중요하다 생각되기도 합니다. 아니 그렇습니까? 이 많으신 숫자의 여당 국회의원님들께서, 묵살하지 마시기 앙망합니다.

2011년 8월 15일, 광복절 제 66회 기념일에
제안자 이돈희 올림

<참고> : 한나라당 홈페이지< 네티즌 발언대>
2011년 1월 6일 : 한나라당 국회의원님 안 계십니까?
2011년 6월 6일 : 어버이날과 노인의 날을 효 실천 공휴일로 정해야 등 참조

대한노인신문(2011.9.5)
대한노인회
충효예운동본부
성복동성당
선린상고57회 홈페이지(2011.9.13)

어버이날과 노인의 날을 '효실천' 공휴일로 정해야

이돈희
아버지날과 노인의날 만든이
『효친경로사상의 부활을 위하여』 저자

～ 들어가면서

　61년 전의 6.25 사변 이후 가장 심각한 2011년 새해를 맞이한 한국이 위기를 극복하고 사는 방법은 무엇일까? 해법은 의외로 간단하다. 쉽게 국회의원을 예로 들겠다. 국회의원이 자기들 세비 올릴 때 일치단결하는 것처럼 국민이 합심단결하면 된다.

　한나라, 자유선진, 민주, 민노 등 어느 당 할 것 없이 국회의원이 직장인 국회건물을 부수고, 동료의원을 두들겨 패거나 머리채를 잡고 개처럼 질질 끌거나, '나만한 정신병자 없소.' 하듯 날뛰는 모습을 보여주지 않았다.

　그 좋은 직장인 국회를 놔두고 길거리로 뛰쳐나가 공산주의자 이상의 섬뜩한 구호와 플래카드(placard)로 시위하거나 지나친 비난과 인신공격,

있지도 않은 일을 사실처럼 조작하고는 '아니면 말고' 라는 추한 작태는 찾아 볼 수 없었다.

대한민국 여야 국회의원들에게 묻는다! 세비 올리는 일은 그토록 잘하는 국회의원이, 여당은 야당의, 야당은 여당과 정부가 하려는 중요한 일에는 거의 대부분을 결사반대부터 하면서 성질난 짐승 같은 모습들을 전 국민에게 보여주고, 여론을 오도하고, 국론을 분열시키는데 앞장서고 있다. 국회의원이 이 모양이니 정치 경제 국방 교육 사회 문화 등 나라가 잘되겠는가?

이 같은 영향이 전 국민에게 무의식중에 파급되어서일까? 언젠가 초등학생이 죽는가 안 죽는가 보려고 아파트 베란다에서 땅바닥으로 병아리를 팽개치는 기사를 접하고 '아이들의 심성이 참 고약해지고 있구나.'라고 걱정한 적이 있었다.

그 후 대학생들이 대학교 총장을 밀가루 세례를 하고, 학부형이 학생들 앞에서 선생님을 폭행하고, 고등학생이 선생님을 폭행하고, 중학생이 선생님을 성희롱하고, 이제는 초등학생이 선생님을 폭행하는 '막가는 시대'가 되었다. 학생이 국회의원을 닮아가는 것 아닌가?

우리나라는 어찌하여 학생까지 이지경이 되었으며, 학생의 인권만 있고 선생님의 인권은 없는가? 학부모의 인권만 있고 선생님의 인권은 없는가?

이 뿐인가? 보험금을 타 쓰려고 집에 불을 내서 부모를 태워 죽이는 자식, 결혼 말린다고 할아버지를 살해하는 손자가 있는 참담한 세상이다. 인간이라면 반드시 있어야 할 '효친경로사상'이 어디로 실종해 버렸는가?

질서유지를 하는 경찰관을 시위대가 무릎을 꿇리고 폭행하는 것이 허용되는 나라가 대한민국이다. 이는 술주정꾼이 파출소에서 난동을 부리는 것과 같다. 이래도 되는가? 이것이 옳은 일인가?

국회의원이 폭력배를 본뜬 것인지, 폭력배가 국회의원을 본받은 것인지 아무리 생각해도 모르겠다.

'천주교정의구현전국사제단'이라는 단체는, 제대로 정신 박힌 국민이라면 존경하는, 100년에 한 번 나실까 말까한 김 추기경님을 극도로 폄하하더니(모르긴 해도 늦어도 50년 내에 가톨릭 성인(聖人) 품에 오르실 분이다), 이제는 정 추기경님을 용퇴하란다. 초창기에는 설립목적대로 참으로 정의로운 일을 했지만, 일개 신자가 보기에도 언제부터인가 조금씩 변질되는 것 같더니, '예할 것은 예하고, 아니오 할 것은 아니오' 하라는 성경말씀에 의거해 솔직하게 말해보라면, 이제는 정의구현사제단이 아니라, 왠지 자꾸만 '정의파괴사제단'이라 여겨진다.

나라와 종교계에서 인정하는 어른이요 원로 중의 원로이신 추기경님을 용퇴하라 강요할 것이 아니라, 이제는 자기들 스스로가 용서를 구하고 해체하여야 할 단체가 바로 정의구현사제단이라 생각된다. 입으로 나오는 말이라고 다 해서는 아니 된다.

용퇴하라고 해서 물러나라는 자리가 추기경이라는 자리가 아님은 그런 말을 내뱉은 신부가 더 잘 알 것이다. 입에서 나오는 말이라고 다 말이 아니요, 발표했다고 다 필요한 성명은 아니다. 말도 안 되는 말과 필요 없는 성명이나 발표하는 신부들한테서 무슨 정의가 있는가?

매일 드리는 미사 때마다 '사랑의 교회와 일치를 기원' 하는 신부의 입에서, 그런 언어폭력을 나열하며 성명이라고 발표하고 퇴진서명까지 받는 것인가! 정 추기경님은 이미 5년 전에 교황청에 자의로 사의를 표명하셨다. 자리에 연연하는 분이 아니시다. 명색이 사제단이라면서 아직 그런 사실도 모르고 있으면서 강요를 하는가!

나 같은 일반인이나 다른 단체가 정의구현사제단을 용퇴하라면 용퇴하겠는가! 해체하라면 해체하겠는가? 성명을 취소하겠는가? 절대 불가함을 그 잘난 언변으로 해명하고, 월권행위라는 성명을 발표할 것이다. 정의구현사제단이 한 행위야 말로 '어깨'들이나 하는 월권행위요, 다리를 긁어도 너무 잘못 긁었다.

나의 100% 잘못된 생각일지 모르나, 이 단체는 정 추기경님이 아니라, 다른 분이 추기경으로 오셔도, 심지어 예수님이 오신다 해도 자기들의 그 왜곡된 뜻에 맞지 않으면 반대하고 나설 단체로 여겨질 것 같다. 나처럼 한사람의 평신도가 신부에게 순종하지 않는 것도 불충이요 죄라면, 아래 위도 모르고 안하무인인 신부가 추기경께 그런 얼토당토않을 궤변의 언사와 성명은 더욱 불충이요 죄일 것이다. 사제단 신부의 언사를 보면, 아무리 좋게 생각해도 어른도 몰라보는 '어깨수준'의 사람이거나 백번양보해도 정상적인 사고를 가진 신부는 아닌 것 같다.

그러나 이제 2011년을 맞이한 사제단 신부들도, 지난날 사제가 되려던 소명과 초심으로 돌아간다면, 아니, 아프리카에서 선교하다 작년에 48세로 고귀한 일생을 마친 이태석 신부가 주인공인 '울지마 톤즈' 라는 영화를 한 번이라도(다시 한 번) 본다면, 진정한 사제상을 발견할 것이며, 원로사제단이라면서 나이 값도 아니 되는 이런 부끄러운 짓은 생각조차 안할 것이다.

원로란 나이만 먹어서가 아니라 김 추기경님, 정 추기경님처럼 자기분야에서 많은 경륜과 존경받는 어르신을 말하는 것이다. 신자들이 스님보고 절에 다니고 목사님보고 교회 다니고 신부님보고 성당 다니는 것은 아니지만 그래도 성직자의 영향은 매우 크다.

나만의 착각이길 바라지만, 이태석 신부님이 신자 수를 늘리고 예수님을 믿게(전교) 하는 행동의 신부라면, 사제단신부들은 신자가 되려던 사람들도 예수님을 믿지 않게(떠나게) 가로막는 행동을 하는 신부들 같다. 같은 성직자라면서 어찌 그렇게 다를 수가 있을까?

정말 알다가도 모를 일이다. 한 사람의 이태석 신부가 단체를 내 세우는 이 사제단의 여러 사람의 신부들보다 매우 신부답고 신뢰가 간다.

이 세상에 알곡과 가라지를 같이 있게 하신 예수님의 심정을 헤아려보면서도, 비록 극소수일망정 선조, 선배들이 순교한 피의 대가(代價)로 사제로 소명 받은 신부들이 어쩌다 이지경이 되었는지, 착잡한 생각을 금할 수가 없다. 하느님을 누구보다 사랑하고, 훌륭한 사제가 되겠다고 결혼까지 안하고 일생을 보내려던 성소(聖召)와 초심으로 돌아가서 앞으로 이 사태를 원만하게 해결하는 지혜까지 구현시켜주길 간절히 기도한다. 신자나 불신자나 진정 원하는 것이 정의구현이지 정의파괴는 아니지 않는가!

추기경을 용퇴하라는 성명이, 오랜 기도 끝에 나온 결단이라고 양의 탈을 쓴 이리가 양처럼 자기들을 합리화 했지만, 그들의 언동은 바둑으로 말하자면 장고 끝에 나온 악수(惡手)일 뿐이다. 기도라고 다 기도는 아니다.

사회지도층이나 군중이 2천여 년 전에 당시 개인 하나(예수님)를 파멸시킴도 정의가 아니듯이, 단체라는 미명하에 2천년 후인 현재 개인 하나

(추기경님뿐 아니라 어느 누구 하나라도)를 파멸시키려는 시도도 결코 정의가 아니다. 변질된 음식은 무늬만 음식일 뿐 음식이 아니듯 변질된 사제는 무늬만 사제이지 사제가 아닐 것이다.

나라가 평화롭지 않다. 이럴수록 먼저 나부터, 그리고 우리 대한민국 국민 한 사람 한 사람 모두가 2011년 오늘 이후로 정신을 바짝 올바르게 차리고 자기 본분과 제자리를 찾아야 한다. 그래야 내가 살고, 가정이 살고, 우리가 살고, 이웃이 살고, 사회가 살고, 우리나라인 삼천리강산 대한민국이 산다.

∽ 하고픈 말들

필자는 우리나라에서 처음으로 48년 전 선린상고 2학년 때인 1963년에 아버지날을, 43년 전 동국대학교 4학년 때인 1968년에 노인의 날을 만들고서 남다른 걱정이 있었다.

그 하나는, 각 가정과 사회에서 실종되어가는 효친사상을 부활시키기 위하여 필요한〈아버지날〉과, 경로사상을 부활시키기 위해 있어야 할 〈노인의 날〉을 만들었지만, 학생이 만든 것이라 누구 하나 나서서 도와주는 사람이 없었기 때문이다.

또 하나는, 어릴 때부터 각가지 난치병을 앓고 살았으며, 제일 좋은 시절이어야 할 대학생 시절마저 폐결핵으로 고생하고 재발까지 하여 투병하느라, 위의 두 날이 필자의 사망과 함께 세상에 태어나지 못하고 영구히 사장(死藏)될 것만 같아서였다(훗날 50대에 대장암 수술을 하고 9년간을 더 고생하기도 했다).

심한 각혈을 하면서도 아버지날을 제정시키기 위해 노력하는 여러 가지 방법 중 하나로 이화여대를 찾아가 1968년 5월 20일자 〈이대학보〉에 아버지날을 광고하였다. 광고한 후 3년이 지난 40년 전 1971년에 이화여대에서 아버지날이 탄생하였음은 역사적인 사실이 되었다.

그 아버지날을 만든 이화여대에서 〈이화의 아버지날〉을 발전시켜서 전국적인 아버지날로 하겠다고 하였으며, 그 후 아버지날이 알려지고 있음을 알게 된 박정희 정부에서는, 무슨 날 무슨 날 해서 날들이 매우 많은 우리나라에서 어머니날과 아버지날을 따로 행사하고 기념하기보다는 어머니날과 아버지날의 뜻을 합친 〈어버이날〉로 하기로 한 것이 1973년부터이며, 그래서 오는 5월 8일은 제39회 어버이날이 되는 것이다.

고등학생 때 1,252명에게 앙케이트를 조사하여 아버지날을 만든 지 10년, 이화여대에서 아버지날을 행사한 지 2년 만에, 당시의 어머니날과 합쳐져 어버이날로 되면서, 온 가족을 위해 불철주야 애쓰시는 각 가정의 아버지에게도 어머니에게처럼 한 송이 꽃을 달아 드리고 감사하게 되었으니 축복된 일 아닌가!

노인의 날이 제정되기 위해서도 많은 노력을 하면서, 3년을 준비하여 서울 신촌에서 장소를 빌려 역시 40년 전인 1971년에 450여분의 할아버지 할머니를 초대하고, 대한노인회중앙회장, 마포구청장, 마포경찰서장, 초등학교장 등 기관장도 참석한 가운데 기념품과 85세 이상 어르신에겐 장수상을 드리고, 국악인들의 연주와 노래를 관람하시게 하면서, 시범으로 노인의 날 행사를 하기도 했었다. 당시 필자의 나이는 24세로 노인이긴 고사하고 미혼인 청년이었다.

우리나라에서 처음 〈노인의 날 제정 취지문〉을 직접 작성하고 행사한

1971년의 노인의 날 행사가 2011년 올해로 벌써 40년 전 일이라 감회가 깊다. 그 후에도 노인의 날 행사를 하고 싶었지만, 장소를 빌리는 문제라든가, 할머니 할아버지 초대 방법, 적지 않은 행사 비용 등으로 개인이 또다시 행사하기가 쉽지 않아 행사를 하지는 못했지만 이 날이 정부에서 제정되기 위해서 부단한 노력을 했다.

1968년에 만든 노인의 날이 국가에서 제정된 것은 김영삼 정부 때인 1997년이니 실로 29년 만의 일이고, 한국토지공사에 부장으로 재직할 때였다.

그러나 이미 김영삼 대통령이 취임하기전인 당선자 시절인 1993년 1월 1일자 〈한국노인신문〉 신년사에서 필자가 "노인의 날 제정은 새 정부의 과제"라는 신년사를 썼다.

"노인의 날 제정은 새 정부의 과제"라는 신년사를 쓴 것은 그 신문의 발행인인 정홍순(鄭弘淳) 사장님이, 노인이 아닌 젊은 사람이 노인의 날을 제정하려고 애를 쓰는 일을 기특하게 생각하고 한국토지공사로 직접 찾아오셔서 대화를 나눈 후, 논설위원으로 위촉해 주고 아들처럼 사랑하면서 신년사를 쓰게 한 덕분이다.

그 전전해인 1991년에는 〈노인의 날 이야기〉라는 제목으로 연재칼럼을 게재하게 해주었다. 노인의 날이 아직 제정되기 6년 전에, 무려 8회나 연재하게 해 준 것은 신문사로서도 큰 용단이었음을 훗날 알게 되었다.

그 이후 김영삼 대통령 당선자가 1993년 1월 1일자 바로 이 〈한국노인신문〉에 "국민 여러분 감사합니다. 이제, 흩어졌던 마음을 하나로 모아 희망찬 신한국을 열어갑시다!"란 제목의 근하신년 인사가 김 대통령 당선자 사진과 함께 크게 광고로 나가게 되어있으니까, 김 대통령 당선자는 물론 당선자 관계인들이 이 신문을 볼 터이니 노인의 날을 제정해 달라는 취지를 신년사로 쓰면, 대통령 취임한 후 노인의 날에 관심을 가지실 것이므로, 신년사를 쓰라하여 쓰게 된 것이다.

그 신년사가 노인의 날을 제정하게 된 계기의 전부가 아님은 누구보다 더 잘 안다. 필자가 노인의 날을 처음 만들었던 1960년대 이후 30년이 지난 1990년대가 노인문제가 더 심각해짐이 노인의 날의 필요성을 더 하게 한 것이다!

중3으로 올라가던 50년 전 1961년 4월의 부활주일에 세례를 받으면서 "제가 앞으로 어떻게 살아가야 되나요?" 하고 바친 2년간의 기도의 응답이 "부모님께 효도하고, 효친경로사상을 부활시켜라"하였기에, 위의 두 날과 한국노인문제연구소와 한국노인학회를 만들게 된 것이다.

이런 일들을 해온 사람으로서 왜 모르겠는가? 노인 문제가 오죽 심각해졌으면 유엔에서까지 세계노인의 날을 제정했겠는가! 대한민국 청년인 필자가 1968년에 노인의 날을 만들고 무려 23년이 지난 1991년에 유엔에서도 노인의 날을 제정하면서, 유엔회원국들에게 이 노인의 날을 제정할 것을 권유하게 된 것이다.

그리하여 김영삼 정부에서 1997년에 이 날을 제정하기에 이르렀고, 올해 10월 2일의 노인의 날은 제 15회가 된다.

인간은 질병이나 불의의 사고로 일찍 죽지 않는 한 누구나 노인이 된다. 젊은 며느리도 김장 30번쯤 하면 시어머니가 되고 40년쯤 지나면 노인이 된다, 오늘의 며느리가 내일의 시어머니, 장모, 할머니가 된다는 말이다.

오후에 태어난 하루살이가 오전에 태어난 하루살이에게, 다음 날 오후면 자기도 죽는 것도 모르고 말이 안 통하느니, 세대차이 나느니 철이 없는 짓을 한다. 인간도 마찬가지다. 하루살이같이 철없는 짓 하지 말고 부모와 조부모 존경하며, 자식과 이웃 사랑하며 살아야 한다. 부모를 나몰라라 하면 부화기에서 태어난 병아리나 오리나 메추라기와 무엇이 다른가!

아버지날과 노인의 날을 굳이 공휴일로 하려는 것은, 이 두 날이 필요해서 만들어진 다른 여타의 날들보다 못할 것이 없다는 생각에서, 만들 당시부터 어버이날과 노인의 날을 『효 실천하는 공휴일』로 할 것을 꾸준히 제언해 왔다. 그러나 개인의 힘은 한도가 있음을 절감하고 있다.

2006년도 문화경제신문에선 "노인의 날을 효 실천하는 공휴일로 정해야" 라는 제하에 전면에 『신년 인터뷰』 기사가 나기도 했고, 역시 2006년도 잡지(참좋은이들 21, 5월호, 10월호)와 다른 신문(효도실버신문 4월 30일자)에 "대통령, 장관, 국회의원님! 어버이날과 노인의 날을 공휴일로, 어버이날까지 공휴일로 하기가 어렵다면 노인의 날만이라도 공휴일로 지정해 주십시오."라는 특별 기고를 쓰기도 했지만, 그동안 몇 십번이 아니라 몇 백 번 방송하고 신문과 잡지에 난다고 될 일이 아님을 50년 가까운 체험을 통해서 깨달았다.

어린이를 보호해 주어야 한다면 어버이와 노인은 효도하고 존경해야 한다! 어린이날은 공휴일인데, 어버이날과 노인의 날이 공휴일이 아니라서 하는 말이 아니다. 동방예의지국이라는 말이 무색하게 경로사상이 우리나라만 못할 것 같은 일본이 노인의 날로 이름하여 공휴일로 하다가 최근에는 경로의 날이라고 변경하여 공휴일로 하고 있다. 명칭이야 아무러면 어떤가!

필자가 노무현 정부 때도 기회 있을 때마다 어버이날과 노인의 날을 공휴일로 해줄 것을 제언해 왔지만, 끝내 이루질 못했다. 노무현 정부 때 안 되었으니, 이제는 이명박 대통령이 임기 중에 공휴일로 해주길 소망하지만, 이명박 정부 때 안 되면 그 다음 대통령, 그 다음 대통령 때 안 되면 그 다음다음 대통령이 탄생하는 정부에서라도 꼭 공휴일로 지정해줄 것을 거듭 호소하고 싶다.

방정환 선생(필자의 고교 선배님)은 어린이날을 만들었지만, 국가에서 제정되는 것은 물론 공휴일로 지정되는 것도 못 보고 작고하셨다. 좋은 일이라고 다 생전에 성취되는 것은 아님을 보여주는 실례라고 할 수 있다.

작년 어느 선거에서 민주당의 선거공약 중에 어버이날을 공휴일로 하겠다는 공약도 있었고, 몇몇 국회의원이 이를 발의하고 있기도 하나 언제 될지 미지수다. 여당이든 야당이든 무소속이든 이런 좋은 정책은 적극 발굴해서 시행해야 한다.

50년 가까이 이 일을 해 오면서 안타까웠던 소회는 그 수많은 정치가와 국회의원, 저명인사, 노인단체와 효를 표방하는 각종 효도단체, 좋은 여론을 선도하여야 할 언론기관, 청소년 제자들을 가르치는 각급 학교교사, 교수와 효도대학원대학까지 있으면서 이런 일엔 왜 그리도 무관심인지이다.

가정과 사회와 국가에서 존경받고 대우 받아야 할 장년의 부모와 노년의 어르신들이, 갈수록 설자리 앉을자리가 없어져 가고 있다. 부모를 존경하고 어르신들을 모시는 효친경로는, 인간사회에서 필요한 일이기에, 어버이날과 노인의 날을 『효 실천하는 공휴일』로 지정함은 참으로 좋은 일이라 생각한다.

어버이날을 5월 6일로 옮겨 공휴일로 하면 어린이날과 더불어 연휴가 되고, 10월 2일을 공휴일로 하면 10월 3일 개천절과 더불어 연휴가 된다. 핵가족과 직장관계로 떨어져 사시는 장년과 노년의 부모님을 시간적 여유를 가지고 찾아뵙고 효를 실천할 수 있도록 하여야 한다.

우리나라에 공휴일이 너무 많다하여 공휴일로 불가하다면, 위의 두 날을 미국처럼 일요일로 옮기든가 아니면 토요일로 옮기는 것도 좋은 대안이 될 수 있다. 대부분의 직장과 일터가 토요일도 휴무가 될 경우에 일요일과 더불어 연휴와 같은 효과가 날 것이다. 갈수록 개인주의가 되고 부모자식 간, 형제자매간, 친척간, 부부간, 이웃간에 점점 멀어지고 원수처럼 되어가고 있다.

세상이 아무리 변하고 시대가 달라져도 변하지 말아야 할 것이 부모의 자식에 대한 사랑과 자식의 부모에 대한 효도이다. 가정과 사회가 왜 비뚤어지고 비행청소년이 점점 많아지는가?

흉악한 폭력과 무서운 범죄는 왜 날로 늘어나는가?
최소 구성단위인 가정에서 왜 이혼이 늘어나는가?

바로 이 효친경로사상과 상경하애, 부부사랑과 이해의 정신이 없기 때문이다.

큰 둑도 조그마한 물이 새기 시작해서 무너진다. 2010년까지 어느 정부와 정당의 잘못이든 간에, 꼼짝 없이 북한의 예측할 수 없는, 빈번한 도발과 핵무기위협을 항상 머리에 이고 살아야 하는 나라가 되었다.

이럴수록 상대방에게 반대와 투쟁을 일삼거나 행동과 사상이 분열해서는 아니 된다. 아무리 극소수라고 하지만 대한민국에 살면서, 대한민국에 있는 공기를 마시고, 대한민국에서 나오는 음식을 먹고, 대한민국을 위해 살아가야 하는 대한민국 국회의원과 대한민국 국민이, 애국자는 못될망정 천안함 침몰 사망 사건과 연평도 피난 사변을 보고서도 친북사상이나 극좌파적인 사상에서 빠져나오질 못하는가?

남한정부가 하는 일을 외국에까지 반대 또는 비방하고 북한정권이 하는 일을 두둔하는 논리를 펴는가?

그들이 노리는 것이 바로 적전분열(敵前分裂)이다. 도대체 왜 그러는가? 왜? 왜? 왜?

이제는 누가 뭐라 해도 우리나라 대한민국이 잘되어야 내가 있고 가정이 있다. 가정의 화목과 사랑, 사회의 질서와 정의, 국가의 안전과 평화가 어느 때보다 필요한 시대가 되었으므로, 효친경로사상과 상경하애 정신이 부활되기를 다시 한 번 간절히 기도하고 소망한다.

참좋은이들 21(2011년 1월호)
대한노인신문(11.1.5)
효도실버신문(11.1.28/2.15)

 **알고 있는 동기들도 계시겠지만**

이돈희

〈울지마 톤즈〉 영화(극장) 판이 설날 연후 마지막 날인 1월 4일 오후 10시부터 11시 25분까지 KBS 1 TV 에서 방영될 예정으로 있답니다.

영화판으로는 아직 못 보신 분이나, 영화관에 가서 한 번 더 볼 생각이었으나 시간을 낼 수 없던 동기들에게는 참으로 좋은 기회라 생각합니다.

시간 내셔서 한번 보시기 바랍니다. 많은 유익과 감동을 얻으실 겁니다. 오죽하면, 제가 우리나라 정치를 이끌어가는 290여 명의 국회의원 전원과 어릴 때부터 좋은 심성을 길러야 많은 청소년, 학생들이 보게 하고 싶겠습니까?

조종환 동기가 올린 〈울지마 톤즈〉가 있음도 알고, 보았습니다.

저는 연초에 인도와 네팔을 다녀왔습니다. 다녀와서 보니까, 그 동안에 자녀를 결혼시킨 동기, 어머님이 별세하신 동기가 있었음을 알았습니다. 본의 아니게 축하 또는 문상을 못 드린 것 죄송합니다.

저의 졸글, '어버이날과 노인의 날을 효 실천 공휴일로 정해야'가 월간 〈참 좋은이들21〉, 주간 〈효도실버신문〉, 〈대한노인신문〉등에 실려졌음도 다녀와서 집에 도착해 있는 우편물을 보고 알았습니다.

네이버, 다음, 구글, 야후 등에서도 제목을 검색어로 치면 다 나오고 있음을 보고 놀랐습니다.

아무튼 우리 동기들 녹화를 해서라도 〈울지마 톤즈〉 영화 꼭 보시고, 2011년 새해 복 많이 받으시고 건강하시기 기원합니다.

인도와 네팔을 다녀 보니까 우리는 하루하루 살아가는 동안 매사 감사하면서 살아야 함을 실감했습니다. 여행은 좋은 경험과 많은 생각을 갖게 합니다.

고맙습니다.

선린상고57회 홈페이지(2011.2.1)

"노인의 날"을 공휴일로 해야 합니다

노인의 날제정 숨은 공로자 이돈희감정평가사

박전걸 기자

우리나라 최초로 〈노인문제연구소〉를 만들고 〈한국노인학회〉를 설립하는 등 이 씨의 극성스런 활동은 91년에 유엔이 세계노인의 날을 제정한 것을 계기로 정부의 관심을 끌어내는 데 성공, 그가 68년에 노인의 날을 만든 후 29년이 지난 97년에야 비로소 결실을 맺었다.

"처음 이 일을 시작할 때 워낙 젊어서 노인에 대해서 알면 얼마나 아느냐, 또 신념이 있으면 얼마나 있느냐는 등의 말을 듣기도 하고 방송국 신문사 등에 호소할 때는 험한 소리도 많이 들었어요.

소파 방정환 선생이 어린이날을 만드는 데 무려 24년이나 걸렸던 것처럼 오랜 고통의 과정을 겪었지만 참으로 보람된 시간이었습니다."

그는 이미 노인의 날을 제정했으니 이제 그 날을 공휴일로 지정해야 한다는 주장을 각지에 펴고 있다.

　일본의 경우는 9월 셋째 월요일을 '경로의 날' 이라고 해서 공휴일로 지정되어 있다는 것. 공휴일이 되면 그래도 한번 쯤 부모에 대한 생각을 더 할 것이라는 것이 그의 신념이다.

　"큰 병을 앓고 나니 예수님 생애를 직접 저술해 보고 싶은 생각이 들었습니다. 예수님 생애 중 우리가 잘 알지 못하는 기간을 재구성해 독자들에게 소개하고 싶은 게 마지막 소망입니다."

교원복지환경신문(2010.9.16)
대한노인회 홈페이지(2010.9.25)

노년시대신문에서

"노인의 날을 국경일로…"
"법정 공휴일 지정해 실효적·실질적 기념일 돼야"

장한형 기자 janga@nnnews.co.kr

日, 9월 셋째 주 '경로의 날' 공휴일 지정 기념식

10월 2일 제13회 '노인의 날'을 맞이하는 가운데 이날을 국경일이나 공휴일로 지정해 본래의 취지를 살리기 위한 적극적인 방안이 마련돼야 한다는 주장이 제기되고 있다. 또, 현 노년층은 국가와 사회발전을 위해 헌신한 공이 큰 만큼 이들이 최고의 명예로 간직할 수 있도록 노인의 날 훈·포장 수여도 대폭 확대해야 한다는 지적이다.

현행 '노인복지법'은 제6조에 "노인에 대한 사회적 관심과 공경의식을 높이기 위하여 매년 10월 2일을 노인의 날로, 매년 10월을 경로의 달로 한다."고 명시돼 있다.

또 '노인복지법시행령'은 제11조를 통해 "보건복지가족부장관, 특별시장·광역시장·특별자치도지사 및 시장·군수·구청장은 매년 '노인복지법' 제6조 규정에 의한 노인의 날, 경로의 달 및 어버이날에 실시하여야 할 행사에 관한 계획을 수립·시행하여야 한다."고 규정했다.

그러나 현재 '노인의 날'은 보건복지가족부와 대한노인회가 개최하는 중앙기념식을 비롯해 각 자치단체가가 주관하는 지방의 기념식 외에 별다른 행사가 마련되지 못하고 있어 기념일에 부응하는 의미 있는 행사가 절실하다.

올해도 추석 연휴를 피해 9월 25일 오전 대한노인회 중앙회 강당에서 개최되는 '제13회 노인의 날 기념식'을 비롯해 전국 각 자치단체 별로 이날을 전후해 기념식을 개최할 뿐 노인복지법의 취지대로 노인에 대한 사회적 관심과 공경의식을 높이기 위한 행사는 전무한 실정이다.

일본은 '국민의 축일에 관한 법률'(축일법)을 통해 매년 9월 셋째 주 월요일을 법정 공휴일인 '경로의 날'로 정하고, "오랜 세월 동안 사회에 진력을 다해 온 노인을 공경하고, 장수를 빈다."는 법의 취지를 적극 실천하고 있다.

우리나라도 '노인의 날'을 국경일 또는 법정 공휴일로 지정해 실효적이고 실질적인 기념일로 내실을 다져야 한다는 주장이 제기되고 있다.

대한노인회 도봉구지회 한석삼 취업지원센터장은 "노인복지의 근간은 노인이 사회와 가정에서 존경받을 권리"라며, "우리나라도 노인의 날을 '경로효친의 날'로 변경하고 법정 공휴일로 지정, 실효적이고 실질적으로 노인들에게 긍지와 위안을 줄 수 있는 제도가 시행돼야 한다."고 주장했다.

1968년부터 '노인의 날' 제정 운동을 벌여 온 것으로 알려진 이돈희 한국노인학회장(국민권익위원회 전문 상담위원)도 "10월 2일 노인의 날을 공휴일로 지정해 자녀들이 부모님을 찾아뵙고 효도할 수 있는 시간을 주자"고 주장하고 있다.

'노인의 날'에 수여되는 훈·포장도 확대해야 한다는 지적이다.

정부는 현행 상훈법에 따라 '노인의 날' 기념식을 통해 노인복지에 기여한 인사 6명에게만 국민훈장과 국민포장을 서훈하고 있다.

그러나 산업훈장의 경우 9월 29일 열린 '관광의 날'에만 5명, 전기안전공사가 23일 개최한 '2009대한민국 전기안전대상'에서도 1개의 산업훈장과 2개의 포장이 서훈됐고, 18일 '철도의 날' 기념식에서는 무려 17명이 산업 훈·포장을 받았다.

한 노인 단체 관계자는 "현재의 어르신들은 국가와 사회를 위해 헌신한 공적이 뚜렷한 계층이어서 훈·포장을 받을 자격이 충분하다."면서 "복지제도로 노년층을 위로할 수 없다면 '노인의 날' 훈·포장이라도 늘려서 개인과 가족에게 국가 최고의 명예를 선사, 사기를 북돋는 것이 옳다."고 지적했다.

노년시대신문(2009.9.25)

노인과 아버지를 위한 나라

어린이와 어버이와 노인의 가교
이돈희 한국노인학회장

글 / 김윤수
삼성사외보 (三星社外報)
출처 : www.samsung.co.kr/ together

'어린이날'을 만든 사람이 소파 방정환 선생이라는 것을 모르는 사람은 거의 없을 것이다. 그러나 '노인의 날'을 만든 사람은 누구일까? 묻는다면 '노인의 날'이 있는 것조차 모르는 사람들이 대부분일 것이다. 1997년에 우리나라에 노인의 날이 제정되었다. 우리는 한 사람도 예외 없이 나이 들고 늙어 간다. 그러나 젊었을 때는 이 젊음이 영원하리라는 착각 속에 산다.

40년간 줄기차게 노인의 날 제정과 노인문제를 연구해 온 집념의 사나이 이돈희. 이제 환갑을 넘긴 그는 열일곱 소년 때부터 노인문제의 심각성을 알리며 노인을 위한 사회 만들기를 호소해 왔다. 젊었을 적 몇몇 사람들에게 정치인이 되려는 물밑 작업이 아니냐는 따가운 시선도 받았지만, 시골에서 자란 그는 젊은이들이 노인을 윽박지르고 함부로 대하고 다락방에 방치하기까지 하는 것을 보면서 노인문제에 눈뜨게 되었고, 대학생이 되면서 본격적으로 노인문제에 인생을 걸게 되었다. 이돈희 회장은 마음의 병이 걸린 어머니와 건축 현장 일로 바쁜 아버지 때문에 어려서부터 아버지 친구 집에 얹혀 눈칫밥을 먹고 자랐다.

가끔 아버지가 집에 돌아와 돌 섞인 밥을 나눠 먹고 까칠까칠한 턱으로 볼을 비벼 주고 목욕을 시켜 줄 때면 아버지의 사랑이 그렇게 크게 느껴질 수가 없었다. 또래보다 작고병약해서 언제나 달리기 꼴등이었던 그를 운동회 날 어깨에 올려 놓고 달려 결승선에 함께 골인해 준 아버지. 태어나자 마자부터 부모와 함께 살 수 없었던 그는 특히 아버지에 대한 그리움이 남달랐고 따뜻한 가족을 갖고 싶은 바람이 누구보다 간절했다.

아버지날이 제정되기를 오랫동안 주장했던 그는 '어머니날'이 '어버이날'이 되게 한 주인공이기도 하다. "노인의 날 행사 자체는 사실 아무 의미가 없어요. 젊은 사람들이 비록 아직 노인은 아니지만 노인의 입장이 되어보고, 왜 할머니 할아버지가 하셨던 말씀을 또 하실까? 듣기 싫었던 잔소리의 숨은 의미를 되새겨 봤으면 합니다. 젊은 사람들이 앞장서서 노인문화를 생각하며 멋진 아이디어를 내 놓는다면 나이 드는 일이 끝없이 외로운 기차를 타는 현실이 되지는 않겠지요?" 정신은 늙게 태어나지만 점점 젊어진다. 그래서 삶은 슬픈 것이다.

오스카 와일드의 말처럼 나이 드는 일은 몸이 기력을 잃는 슬픔과 성숙한 지혜가 주는 즐거움을 동시에 가지고 있다. 우리는 모두 살아 온 시간만큼 넓고 깊어지며 여유 있게 늙고 싶다. 그러기 위해서는 누려온 것, 소유한 것, 그리고 살아 온 좁은 삶의 체계에서 비롯된 교만으로 스스로를 고립시키지 말아야 한다.

그리고 유연한 마음과 절제된 감정을 유지하는 멋쟁이가 되어야 한다. 고령화 사회로 치닫는 오늘 날, 지혜로운 삶의 즐거움을 만끽하는 노인이 많은 행복한 사회를 꿈꾸는 일은 이상에 불과한 것일까. 〈효친경로사상의 부활을 위하여〉라는 책의 저자이기도 한 한국노인학회 이돈희 회장. 그는 십대 후반기부터 자비를 들여가며 노인문제의 심각성을 세상에 알리고 노인이 공경 받고 행복해지는 사회를 만들자고 헌신해 왔다. 고교시절 아버지날을 주창해 어버이날이 되게 만들었으며 구정과 추석이 연휴가 되도록 하는 일에도 그의 공로가 크다.

"노인이 행복한 사회는 젊은이가 앞장서서 노인문화를 생각하는 사회입니다."

내가 만드는 따뜻한 세상 〈함께 사는 사회〉
2008년 11/12 월호

제4부
순례

성지순례를 떠나며

벌써 올해도 종반기에 들어가는 10월 중순입니다.

동기 여러분 안녕하십니까?
 내일부터 성지순례를 떠나게 되었습니다. 그냥 다녀오려고도 생각했었는데 순례 기간 중에 동기 이사회, 요한회 모임이나 , 동기들의 경조사 등이 있을 터인데 아무런 연락 없이 떠나고 참석도 못하면 궁금히 여기거나 오해할 동기 친구들도 있을 것 같아 알리게 되었습니다.

이번 성지 순례지는, 지난번에 올린 〈이 생의 오랜 염원과 마지막 소망〉이란 글에서도 이야기 한 바대로, 오랜 염원으로 가고 싶어 했던 곳인〈이집트, 이스라엘, 요르단〉으로 가게 되었습니다. 천주교, 개신교 할 것 없이 예수님을 믿는 기독교 신자라면 꼭 순례하고 싶은 지역을 드디어 가게 되었습니다.

다녀와서 밝힐 것입니다만, 이 지역의 〈성지순례기〉도 쓸 계획이며, 우리 57회 동기 부부도 함께 가게 되어 더욱 감사하며, 기쁘고 감동어린 성지 순례가 될 것 같습니다. 신부님을 모시고 성당 신자들이 가는 모임에 같이 가게 된 것입니다.

아래 글은, 나의 독자 부부에게 최근에 보낸 e-mail인데, 성지순례와 관계된 e-mail이므로 옮겨 봤습니다.

제가 이곳을 성지순례하려는 이야기가 담겼습니다. 참고로 읽어보시기 바랍니다.

친구 이돈희가!

∽아 래

찬미 예수님!

그간 덥다 덥다 했었는데, 햇빛 든 창 밖에서 외롭게 혼자 날아다니는 나비가 춥지 않을까 염려가 되는 기온이 되었습니다.

자식 며느리가 찾아가도 일어서지도 못하는 어머니에게, 2천여 년 전 성모 마리아, 요셉, 예수님이 사시던 고향에 가서 어머니를 위한 기도 많이 하고 돌아오겠다는 말씀을 드리고 왔지요.

예수님이 우리 온 인류를 위해 인간으로 태어나신 후 한 걸을 한걸음 내디디셨고 땀흘리시고 고민하시고 못 박히셨던 곳인 이스라엘, 이집트, 요르단에 가는 저와 아내가 어디 그냥 관광 다녀오는 기분만으로 가겠습니까?

저의 부부를 이 세상에 태어나게 한 하느님과, 몇 백 년 늦게 태어나도 좋고, 몇 십 년 일찍 태어나도 무방할 우리 부부에게 같은 시대에, 그 것도 같은 남한에 태어나게 해서 부부로 만들어 준 저의 부모님과 장인장모님에게 감사드리고, 앞으로의 이생에서 마지막으로 제가 하여야 할 사명과 화두를 받으러 가는 것이지요. 방문하는 곳곳마다 즐겁고 감사한 마음으로 다녀 올 것입니다.

치유의 기름 부음, 병을 고치는 하느님의 말씀, 믿음의 반석 등 좋은 책을 많이 빌려주심에 다시 한 번 감사드리고 싶습니다. 지난 번 e-mail에서, 저를 위해 중보기도를 하겠다는 말씀도 매우 감사하고요.

그 동안 저의 책이라든가, 잡지, 신문 등에 난 글이나 기사를 본 분, 방송을 듣고 본 분들, 지나간 삶을 지켜 본 사람들은 모두 저의 부모님과 제가 어느 정도 고난과 병마와 싸워 온 것을 짐작이라도 할 것입니다.

이러한 가정과 병마에도 치유가 일어나는 믿음이 생기도록 말씀대로 믿고 의지하고 행하고 기도 하겠으며 머지않아서 저도 하느님께 영광 돌리는 증거자의 한 사람이 되고 간증자가 될 것입니다.

〈예수님의 생애〉에 관한 서적을 한국인으로서는 제일 많이 읽고 연구하는 저이니만치, 앞으로도 신앙 선배님들의 저서와 성인성녀들의 자서전이나 전기들도 탐독하여 누구 못지않은 영성가가 되고 싶습니다.

김수미집사 말처럼 같이 김진호 목사님 내외분도 뵙겠습니다. 좋은 책을 많이 번역해 주신 김진호 목사와 믿음의 반석 저자인 사모에게 독자로서 감사드린다는 말씀 전해주십시오.

이를 뒷받침해주기 위해 노력하는 두 부부에게 감사드립니다. 빌려준 책 열심히 열심히 보고 있습니다. 감사합니다.

선린상고57회 홈페이지(2007.10.14)

고성삼   나도 꼭 한번 다녀오려고 했는데 아직 여유가 없는데 하여튼 축하드리고 많은 은혜 받고 돌아오기 기도드립니다.

이돈희   고 박사! 답 글 감사합니다. 요즘 어떻게 지내십니까? 우리 기독교신자들은 다른 곳 성지보다 이왕이면, 이 지역의 성지순례를 먼저 해야 함을 절감했습니다. 하고보니 정말 잘했다 생각했으며, 고 박사 내외께서도 꼭 한번 다녀오시길 권유합니다. 고 박사의 기도대로 많은 은혜를 받았으며, 건강하게 다녀왔습니다. 고 박사가 그 동안에 너무 바빠서 못하신 것을 잘 압니다. 고 박사! 우리 열심히 하는 신앙인이 됩시다. 그리고 건강하소서!

성지 이집트 이스라엘 요르단 순례기

예수님의 발자취를 따라서

이돈희
아버지날과 노인의날 만든이
노인학 및 예수님생애 연구가
감정평가사
『효친경로사상의 부활을 위하여』 저자

† 순례 계획

지난 10월 15일부터 10월 27일까지 12박 13일 동안 위 지역을 순례하기로 한 것은 저의 회갑과 성일여고에서 28년간 교편을 잡고 수고한 동갑인 아내의 명예퇴직과 회갑을 기념하기 위해 오래전부터 계획 했던 것입니다.

원래는 하루 늦은 10월 16일부터 28일까지 여행하기로 계획을 세웠던 것이나 출발 며칠 전에 서울 우면동 성당에 다니는 고등학교 친구인 이종성 · 임춘자 부부가, 우면동 성당(한상호 주임신부) 순례단 30명이 (주)가톨릭여행사를 통해 하루가 빠른 10월 15일에 출발함을 알게 되었습니다. 친구 따라 강남 간다고 전연 모르는 사람들과 가는 것보다는 친구 부부가 가는 순례단에 같이 가는 것이 분위기도 좋고 더 추억으로 남을 것 같아 우면동 성당 순례단과 같이 가기로 한 것입니다.

그리스, 터키, 이태리, 프랑스, 스페인 등 '일반적인 기독교 순례지'는 이미 순례한 바 있습니다. 그러나 직접 하느님이 우리 온 인류를 위해 친히 사람으로 태어나시고 피난가시고 자라시고 땀흘리시고 세례 받으시고 유혹 받으시고 제자 모으시고 고민하시고 십자가에 못 박히시고 부활하시고 승천하신 곳, 곧 '성지중의 성지'인 이집트 이스라엘 요르단에는 처음 가는 저와 제 아내 강연식이 어디 그냥 해외 관광 다녀오는 기분으로만 가겠습니까?

몇 백 년 먼저 태어나도 좋고, 수십 년 늦게 태어나도 무방할 저희 부부를 같은 시대에, 한국에 그것도 남한에서, 같이 태어나게 해 부부로까지 만들어 주신 하느님과 부모님, 장인장모님께 감사드리면서, 앞으로 저의 남은 생애에서 제가 해야 할 사명과 화두를 받고자 가는 순례입니다.

그동안 저의 책이라든가 신문과 잡지에 난 기사나 글을 보신 분, TV나 라디오 방송을 보고 들으신 분, 주위에서 저의 부모님과 저의 지나간 삶을 지켜 본 사람들은, 부모님과 제가 어느 정도 고난과 병마에 시달리며 싸워 왔는가를 짐작만이라도 하실 겁니다.

† 2007년 10월 15일(월) 여행을 시작하며

성지 순례단 집결지인 우면동 파출소 앞에 집결하여, 한상호 신부님을 포함한 순례단과 처음 인사를 나누고, 여행사에서 제공한 버스로 출발하여 인천국제공항 도착하다.

여행사에서 나온 가이드 이왕휘 대리를 포함한 32명의 순례단 중 부부는 친구인 이종선·임춘자 부부와 저희 부부와 지홍장·정완희 부부 등 모두 세 부부에 불과하고 나머지는 대부분이 혼자 온 여자들이다. 부부가 반반 정도는 될 줄 알았는데, 신부님 포함하여 남자 6명 여자 26명이다.

오후 1시 35분 인천 국제공항 출발 후 7시간 후 네덜란드 암스테르담 공항 도착, 다시 항공 환승 후 네덜란드 암스테르담을 출발하여 4시간 후에 이집트 카이로 항공에 도착하다.

† 10월 16일(화)
이집트 카이로에서

▲이집트 스핑크스

여행 첫날 첫 코스는 성요셉 성당을 방문하여 미사를 참례하는 것으로 시작하다. 첫날 드리는 나의 간절한 미사 지향은 언제 끝날지 모르는 나의 육신의 치유이다.

예수님이 탄생하신 이스라엘의 베들레헴에서 이집트로 피신하신 장소를 기념하여 건립한 예수 피난 성당은 성당 이름 그대로 출입통로도 협소하고 지저분하고 음산하기 짝이 없다.

헤로데의 "아기 예수를 찾아 없애라."는 명령을 피하기 위하여 먼 타국 땅 이집트까지 나귀타고 피난을 가셔야 하는 성 요셉과 성 마리아의 심정은 어떠하셨을까? 어렵게 이집트에 오신 후에도 예수님을 보호하기 위하여 여기저기로 숨어 다니시지 않았을까?

▲이집트 스핑크스 [성지순례단]

고고학 박물관에서는 이집트 고대의 역사적 유물을 관람하다. 세계 고대 7대 불가사의로 이름난 가자지구의 피라미드는 현대 21세기의 건축물로도 따라갈 수 없는 건조물이 아닐 수 없으며, '공포의 아버지'란 뜻을 가진 스핑크스 또한 명물이 아닐 수 없다.

✝10월 17일(수) 룩소에서

룩소는 수도 카이로 남쪽에 위치하며 비행기로 1시간, 열차로는 12시간 소요되는 곳이다. 관광객이 반드시 거쳐야 하는 곳으로 대부분의 유물이 나일 강과 연결되어 있다. 펠리스 호텔에서 식사 후 9시부터 왕가의 계곡과 합세슈트 장제전을 관람했다.

사진전문가인 한상호 신부님이 몹시 뜨거운 날씨로 고생하는 순례단 전원에게 햇볕을 가리는 긴 머플러를 선물하였다. 단체사진도 찰깍! 인근에 위치한 맴논의 거상을 관람하고, 점심식사를 위해 펠리스 호텔로 되돌아오다.

점심 식사 후 신부님께서 훗날의 추억을 위하여 일정에 없는 일정을 만들어 주신 것이 호텔에서 룩소 시장까지의 마차타기이었다. 시간은 40분 정도였지만 두 사람씩만 타는 마차다 보니 순례단 전원을 위해 16필의 마차와 16인의 마부가 동원되어야 했으며, 좁은 도로에서 지나가는 차량들과도 앞뒤를 경쟁하듯 질주하고, 좁디좁은 시장골목을 곡예하듯 달려서 모두가 비명을 지르며 여간 고생스러운 것(?)이 아니었다.

다음 목적지인 카르낙 신전과 룩소 신전을 관광하고 룩소 공항으로 이동하여 다시 카이로에 있는 호텔로 돌아왔다.

우리나라의 대원군시대 때처럼 이집트에는 종교집회의 자유가 없다. 그래서 망을 보면서 미사참례를 호텔내의 신부님 방에서 할 수밖에 없었다. 순교자들이 이랬을 것이다. 지금은 마치 세계 각국의 종교 박람회장이라도 된 것 같이 다종교가 공존하는 우리나라도, 발각되면 끌려가서 갖은 고문과 형벌을 당하고 순교한 것이 불과 200여 년 전 일이다.

나의 오늘 미사지향은 어머니의 영육간 건강이다. 벌써 10년을 고생하시면서 화장실 출입도 전연 불가한 79세 어머니다. 내가 태어나기 전인 60여 년 전부터 병약한 어머니가, 살아가는 고통이 심하셔서 "하느님은 안 계신다." 하시지 않기를 바라는 간절한 마음에서이다.

국내외 성당 어디를 가건 하느님과 특히 성모 마리아님께 도움의 촛불기도를 드린 지가 5년이다. 10년 전까지는 순교라도 하실 만큼 열심한 신자이셨는데, 당신 몸이 너무 오래 아프다보니 " 하느님도 없고 기도도 효과가 없다." 생각될 때가 있으신 것 같다.

개신교 일부에서는 "하느님께 직접 기도드리지 왜 같은 인간인 마리아에게 기도드리느냐?"고 우상숭배 운운하지만, 참된 중보기도의 의미를 모르고 하는 소리다. 모르면 무식하다잖는가? 가톨릭에서도 당연히 하느님께 기도드린다. 다만, 하느님이자 인간이신 예수님의 어머니 마리아님은,

모든 인류의 어머니이기도 하기 때문에, 기도가 필요한 이를 위해 마리아 님께도 중보기도 드려 주십사고 겸손하게 청원하는 것이다.

"부모에게 효도하라"는 말씀이 괜히 있는 것이 아니다. 부화기에서 태어난 병아리는 어머니를 모른다. 하느님과 어머니를 모르는 인간은 부화기에서 태어난 병아리 같은 인간이다.

육신의 어머니인 자기 어머니는 물론 영혼의 어머니인 성모마리아님도 잘 알고, 효도하며 공경하는 것이 자식인 우리 인간들이 해야 될 일이 아니겠는가? 신자가 사제나 목회자에게도 중보기도를 부탁할 수 있을진대, 하물며 자애로우신 어머니인 성모 마리아님께도 중보기도를 청원함은 당연하지 않는가?

†10월 18일(목) 모세 기념성당, 홍해 등에서

9시 30분 경 나일 강가에 있는 모세기념성당을 순례하다. 모세의 누나인 미리암이 모세를 바구니에 넣어 강물에 띄운 장소를 기념한 성당이라고 한다.

이 성당 순례 후 나일 강에서 페루카라는 유람선을 한 시간 가량 탔다. 말로만 듣던 나일 강에서 한국인에게 이런 기회가 두 번 다시 있으랴 싶은 생각에서인지 순례단 모두가 감격하면서, 갖은 포즈로 사진을 찍는 모습이 예쁘다. 모세의 탈출 여정을 따라 광야의 사막을 달린 후 한국인 식당에서 마련한 도시락으로 점심식사를 하고, 모세가 쓴 물을 단 물로 바꾼 셈이라고 전해오는 마라의 샘에 도착했다. 아쉬운 것은 수에즈에서 54Km, 홍해 남측 26Km 지점에 있는 이 샘에 대한 안내판 하나 없이 너무 지저분하게 방치되고 있는 점이다. 이 샘 근처 이름 모를 큰 나무를 그늘 삼아 더위를 피하면서 미사에 참례했다.

오늘 미사의 지향은 아버지와 장인장모님과 하느님을 모르고 돌아가신 할머니, 할아버지와 그 윗분 조상님들을 위해 미사를 드렸다.

홍해는 시나이 산에서 하느님으로부터 십계명을 받은 모세의 인도로 이스라엘 사람들이 이집트에서 탈출할 당시에 물길이 갈라졌다는 유명한 장소이다.

홍해에서 유황이 나오는 지역은 손발을 담그기가 힘들 정도로 뜨겁고, 인근 동굴 안은 한증막 이상으로 온도가 높아 찜질방을 좋아하는 한국의 여인들도 금방 혀를 내두르고 나온다. 저녁은 플라자 호텔식당의 양고기가 일품이고, 내일은 대망의 시나이 산 등반이 있는 날이다.

† 10월 19일(금) 시나이 산 등반이 오늘의 하일라이트

시나이 산 등반은 일출 전에 도착하기 위하여 새벽 2시에 출발한다. 가로등이 없어 달이 밝지 않으면 캄캄하여 손전등이 필요하고, 앞사람을 놓치지 않아야 한다. 2,285m 높이지만, 등반에 자신이 없는 사람은 1,500m 정도까지는 낙타를 타고 올라가고, 나머지는 걸어 올라가는데 가파르며, 700계단이라고 한다.

산 정상에는 모세성당이 있어서 거기서 세계적인 장관인 일출을 보면서 미사를 드리고, 추위를 이기기 위해선 즉석 라면이 대인기라고! 세계각지에서 순례객이 많이 오다보니, 성당에서 미사를 못드리면 평평한 바위를 찾아 드려야 한다. 시나이 산을 내려 올 때는 올라갈 때와는 달리 낙타를 이용할 수 없으므로, 미끄러운 돌산을 조심조심 내려와야 넘어지거나 무릎을 다치지 않는다.

 필자는 출발 전부터 허리 통증으로 침을 맞는 중이었으므로, 등반을 하지 않기로 하고 숙소에서 기도와 독서로 시간을 보냈다. 일생에 한 번, 시나이 산 입구까지 갔으면서, 등반하지 않고 그냥 오자니 무척 아쉽기도 했지만, 무리한 등반은 피해야 한다. 단체순례에서 사고가 나면 자신도 엄청난 고생이지만, 함께 간 다른 순례객에게도 미안하고, 본의 아니게 피해를 주고, 걱정을 끼치게 된다.

 아니나 다를까, 한 자매님이 내려오다가 손목과 발목이 골절되는 사고가 났다. 부축 받아 겨우 내려 온 후, 현지 병원을 찾아가 기다리고, X-RAY 촬영 등 진찰 후 깁스붕대를 하고 돌아오는 동안 순례단 모두가 전용버스 안에서 대기하면서, 아까운 시간을 소비했음은 물론 그 자매님은 순례기간 내내 고생이 뒤따랐다.

 다음 장소로 가기 위해 홍해의 누에바 항에서 출국 수속을 마치고, 훼리호 승선권을 구입 후, 요르단의 아카바 항의 승선 시간인 오후 2시에 늦지 않아야 하기 때문에, 예약된 식당에서의 점심식사를 취소할 수밖에 없었고, 급히 주문한 도시락을 버스에서 게 눈 감추듯 먹어야 했다. 그러나 승선시간인 2시부터 2시간이나 기다린 4시까지도 승선시키질 않았다.

 4시 10분쯤 승선하고도 약 2시간을 기다린 6시에야 겨우 출발하여 1시간 배를 타고 7시에 아카바 항에 도착했다. 도착 후 하선에만도 2시간을 보내야 할 만큼 수속도 복잡하고, 시간관념이 없는 것 같다. 아키바항에 내린 후 요르단 입국 시에도 입국심사가 어찌나 지연되는지 아무 구경도 못하고, 오늘의 마지막 목적지인 페트라의 그랜드 호텔에 밤 11시 30분이 넘어서야 도착하였다.

† 10월20일(토) 페트라
알카즈네 신전
카락 성 등 순례

기원전 7000년에 세워진 페트라 역시 세계 고대 7대 불가사의 중의 하나이다. 영화 '인디아나 존스- 마지막 성배'의 촬영장소이기도 하다. 모세가 하느님의 명령으로 이스라엘민족을 이끌고 약속의 땅 가나안으로 가던 중, 당시 에돔 왕국의 수도이던 이곳의 통행허가를 받지 못하자 멀리 우회하여 느보 산으로 가게 되었다 한다.

▲요르단 페트라신전(친구부부와 함께)

알카즈네 신전은 폭 5m, 높이 100~200m, 길이 약 1500m의 페트라 협곡을 지나면 나타나는 거대한 신전으로, 기원전 1세기에 지어진 것으로 고전적 헬레니즘 건축양식의 진수를 보여준다 할 만하다.

카락 성은 고대로부터 모압 산지의 방어 요새이며, 3면이 깊은 계곡으로 둘려 쌓여 있다. 정상에는 옛 요새의 잔여 부분과 십자군이 그 위에 다시 지은 성채의 유적이 남아 있는데, 오늘 미사는 지붕이 다 날라 가서 하늘이 그대로 보이는 이 성채에서 거행되었다.

나의 미사 지향은, 앞으로 두 달이 남은 대선에서 후보자 중 여당이든 야당이든, 무소속이든 관계없이, 가장 대통령다운 분이 대통령으로 선출되어 나라와 경제와 국방과 교육과 언론이 안정되길 빌었다.

국민의 정부와 참여정부 이후 정치·경제·국방·교육·부동산·언론·우리 인간의 심성, 특히 "그놈의 헌법" "한 방이면 날아간다." "국민이 노망든 것 아닌지?" 등 정치인들의 언행이 비뚤어져만 가는데, 이번 대선에서는 제발 이러한 잘못된 것들을, 제대로 바로 잡고 정상으로 회복시켜주는 정부, 즉 정상회복정부(正常回復政府)가 탄생되길 기도했다.

이는 본지 지난 10월호의 특별 기고에서 "백두산에 올라 정치·도덕 정상 회복 기원하며" 제하에 "새로 태어나는 정부는 국민의 정부와 참여정부에서 잘못한 것을 시정하는 모토로 하는 정상회복정부가 되어서, 제발 국민들이 하루하루를 놀라지 않고, 서로 신뢰하면서 큰 걱정 없이 기쁜 마음으로 살아갈 수 있는 분위기를 만들어 주는 정부가 태어나기를 기도 하였으며, 앞으로도 기도할 것입니다." 라는 기원과 맥을 같이하는 것이다. 우리나라의 장래를 위하여 우리나라 백두산 정상에서 기도에 이어 예루살렘의 카락성 정상에서 다시 한 번 간절히 기도하게 된 것이다.

부동산 정책 하나만 해도 그렇다. 한마디로 엉터리 정책이었다. 참여정부 동안에 10여 차례나 발표했지만, 무슨 정책을 이렇게 자주 발표하는가? 바둑으로 말하면, 바둑을 잘 모르는 사람들이 두다보니, 둔다고 두는 수마다 엉터리 수, 무리수, 덜컥수, 꼼수, 악수만 둔 것이다.

오죽 잘못되었으면 아무도 공개적으로 말하지 않거나 못할 때인 2년 전에 제가, 본지 2005년 12월호에서 "세계에서 제일 높은 부동산 세금의 나라"라는 시론(時論)을 쓰고, 개선을 촉구했겠는가! 이 글 발표할 때는 정말 큰 맘 먹고 쓴 것이다.

당시 이 정책에 따른 전국적인 부동산 가격의 상승과 부동산 세금의 엄청난 결과를 당장 피부로 못 느끼는 무지함에서, 나의 이 시론에 별 반응이 없었지만, 벌써 현실화된 이제는 새 정부 부동산정책 당국자이든, 신문기자이든, 제정신인 성인은 누구나, 정말 잘못된 부동산정책과 세금임을 피부로 느낄 것이며, 계속 협박적인 부동산세금임을 실감하게 될 것이다.

참여정부가 끝난다고, 잘못 만들었고 시행되는 부동산 세금과 정책이 끝난 것이 결코 아님에 문제가 있다. 새 정부에서 대폭적으로 개선(원상회복=정상회복) 하지 않는 한, 한 해 한 해가 갈수록 잘못된 부동산 정책과 세금임을 절감하고 절감하게 될 것이다.

전년보다 월급이나 소득수준이나 금융기관 예금 이자가 10% 상승이 못 되는데, 전국민의 재산세 과세표준을 20% 올리고, 종합부동산세금을 100%~1000% 이상 폭탄으로 부담시키는 나라가 세계 어느 나라에 있단 말인가? 이런 것도 정책이라니! 부동산 가격이 전년도와 값이 같거나 내려도 세금은 훨씬 많이 내야하는 악법의 모순이 벌써 나타나고 있다.

국정홍보처를 필두로 한 각 부처의 기자실 폐쇄만 해도 그렇다. 민주주의, 공산주의, 사회주의, 자본주의, 독재국가, 어느 나라든 이런 조치는 없다. 여당 야당 무소속 할 것 없이, 개선하여야 할 것은 개선하여야 하지 않겠는가?

† 10월 21일(일) 요르단에서 이스라엘까지

마다바에서 동북쪽 약 10Km 지점에 있는 해발 835m인 느보 산은 이집트 탈출기의 마지막 기착지이다. 40년 동안 광야에서의 방랑생활을 끝내고 하느님께서 약속하신 가나안 땅으로 들어가기 전에 모세는 이곳에서 생을 마치게 된다. 현재 느보 산 정상에는 무덤 위에 처음 세웠다는 모세 기념 성당이 있다. 하느님으로부터 80세에 시나이 산에서 10계명을 받고,

무려 40년간의 방랑생활을 이끈 120세 모세의 장엄한 사명이 이 산에서 끝난 것이다.

모세기념성당 앞 전망대에서 내려다보면 멀리 사해와 예리고 지역이 보인다. 맑은 날에는 멀리 예루살렘의 올리브 산 지역까지도 식별할 수 있다고 한다. 느보 산을 내려 온 후 세례자 요한이 활동한 요르단 강 건너편 베다니아를 구경했다. 이어서 예수님이 세례를 받으신 바로 그 요르단 강 세례 장소의 저수조(貯水槽)에 손을 담그니 감회가 깊어진다.

요르단강! 어릴 때 어딘 지도 모르고 즐겨 부르던 찬송가(장송가) "며칠 후 며칠 후 요단강 건너가 만나리!"가 바로 이 장소로구나!

내가 중3 때 세례를 받고 47년을 기도드린 하느님께서 인간이 되시어, 바로 이 장소에서 1977년 전 쯤에 세례자 요한으로부터 직접 세례를 받으

제4부 순례 247

셨구나 생각하니 신자로서, 예수님생애연구가로서의 사명감이 더 막중해 짐을 느낀다.

120세에 일생을 마친 모세의 40년의 사명을 생각하면서, "16세부터 60세까지의 미소한 저의 45년간의 사명이 『사라져가는 효친경로사상의 부활』이라면, 이제 60세 이후부터의 사명을 새로 주십시오." 하는 지향으로 미사를 드렸다.

각국에서 온 순례객 중에 이 저수조에서 세례를 받는 여인의 모습이 참 아름다웠다. 물에 머리 전체를 담구며 신부에게서 세례를 받는 그 여인은 오늘 세례가 좋은 추억이 되어 열심한 신자가 될 것 같은 감동이 밀려왔다.

점심 후부터는, 요르단 국경을 넘는 요르단 출국과 대망의 이스라엘의 입국이 주요 일정이다. 요르단 입출국과 예루살렘의 입출국 절차는 너무도 까다롭다.

시간도 엄청나게 많이 걸리고, 한 사람 한 사람의 여행 가방을 다 풀어 헤쳐 놓고 검색하기도 한다. 항공납치나 폭탄테러가 흔히 있는 나라들이니 그럴 수밖에 없다 좋게 생각하기도 하고, 이것도 외국여행의 불가피한 절차다 생각하고 지루함을 달래기로 했다. 얼마나 위험시되면 여의도 순복음교회가 최근 이 지역의 순례계획을 취소했으랴!

고진감래라는 말이 있듯이, 밤늦게 도착한 이스라엘, 그 유명한 갈릴래아 호수에서, 유람선을 타고 감미로운 바람 속에서 야경을 즐길 수 있었다. 순례단 모두 '이번 순례 참 잘 왔구나.' 생각하고 있음이 역력했다.

예수님이 제자들과 더불어 노를 저으시고, 생활하시고, 설교하셨던 이

곳 바로 갈릴래아 호수에서 40분간 유람선 관광을 마치고 호텔 인근에 있는 맥주 바에서, 순례단 여럿이 함께 마시는 맥주 맛은 그야말로 짱이었다.

내일부터는 정말 본격적인 이스라엘 여행이 기다리고 있구나 생각하니 매우 감격스러워서 잠이 잘 오질 않았다. 오, 하느님! 저희 부부를 이곳 까지 불러주시니, 참으로 감사합니다.

†10월22일(월) 중요성당 , 카파르나움, 타볼 산, 카나 등등

8시에 진복팔단 성당, 9시 30분 오병이어 기적성당, 10시 카파르나움, 10시 30분 세리였던 마태오의 집, 11시 무렵에 베드로 수위권 성당을 거쳐 타볼 산으로 올랐다. 타볼 산은 예수님이 변모하신 곳으로 유명하며, 정상에 위치한 두 개의 기념 성당 중 프란치스코 수도원에 속한 예수의 영광스런 변모의 기념 성당에서 12시 쯤 미사가 이루어졌다.

미사 지향은, 병고에 시달리는 환자들을 치유해줄 수 있는 치유은사에 두었다. 지금까지 살아오면서 부모님과 스스로는 물론 주변에 심한 질병이나 난치병으로 장기간 고생하는 수많은 환자와 그 가족들의 어려움을 목격하면서 앞으로 얼마나 살지 모르지만, 이후의 삶은 이런 분들을 위해 살아야겠다는 마음에서이다.

치유은사는 내 힘으로만 되는 것이 아니고, 성령님의 도우심과 인도하심이 있어야 되는 것이니만치, 우선 이 은사를 받을 수 있는 도구가 되기에 합당하게끔 부단히 말씀을 묵상하고 기도하고 노력하며 살아가겠다.

오후 3시 예수님이 공생활 시작 후 첫 기적으로 혼인잔치에서 물을 포도주로 만드신 카나에 도착했다. 세계 각처에서 온 부부 순례객들은 이를 기념하

기 위하여 다른 순례객들의 진심어린 축하를 받으면서 혼인 갱신식을 한다.

처음 결혼 때처럼 촛불을 밝힌 후 기도하고 성가(찬송가)를 부르고 예물을 교환(키스)하는 혼인 갱신식이 끝나면 "이것을 보는 모든 이에게, 이 한 쌍의 부부가 이 성지에서 자신들의 혼인을 갱신했음을 굳게 증언합니다." 라는 카나 성당 원장 신부와 인솔자 신부가 서명한 증서를 받아 기념하게 된다.

필자와 친구 부부 등 세 쌍의 부부가 같이 혼인 갱신식을 했다. 명동성당에서 세분의 신부님을 주례신부로 모시고 결혼 것이 엊그제 같은데, 어느덧 34년 만에 예수님이 첫 기적을 일으킨 장소인 카나에서 하는 혼인 갱신식이라 그 기쁨 배가 되었고, 예수님의 임재를 느낄 수 있었다.

아직 때가 오지 않았지만 성모님의 말씀에 순종하시어, 첫 기적을 이루신 예수님, 감사합니다. 저희도 언제라도 부모님께 순종하는 자녀 되게 해

주십시오. 아멘!

† 10월 23일(화)
카르멜 산, 카이사리아, 십자군 요새 야포

오전의 순례는 카르멜 산이다. 카르멜 산은 경건과 기도의 산, 거룩한 산으로 이 산에 있는 동굴은 예언자 엘리아와 십자군 전쟁에서 패한 군인에게는 안전한 피신처이기도 했다. 또한 우상인 바알을 섬기는 450명의 예언자들과 주님을 섬기는 예언자 엘리아가 불의 대결 장소로 유명한 곳이다.

미사는 이 예언자의 불의 제단 성당에서 있었다. 나의 미사 지향은 이번 성지 순례를 위해 열성을 다하는 한상호 신부님과 순례객 가족 모두에게 주님의 가호가 있으시길 바람이었다.

오후의 첫 번째 순례지는 카이사리아로 가서 헤로데 왕 때 지은 2,000명 이상을 수용할 수 있었던 원형극장과 당시 항구 가까이 지은 집터와 수영장터를 구경하는 것으로 시작되었다. 물은 수로를 만들어 카르멜 산에서 끌어서 저장한 장소가 남아 있고, 영화 벤허의 마상경기의 촬영장소이기도 하다.

어디 그 뿐이랴! 서기 30년 4월7일에 예수님께 십자가 사형언도를 내린 빌라도 총독도 이곳에 살았으며, 바오로 사도가 예루살렘 성전에서 체포된 후 압송되어 미결수로 2년 동안 구속되어 있던 장소이기도 하다.

거대한 십자군 요새를 거쳐 다음으로 간 곳은 항구도시 야포이다. 지중해 연안의 해변도시로, 이스라엘 사회 문화의 중심지인 텔아비브에 위치한 지구상에 위치한 가장 오래된 항구도시라 한다. 솔로몬 왕이 예루살렘에 성전을 건립하기 위해 레바논에서 벌목한 목재를 운반해온 항구이기도 하다.

이태리 로마처럼 여기에도 베드로 사도 성당이 있다. 이 성당 왼편 좁은 주택가 골목으로 내려오면 막다른 골목에 무두장이 시몬이 살던 집도 있다. 현재 개인소유인 이 집의 대문 위쪽에 "시몬의 집" 이라고 낙서처럼 쓰인 조그만 팻말이 2000년의 세월을 느끼게 한다.

2시간의 자유시간이 있어, 각자 성당에서 기도를 하거나 점포에서 쇼핑을 하거나 벤치에서 피로를 풀기도 하다가, 오늘의 마지막 일정인 예루살렘으로 향하여, 숙소인 노보텔에서 여장을 풀었다.

† 10월24일(수) 예수님 탄생성당, 카타리나 성당, 예수 승천기념성당 등등

창조주 하느님이 온 인류의 구원을 위해 인간이 되어 태어나신 장소가 베들레헴에 소재한 예수님 탄생성당이다. 현재 그리스 정교회 소속이며, 동굴에 예수님 탄생 터와 구유의 장면이 재현되어 있다. 이는 콘스탄티누스 대제의 어머니인 헬레나 성녀가 베들레헴으로 순례를 와서 예수의 탄생지로 전해 내려오는 동굴을 참배한 후 아들에게 부탁해서 바로 그 동굴 위에다 성당을 짓게 한 것이다.

억만 겁 세월의 창조주가 2천여 년 전에 인간의 형상으로 태어나신 곳이 바로 여기라니, 숙연해지지 않을 수 없다.

오! 하느님, 죄 많은 우리 인류의 속죄를 위해 죄만 빼고 우리 사람처럼 오신 예수님! 단 10초 앞이라도 볼 줄 알면 교통사고로 죽는 일은 없겠지요. 비행기 추락사고로 죽는 일도 없겠지요. 이처럼 한치 앞도 못보고 살아가는 저희를 불쌍히 여기소서! 내 한 몸 편하자고 자식을 귀찮아하고,

부모를 돌보지 않고 살아가기도 하는 우리 인간들의 악한 마음을 고치게 해 주소서!

말 잘하는 어느 여자 목사는 자기가 모셔야 될 형편의 친정어머니를 성격이 맞지 않아서 같이 못산다 합니다. 먹을 것 없어 굶거나 굶어죽는 사람도 국내외 할 것 없이 많은데, 맛없다는 핑계로, 배부르다는 이유로, 절반 이상을 그냥 쓰레기로 버리는 저희가 안 되도록 절약하는 마음 갖게 해 주소서! 버리는 대신 가난한 사람 돕는 사랑의 마음 갖게 하소서!

이 성당 왼편의 근대식 성당인 성카타리나 성당 지하 동굴에는 히브리어 및 그리스어 원전의 신구약성서를 라틴어로 번역한 예로니모 성인의 무덤이 있다. 시온 산에는 최후의 만찬 기념성당, 성모영면성당이 있으며, 최후의 만찬 기념성당은 십자가에 돌아가시기 전에 최후의 만찬을 한 곳으로 십자군시대의 경당이라고 한다.

1층 경당에는 세족례 기념성당, 토마 사도 기념성당, 다윗왕 기념성당, 2층에는 성체성사 기념성당, 성령강림 기념성당 등 주요 성당들이 자리 잡고 있다. 이어 주기도문 성당 벽에는 우리나라를 비롯해 세계 각국의 주기도문이 자국어로 기록 되어 있다, 예수님 눈물 성당을 순례한 후, 세간에 통곡의 벽으로 널리 알려진, 제2 성전의 서쪽 벽은 유다인 신자들이 가장 성스럽게 생각하는 곳이다. 유다인들은 아직도 여자는 사람으로 여기지 않는 관습

▲통곡의 벽에서 랍비들과 함께

이 있는지, 남자와 여자의 출입구가 다르다. 남자가 가는 왼쪽 통곡의 벽, 여자가 가는 오른 쪽 통곡의 벽으로 나누어져 있었다. 따라서 아무리 부부라도 남자는 남자만의 통곡의 벽, 여자는 여자만의 통곡의 벽으로 들어가서 기도할 수밖에 없다.

7시가 훨씬 넘어 캄캄한 밤에, 시시각각 다가드는 죽음의 공포와 두려움 속에서 고뇌하셨던 예수님의 체취가 담겨있는 장소로 추정되는 곳에 지어진 겟세마니 성전에서 성시간(聖時間) 예절을 가졌다. 이 성전이 찾아오는 순례자들의 눈을 끄는 것은 성전 자체의 엄숙하고 긴장되는 분위기도 분위기지만, 제대 앞에 놓여진 넓고 평평한 큰 바위이다. 이 바위를 보면, 땀이 피로 변할 만큼의 고뇌 속에서 온 마음을 다해 기도를 드리신 예수님의 모습을 쉽게 상상할 수 있기 때문이다. 일행 모두가 딱딱하고 찬 이 바위에 엎드려 무릎을 꿇고, 손과 얼굴을 바닥에 대고 올바른 사람과 신자가 되고자 기원하는 성시간 예절을 경건하게 가졌다.

† 10월 25일(목) 예루살렘 구시가지, 십자가의 길
주님 부활(무덤) 성당, 벳자타 연못, 유다 광야,
여리고, 쿰란, 사해 체험…

오늘이 전 일정 중에서도 가장 중요하고 많은 일정이 기다리는 날이다.
　새벽 5시경, 다마스쿠스 문으로 들어가 십자가의 길을 가다. 십자가의 길이란, 주님이 사형선고를 받으신 후 십자가를 지시고 골고다까지 걸어가신 15개 장소에서, 주님의 수난과 죽음과 부활을 묵상하며 기도하는 길이자, 예루살렘을 찾는 전 세계의 순례자들이 찾아가는 길이다.
　나의 오늘 미사 지향은, 경기도 용인 수지에 소재한 성복동 성당 김정곤 신부님의 영혼과 고달픈 육신을 위함이다. 초대 주임신부로 오셔서, 성당

신축을 위해 3년째 갖은 고생을 하고 있고, 매주일 기억에 남는 좋은 강론으로 3,900여 명의 신자들에게 존경을 받고 있다. 4,000명 가까운 신자임에도 보좌 신부나 수녀 1명도 없이, 혼자 애쓰시는 신부님을 위해 기도드렸다. 김성도 총회장님과 모든 신자를 위해서도 기도드리게 되었다.

10시쯤, 사자문을 지나 양문 곁의 벳자타 못을 찾았다. 이 못은 예수님께서 38년이나 앓는 사람을 고쳐주신 장소로 알려졌다. 예수님 당시에 38년을 앓았다면, 지금으로 하면 60년이나 70년 이상을 앓은 것이 아닐까?

38이라는 숫자가 중요한 것이 아니라, '예수님은 그 만큼 오래된 환자의 고질병이나 난치병 환자도 치유시켜 주신다.' 는 뜻이니, 오늘날의 장기 난치병 환자들과 그 가족들도 절대로 희망을 잃지 말고, 열심히 기도드려야 하겠다는 생각을 하다. 아울러 하느님 말씀은 "길이요 진리요 생명"이니, 말씀을 굳게 믿고, 기도하고 실행하면 자기 병도 고쳐지는 기적이 일어나고, 남들도 치유해 줄 수 있는 치유의 은사도 받을 수 있을 것으로 확신했다.

한국인 순례자인 우리가, 성모 마리아의 어머니인 성안나 성당의 제대에서, 합창단처럼 둥글게 서서 성가 " 주 하느님 크시도다" (개신교에서는 찬송가 "주 하느님 지으신 모든 세계")를 우렁차게 합창할 때, 너 나 할 것 없이 정말 여기가 천국이요 하느님의 품안인 것처럼 감격되어, 기쁨과 감사의 눈물이 나왔다. 같이 온 외국의 순례자들도 자기나라 말로 같이 합창하고 은혜를 나눴음은 물론이다. 이 글을 읽으시는 독자들도 많은 은혜를 받기를 기도한다.

사해로 가는 중에 세관장 자캐오의 돌무화과 나무를 둘러보고(현재 것은 수령 약 300년이라 함), 사해로 향했다. 이어 꿈란 유적지에서 해설용 스크린과 유물을 관람하다. 여기에는 1947년에 한 목동에 의해 우연히 발견한 사해 두루마리를 비롯해 1956년까지 발굴된 기원전 2세기경의 히브리서 성서사본과 성서 주석서들이 전시되어 있다. 사해는 사해수면이 해저 392m이고 지구상에서 가장 낮은 지역이다. 깊은 곳은 약 400m로 갈릴래아 호수에서 내려오는 요르단 강과 사해주위에 있는 와디로부터 물을 받아드리지만 나가는 곳은 없어 사해라 한다. 보통 바닷물보다 7~10배 정도 짜서 쓴 맛까지 나며, 물에 들어가면 둥둥 뜨는 신비한 체험을 할 수 있다.

낮의 무더위와는 달리 으스스 춥기까지 한 일몰 이후 시간에, 전용버스로 돌아오면서 깜깜한 하늘에 뜬 별빛을 전등 삼아, 예수님께서 40일간의 단식과 마귀들에게 유혹을 받으신 유대 광야의 언덕을 올라가서, 잠시 예수님의 심정을 헤아려 보는 것이 오늘의 마지막 일정이 되었다.

† 10월 26일(금)과 10월 27일(토)

오전까지는 순례일정을 마치고, 귀국을 위해 네덜란드를 통과하면서, 이 나라를 관광한 것이므로 엄밀한 의미의 성지순례는 아니므로 생략한다. 다만, 네덜란드에서도, 여느 날처럼 미사가 있었는데, 성당 이름은 '모든 민족들의 어머니 성당'이었다.

이 미사에서는 그간 미사 지향으로 삼았던 지향들을 모두 다시 생각하면서, 미사 지향으로 기도한 사항들이 꼭 이루어지길 다시 한 번 기도했다. 미사 후에는 이 지역에 수차례 나타나신 성모님의 발현 이야기를 스크린 화면으로 관람하였다. 주요 내용은, 지구촌을 향하여 성모님의 손에서 발산되는 세 빛은 구원, 은총과 평화를 나타내고, 지구 둘레에 가득한 양들의 모습은 모든 인간의 모습이라고 한다. 어머니가 자식을 사랑하듯 예수님의 어머니이신 성모님이, 우리 모든 인류를 사랑하시는 모습이 아니고 무엇이랴!

† 순례를 마치고

　32명이 함께 간 순례단의 일원이기에 깊이 묵상하여야 할 장소에서도 시간적인 여유를 가진 묵상을 못하고, 바삐 걸음을 재촉해야 됨이 안타깝긴 했지만, 그것마저 우리 부부에겐 하느님이 주신 무한한 은총이었습니다. 지면 관계로 이 순례기에 생략된 장소도 많습니다만, 백문이 불여일견이라고, 성경지도로만 알 수 있었던 지역을 직접 방문하고 설명을 들으니까, 그간에 읽고 외웠던 신약성경의 지명들이 머리에 선명히 각인되고 공간적으로 정리되어 얼마나 행복한지 모르겠습니다. 세계 각국의 이슬람교, 유다교, 기독교신자들이나 예수님생애연구가들이 수차례씩 탐사하거나 몇 달씩 가서 살기도 한다는 위 성지를 한 번도 가보지 못한 관계로, 같은 기독교신자로서, 한국의 예수님생애연구가로서, 그 동안 콤플렉스가 없지 않았는데, 이제 많이 해소되었습니다.

　성지순례를 마치며 돌아오는 비행기 안에서, 이번 성지순례를 무척 기뻐하고 감사하는 저의 모습을 본 아내가 "당신의 연구를 위해 필요하다면 5~6년 안에 이곳의 순례를 한 번 더 같이 가주겠다."는 아내의 말이 감사할 뿐입니다.

　한상호 신부님이 많은 사진을 찍었고, 순례단도 각자 사진을 찍었으며, 아내도 각각에 허용된 짧은 시간에서도, 저의 연구를 위해 귀중한 장소의 많은 사진을 찍은 것을 합쳐 3장의 CD를 만들었기 때문에, 남들이 몇 번 순례 다녀간 만큼의 많은 현장 사진을 확보할 수 있었습니다. 이 CD 안에는 신약성경에 나오는 예수님의 발자취의 중요 장면은 거의 다 있으므로 이제는 예수님생애연구가로서도 보람과 확신을 가질 수 있을 것 같습니다.

　이번 성지순례를 계기로, 자기치유 및 타인치유의 은사를 받기 위해, 성서 말씀을 보다 많이 읽고 묵상하고 온전히 믿고 실천하겠습니다. 치유의 은사가 있는 집회에도 적극 참석하고, 성령님의 도우심과 인도 하에 치유 은사자들로부터 치유전수와 기도도 열심히 받을 각오입니다. 이 세상은 불완전합니다. 나이에 관계없이 병고와 가난으로 신음하는 난치병 환자를 무료로 치유하는 예수님의 도구가 되는 간절한 소망이 있기 때문입니다. 거저 받은 것은 거저 돌려주어야 됩니다. 이 순례기를 씀에 있어서는 가톨릭 여행사의 〈성지순례 안내서〉와 순례단의 일원인 이영희 자매의 〈모세의 탈출기 여정 성지순례〉의 일부를 참고하였음을 밝힙니다.

끝으로, 지난해에 이어 2008년 새해에도 예수님의 은총 하에 애독자님 모두 더욱 건강하시길 기원하며, 새해에도 귀한 지면을 흔쾌히 허락하신 김향기 발행인님께 진심으로 감사드립니다.

참좋은이들21(2008년 신년호)
가톨릭여행사 여행후기(2008.2.6)
한국감정평가협회 사보(2008 3/4월호)
가톨릭신문투어 여행후기(2009.3.29)

✝ 순례단 명단 ✝

✝이기택✝	요한	✝박민옥✝	올리바
✝이돈희✝	임마누엘	✝박지연✝	아네스
✝이왕휘✝	라우렌시오,	✝박진경✝	로사
✝이종선✝	세례자 요한	✝백경운✝	세실리아
✝지홍장✝	루치오	✝변재숙✝	세실리아
✝한상호✝	그레고리오 신부	✝양경혜✝	요셉피나
✝강연식✝	로잘리아	✝염은자✝	안나
✝강연주✝	수산나	✝유명희✝	아네스
✝고선자✝	율리안나	✝이명자✝	데레사
✝김란순✝	엘리사벳	✝이영희✝	요안나
✝김연숙✝	모니카	✝이옥희✝	요셉피나
✝김영례✝	사비나	✝임춘자✝	비비아나
✝김은순✝	글라라	✝정완희✝	세실리아
✝김혜경✝	베로니카	✝최수영✝	릿다
✝김혜경✝	아네스	✝최영희✝	카타리나
✝노문남✝	안나	✝한영희✝	엘리사벳

(남녀, 가나다 순)

 # 너무나 감격한 성지순례를 마치고

이돈희

간단히 보고합니다.

10월 15일에 출발하여 예수님의 수태고지 장소, 탄생지, 피난지, 살아 숨 쉬시고, 성장하시고, 세례 받으시고, 단식하시고, 제자를 삼으시고, 설교하시고, 수난하시고, 고민하시고, 십자가를 지시고, 못 박히시고, 돌아가시고, 부활하신 장소 하나 하나를 답사하는, 너무나 감격스런 성지순례를 마치고 27일에 돌아왔습니다.

우리 부부가 이미 동구라파, 서구라파, 이태리, 터키, 그리스, 남미, 아프리카, 지중해, 알래스카 등등을 여행 했으며, 인도를 제외하고는 거의 다 가 봤지만 (불교의 성지이자 예수님이 유학하시고, 토마 사도가 순교한 인도는 이르면 내년이나 늦어도 내후년에 아내와 같이 여행하기로 계획되어 있음), 역시 회갑 기념으로 남겨둔 이스라엘, 이집트, 요르단 등 예수님의 성지는 어느 곳보다 더한 진한 감동과 경건함을 가져다주었습니다.

30여 명이 함께 간 관광순례단의 일원이기에 깊이 묵상하여야 할 장소에서도 시간적인 여유를 가진 묵상을 못하고, 바삐 바삐 걸음을 재촉해야 됨이 안타깝긴 했지만, 그것마저 미약하기 그지없는 우리 부부에겐 하느님의 무한한 은총이었습니다.

백문이 불여일견이라고, 성경지도로만 볼 수 있었던 지역을 직접 하나 하나 방문하고, 설명을 들으니, 그간에 읽었던 신약성경의 모든 지명들이 머리에 선명하게 각인되고 입체적으로 정리되니, 얼마나 행복하고 감개무량한지 모르겠습니다.

주님이 첫 기적을 이루신 갈릴리의 '카나' 에서는 같이 온 부부들과 함께, 아내와 감격스런 혼인 갱신식도 하고, 카나 성당의 원장 신부님이 인증한 〈혼인갱신〉증서도 받고…이스라엘에서 제작한 예수님의 발자취를 담은 CD와 성지 사진 책자도 구입하고…

예수님생애연구가이면서도, 숱한 기독교 신자들이나, 유명한 르낭이나, 슈바이처, 플톤 J 쉰, 크레모나, 엔도우 슈사쿠, 그 외 수많은 예수님생애연구가들이 책을 쓰기 위해 수차례씩 탐사했다는 위 성지들을 가보지 못했던 관계로, 같은 기독교 신자로서, 더구나 한국인의 예수님생애연구가로서, 그 동안 콤플렉스가 없지 않았었는데, 이제 많이 해소되었습니다.

더구나 은혜로운 것은 같이 간 천주교 우면동 성당 성지 순례단의 주임 신부인 한상호 신부님이 사진 촬영의 전문가라 많은 사진을 찍었고, 하느님이 허락하신 아내 강 로잘리아도 각각에 허용된 짧은 시간에서도, 나의 연구를 위해 귀중한 장소의 사진을 많이 찍어, 남들이 몇 번 간 만큼의 많은 현장 사진을 확보할 수 있었던 점입니다.

신부님이 당신이 찍은 사진은 물론, 순례단원 각자가 찍은 사진도 신부님에게 주면 취사선택해서, CD로 구워주기로 했습니다. 바쁜 일정 관계로 한 달 정도 걸린다 하는군요.

결국, 이스라엘에서 구입한 예수님의 일대기를 기록한 CD와 성지 사진 책자에, 신부님이 주기로 한 CD 와 아내와 내가 찍은 사진을 합하면, 신약성경에 나오는 예수님의 주요 장면은 거의 다 있으므로, 이제는 예수님생애연구가로서도 보람과 자부심을 가질 수 있을 것 같습니다. 자주 자주 위의 자료들을 보면서 성경을 읽고 기도하고 묵상하면, 성령으로 더욱 더 충만될 것이며, 성경에 나오는 지명 등을 성서 지도로만 보던 때보다는 더욱 감명 깊고 실감 날 것입니다.

미국을 예로 들더라도 아무리 크게 그린 미국의 자세한 지도를 보고, 그랜드 캐년이나 이과수 폭포가 아무리 웅장하고 멋있다 상상한들, 직접 보지 않고서야 상상에는 한계가 있지요.

우리 인간이 상상한 천국과 하느님이 창조하신 실제 천국과는 비교할 수 없는 만큼 차이가 있는 것처럼 내가 얼마나 주님께 가까이 가고 싶으면 나의 이생의 나머지를, 예수님생애연구가로, 치유의 은사를 사모하는 사람으로 살 결심을 했겠습니까?

나 같은 무명의 신자도 열심 없는 성직자, 성직자답지 않은 성직자들보다는 예수님을 더 사랑할 수 있음을 보여줄 것입니다. 이를 실천하는 방안으로, 성지순례를 계획하고 실행하였기에 성지 곳곳을 방문하면서, 남다른 각오와 기도를 하게 되었습니다.

예수님이 지나신 장소라면 어느 곳 하나 귀중하지 않은 곳이 있겠습니까만, 카나라든가 베데스타 연못 등, 성경에서 기적과 치유가 일어나는 장소에 대해서는 더욱 많은 관심을 가지고 보았으며, 사진도 많이 찍어 왔습니다.

12박 13일의 성지순례를 마치며 돌아오는 비행기 안에서, 이번 성지순례를 너무 좋아하고 감사하는 나의 모습을 보고 " 당신의 연구를 위해 필요하다면, 5-6년 안에 다시 한 번 이스라엘을 같이 가주겠다." 는 아내의 말이 매우 매우 고마웠습니다. 정말 하느님이 주신 훌륭한 아내라 생각합니다.

김집사 내외가 "10년 내에 이곳의 성지순례를 계획해 본다." 는데 대해서, 반드시 그렇게 되기를 축원하겠으며, 가능하면, 가능하면이 아니지요, 이왕 갈 계획이라면 일정을 당겨서 같이 갈 수 있도록 해 봅시다. 주님도 당신의 고향을 가겠다고 하면, 어떤 방법으로도 쉽게 이뤄 주실 겁니다.

외국 여행을 다녀보면, 여행자들의 나이가 점점 적어지고, 어려지는 것을 알게 됩니다. 부모 잘 만난 초중고생들의 조기 여행, 대학생의 배낭여행 등 여행객들의 평균 연령이 사뭇 낮아지고 있습니다.

김대형 감정평가사 내외가 다른 곳의 여행도 아니고, 위 지역의 성지순례 예정이라면 일찍 할 필요가 있습니다. 열심한 김수미 집사 내외인 만큼 의외로 생각보다 빨리 가게 되는 기회가 올 것입니다. 큰 사명감을 가진 신자는, 일찍 순례하면 할수록 더 큰 유익이 되리라 자신합니다. 잘 아시다시피, 외국 여행의 3요소는 시간과 여행비용과 건강입니다.

아무리 돈이 많아도 여행을 갈 필요한 시간을 못 내거나 가기 싫어하면 못 가게 되며, 적지 않은 돈이 들어가는 외국 여행에 생활을 걱정 안하고 훌쩍 여행을 떠나기도 어렵고, 아무리 외국 여행을 많이 하고 싶어도 최소한의 건강이 허락하지 않으면 선뜻 떠나기 힘든 것이 현실입니다.

끝으로, 지난 번 빌려준 책은 한 번씩만 읽었기에, 다시 한 번 정독하고 반환하겠습니다. 케네스 해긴 목사님 책들은 너무나 유익한 책들이기에, 한 번씩 더 정독하고 싶고, 케네스 해긴 목사님을 포함한 책 목록에 나오는 나머지 설교자들의 훌륭한 책들을 열심히 보는 데에, 금년 나머지 두 달을 꼬박 보내야 할 것 같습니다. 11월 11일 주일이나 18일 주일, 교회에 가는 10시 30분쯤 미금역에서 만날 수 있을까요?

추신 : 어제는 어머니에게 다녀왔는데, 종전보다 좋아지셨습니다. 성지에 갔을 때도, 어머니 생각을 많이 하고, 치유 기도를 많이 해서 그런지, 꿈을 꾸었는데, 비교적 건강하시던 모습의 꿈을 꾸었었습니다.

그래서 정말 좋아지신 것이 아닌가 하고 찾아뵙는데, 많이 좋아지신 것은 아니지만, 종전보다 좋아지신 것만은 틀림없습니다. 어떤 방법으로라도 어머니를 꼭 치유하고 싶습니다. 어머니를 치유할 수 있다면, 나의 치유 사명도 시작된 것이라 생각합니다.

10월의 마지막 날에(김 집사 내외에게 보낸 e-mail)

추신 : 이번에 우면동 성당 성지순례단의 일원으로 같이 갈 좋은 기회를 준 고등학교 동기는 이종선 · 임춘자 내외분임을 밝히며, 진심으로 감사드립니다. 내년 초에 보다 자세한 성지순례기를 볼 수 있을 것입니다. 성지순례 출발에 관심 가져준 동기 여러분, 감사합니다.

이돈희가

전완수	할레루야 이돈희 반장님
이돈희	완수 형! 대한민국 해군 순양함대 뉴욕항 입항 記도 잘 읽었습니다. 형을 비롯해 박학수, 권회칠 등 미국에 사는 동기들이 요즘은 홈페이지에 안 들어온다 생각했는데, 귀한 글과 답 글까지 올려주어 반가웠습니다. 건강하시길!
고성삼	많은 은혜 받고 또 건강하게 돌아와 매우 기쁩니다. 항상 받은 은혜 잊지 마시길 기원합니다.
이돈희	고성삼 박사! 성지순례 떠날 때와 마친 후에도 답 글 주어 감사합니다. 고 박사 말처럼 주님으로부터 받은 은혜 항상 기억하고 감사드리겠습니다. 오늘 전 직장인 한국토지공사에 근무할 때의 나의 직상이 타계했다는 문자가 떴습니다. 건강하던 분인데 75세에 돌아간 것입니다. 우리도 길어야 20년 안팎일 것 같습니다. 이제 우리 동기들 모두 남은 인생 어떻게 살아야 보람 있고, 우리를 맞이하시는 하느님께서도 좋아하실지 깊이깊이 생각해 볼 시점이 온 것 같습니다. 사랑하는 고 박사! 하루하루가 너무너무 잘 가는 것 같지요? 벌써 한 달도 못되어 즐거운 성탄 캐럴이 울리고, 두 달이 못되어 한살을 더 하게 되네요. 주님 안에서 건강하소서!
이성민	이 兄! 잘 다녀오셨군요. 성지순례 다녀오기가 힘들다고 하던데…그래도 좋아하는 일이니까, 그리 힘든 줄 모르셨겠지요. 우리 같은 문외한도 한번 구경하게 사진과 함께 기행문을 올려주시지요. 이 兄! 수고하셨수. 다음에 만날 때 이야기나 한번 들어봅시다.
이돈희	이성민 국장! 반갑습니다. 건강하시지요? 국장님 말씀처럼 힘든 성지순례지만 오랫동안 염원했던 성지순례라, 즐거운 마음으로 힘들다는 생각은 없이 잘 마쳤습니다. 장기간 돌아다니는 외국여행이나 성지순례는 한 살이라도 젊을 때 다녀오는 것이 좋겠다는 생각은 하게 됩디다. 성지순례기는 연말에 나올 신년호 잡지에 쓸 생각입니다. 잡지에 낸 다음에 그것을 퍼올 예정입니다. 기대해 주십시오! 답글 감사합니다.

백두산에 올라 정치·도덕 정상회복 기원하며

제11회 노인의 날에 즈음하여

청파 이돈희

"노인의 날을 만든 이로서 71년 새해를 맞은 필자의 소망은 무엇일까?

경로사상과 노인 보호심을 고취시키기 위해 또한 노인 분들을 위로하고 즐겁게 해드리기 위해 노인의 날(일명 경로일)이 어디서건 국가적으로 행사되는 것이다. 필자의 소망이 이루어질 것인가? 노력에 비해 아직 널리 알려지지 않은 것도 사실이지만, 일개인의 힘으로 어찌할 수 없다.

솔직히 노인의 날을 인식시키기와 행사가 어려움을 고백하는 바이다. 이제 23세로 나이가 많은 것도 아니고 돈이 있는 것도 아니고 저명인사도 아니니 사회에서 큰 협조가 없는 것도 무리는 아니나 그 많은 사회단체와 언론기관에선 도대체 무엇을 하기에 이와 같은 일에 협조해 주지 않나 싶어 원망스러울 때도 있었다.

이미 작고하셨지만 어머니날의 안나 여사나 어린이날의 방정환 선생이 살아 계시다면 식사라도 대접하면서 노인의 날(아직 제정되지 않은 아버지 날도 포함하여)을 만드는 고충을 말하고 싶을 지경이다. 그러나 결코 실망해서 하는 소리는 아니다. "지성이면 감천이니 우리 노인들을 위해 젊은이가 계속 노력하시오." 라는 많은 격려도 있기 때문이다.

사실 모든 것을 우리 사람이 하는 세상에서 진심으로 노력해서 안 되는 일이 있는가?

저는 믿는다. 귀하께서도 필자가 하는 이 일에 반대하지 않을 거라고! 아니다. 참된 인간이면 반대할 수 없는 일이다. 우리 모두 언젠가는 노인이 된다! 따라서 이 날은 남의 일이 아니고 바로 우리 자신이 해당되는 일인데 누가 빈정거리고 나서서 반대하겠는가?

아무쪼록 인생의 마지막 장(章)인 수많은 노인들을 위한 노인의 날이 금년부터 꼭 행사되길 바란다. 행사되지 않을 땐 필자 개인이 행사시범을 보이겠다. 아울러 필자의 아버지날과 노인의 날 이야기가 실린 본지 70년 11월호와 12호를 박 대통령각하께 증정하면서(12월 18일 마포 우체국 등기 번호 216호 등기로 우송) 동봉한 서신을 전제한다. 아버지날과 노인의 날을 연구할 먼 후대의 연구가들을 위해…

박정희 대통령 각하께 올립니다.

제가 만든 <노인의 날>(일본의 경우를 보면 <경로일>이라는 표현도 무방)에 관한 글이 실린 잡지(마포계 11월호 및 12월호)를 대통령 각하께 삼가 경증하는 기쁨을 갖습니다.

이 일에 몸 바쳐 노력하는 중이오나 여간 힘이 들지를 않습니다마는,

계속 노력하렵니다.

　여생이 고독하고 불우하고 심신이 모두 말을 안 듣는 수많은 노인들께 각자의 자손들은 물론 우리 사회와 국가 전체가 일 년에 하루만이라도 더 노인들께 힘써 드리자는 취지로 만든 것이 〈노인의 날〉이오니, 박 대통령 각하께옵서도 이날이 이루어지도록 힘써 주시길 희망하옵니다.

1970년 12월 1일 이돈희 배상

　위 글은 바로 위의 날짜에도 나오듯이 노인의 날이 탄생되도록 하기 위해 노력하던 37년 전인 70년에 당시 제가 살던 서울 마포구민을 대상으로 나온 월간 잡지인 마포계(麻浦界)란 잡지에 쓴 글입니다. 처음 만든 것은 68년이었으며, 21세로 대학교 4학년 때였습니다.

　위 글을 쓴 4개월 후인 71년 4월 8일에 서울 신촌 로터리에 소재한 큰 예식장을 빌린 후, 대한노인회중앙회장, 마포구청장, 마포경찰서장 등 내빈과 마포구 관내 각 동사무소에서 450명의 노인들을 초대하여, 노인의 날 행사를 하는 시범까지 보였지만, 무명청년이 노인을 위한 방안으로 제정하려는 노인의 날에 대해서 어느 누구도 선뜻 관심을 주지 않았습니다. 당시에도 노인문제가 날이 갈수록 점점 심각해지는데도 말입니다.

　행사 날 당시 그나마 언론기관에선 서울에서 발간된 주간시민(週刊市民)이라는 신문사와 기독교 중앙방송(CBS)의 〈할머니, 안녕하세요〉프로에서 보도해 줄 정도였습니다.

　행사를 하고 난 다음에 알게 되었습니다만, 이런 일은 행사 전에 언론기관에 미리미리 행사 취지와 안내문을 보내고 보도자료를 미리보내고 협조를 구해도 될까 말까인데, 사회 경험이 일천했던 저는 그런 일엔 아주 문외한이었습니다. 좋은 행사를 하면 언론기관에서 알고 저절로 보도가 되는 줄로만 알았었으니 말입니다.

지금은 경기도 용인에 살고 있지만, 만들 당시엔 제가 서울 마포에 살았기 때문에 마포에서 발간되는 마포계 잡지사에 부탁하여 노인의 날 행사를 하게 된 것입니다. 〈노인의 날 제정 취지문〉은 2006년 10월호 〈참 좋은 이들21〉을 참조하시기 바랍니다.

왜냐하면 사회에서 노인사회에 대한 관심이 없음을 증명이나 하듯, 지난 10년 동안 매년 노인의 날이 지나가도 대부분의 신문이 웬만한 보도조차 하질 않고 있음을 발견할 수 있습니다.

물론, 노인의 날이 제정되던 바로 그 해인 1997년에도 제가 노인의 날을 만든 것을 〈한국일보〉에서는 10월 3일자로 "29년 걸친 노력, 올 제정 첫 결실" 이라는 제목으로, 〈가톨릭신문〉에선 10월 5일자에 "평생을 노인의 날 제정에 앞장선 이돈희 씨"라는 제목의 기사가 노인의 날이 탄생되게 된 사연을 알리기도 했습니다.

제가 글 쓴 신문, 잡지나 저서에서도 나옵니다만, 물론 노인의 날이 저 혼자만의 노력으로 된 것이 아니라는 것을 잘 압니다. 제가 노인의 날을 만들 당시보다 노인문제가 더 심각해진 이유도 있습니다.

노인문제가 우리나라에만 심각한 것이 아니고, 세계적으로 심각하다는 것은 유엔에서 1991년에 제1회 〈세계 노인의 날〉을 제정한 것만 보아도 알 수 있습니다. 노인문제가 오죽 심각하면 유엔에서조차 〈세계노인의 날〉을 제정하겠습니까?

한국의 노인의 날을 만든 이로서, 제가 만든 노인의 날이 유엔에서 정한 〈세계노인의 날〉보다 무려 23년이나 앞선 것에 대해 긍지를 갖습니다. 반기문 외교통상부 장관이 유엔 사무총장인 것이 자랑스럽듯….

만들 당시엔 꿈 많던 21세 대학생 총각이었는데, 제정되는 것은 29년이 지난 후이라, 한국토지공사에 부장으로 재직 중이던 50세 장년 때였고, 11주년이 되는 올해는 60세 회갑이 되는 세월이 흘렀습니다. 감개무량하기도 하지만, 무상한 것이 인생이기도 합니다.

지난 9월 4일부터 9일까지 5박 6일간은 동갑인 아내 강연식(姜研植)의 회갑 기념으로, 러시아를 거쳐 중국을 통해 우리나라의 영산인 백두산을 다녀왔습니다. 우리나라에서 제일 높은 산이라, 안개나 구름이 많이 끼고 비가 잘 와서 관광객이 백두산 천지 전체를 잘 보는 것은 정말 어렵다 합니다.

현지 관광 가이드가 말하길 "어떤 남한의 할머니가 백두산 천지를 잘 보기 위해 매년 한 번씩 왔는데, 8년만에야 잘 보았다. 이제 여한이 없다." 하더랍니다. 천지를 잘 보기가 그 만큼 힘들기 때문에, 천지를 잘 보면 복 받았다는 생각을 하게 됩니다. 그래서 그런지 한국에서 같이 간 일행이 170여 명이었는데, 170여 명이 모두 행복해 했습니다.

저의 여건 상 훗날에 다시 가기 힘든 백두산 천지이기에, 아래로 펼쳐지는 사방을 내려다보고 심호흡을 하면서 우리나라와 온 국민들을 위해 간절히 기도했습니다.

그것은 다름 아니라, 올해 12월 19일의 대선에서, 대통령이 여당에서 나오든 야당에서 나오든, 어디서 나오든, 새로 선출되는 대통령은, 지난 10년간 특히 최근 5년 가까이 날이 갈수록 너무나도 잘못되어 가고 있는 정치·경제·외교·교육·국방·문화·언론. 엉터리 부동산 정책과 세계에서 제일 과중한 부동산 세금·언론·사람들의 거칠어져만 가는 언행과 심성 (心性) 등을 바로 잡아주고 모범을 보여주기를 간절히 기도한 것입니다.

내년 2월에 출범하는 새 대통령의 정부는, 물증은 없지만 추측하건데 국민의 60% 이상이 우울증을 갖게 만든, 한없이 시끄러운 참여정부 4년여 동안 각 분야에서 잘못되어진 모든 것을 정상으로 회복시키기에 최선의 노력을 다 하는 정부 즉, 정상회복정부(正常回復政府)가 탄생하기를 간절히 기도하였습니다.

예를 들어 봅니다. 사람의 수명이 길어져가니까, 노인 분들을 가정에서나 사회에서 소외시키지 말고, 일자리를 만들어주고, 무시하거나 학대하기보다 존경하는 풍토를 만들어주는 것도 정상회복이 되는 하나의 방안입니다. 아무리 막가는 세상이라지만 어떻게 자식이 부모를 죽이고, 부모가 태아를 죽입니까? 딸이 어머니에게 덤비며, 첩도 안 되는 여인이 본부인에게 덤빕니까?

국민을 위한다는 정치가들이 살기 힘든 국민도 많은데, 국민은 위하지 않고 자기들끼리 욕하고 싸우기만 합니까? 분노를 터트리며 국민들을 불안하게 합니까? 이것이 비정상입니다. 비정상인 것은 모두가 정상으로 회복되어야 합니다. 안 그렇습니까?

다시 말씀드리지만 새로 태어나는 정부는, 국민의 정부와 참여정부에서 잘한 것도 많지만, 잘못한 것을 시정하는 것을 모토로 하는 정상회복정부(正常回復政府)가 되어서, 국민들이 하루하루를 놀라지 않고, 서로 신뢰하면서 큰 걱정 없이 기쁜 마음으로, 행복하게 살아갈 수 있는 분위기를 만들어주는 정부가 태어나기를 기도하였으며, 앞으로도 기도할 것입니다.

제가 효친사상을 부활시키기 위하여 고등학생 때 만든 아버지날과 경로사상을 부활시키기 위하여 대학생 때 만든 노인의 날의 취지도 다름 아닙니다. 노소간, 부모자식간, 부부간, 형제자매간, 친지간, 선후배간, 이웃간에, 정상적(正常的)인 마음가짐 즉, 상대방의 입장이 되어 생각하는 역지사지(易地思之)의 마음과 상대방을 존경하고 사랑하는 상경하애(上敬下愛)하는 마음을 고취시키고 부활하게 하는 것입니다.

　이것이 바로 우리 인간들이 이 세상을 살아가면서 가져야 할 정상회복(正常回復)이요, 도덕이요, 윤리인 것입니다. 작게는 개인과 가정이, 크게는 사회와 국가에서, 제가 말씀드린 것만 실천하여도 대한민국에서 사는 모든 사람의 삶의 질이 훨씬 나아질 것으로 확신합니다. 동참하시지 않겠습니까? 감사합니다.

참좋은이들 21(2007년10월호)

이생의 오랜 숙원과 마지막 소망

노인을 위해 기증할 터

이돈희

"셋째, 노인을 위한 기관이나 단체(예:수도회, 수녀원, 노인복지시설)에 제가 조그마한 현물을 기증하고자 합니다.

방정환 선생께서 어린이들을 위해 사셨듯이, 저는 노인들을 위하려는 마음으로 살아왔기에, 노인의 날을 만들던 대학생 때부터의 저의 평생 꿈은 노인을 위한 실버타운을 만드는 것이었습니다.

50만~60만 평의 실버타운 안에 각종 유실수도 심고, 비닐하우스가 들어선 농장과 가축을 기르는 목장도 갖추고 여기서 나오는 수입으로 노인들께서 생활하고, 용돈을 쓰게 하고, 운동시설도 구비하여 건강하고 즐겁게 살아가며, 노인전문병원과 성당과 경로수녀원도 지어서 노인들이 평안한 마음으로 종교적인 분위기 속에 사시다가 성가(聖歌)와 찬송가(讚頌歌) 속에서 천국에 드시게 하고 싶었습니다.

그러나 잘 아시는 바대로, 건축비와 땅값, 각종 시설비 등이 너무 너무 비싸서, 지난 40년을 최선을 다해 노력했지만 저 개인의 힘만으로는 도저히 불가능한 것을 알았습니다.

저의 부부가 맞벌이로 직장을 다니면서, 합심해서 벌고, 꼭 필요한 것 외엔 안 쓰고, 한국토지공사를 퇴직할 때의 퇴직금도 할애해서, 정말 애써서 마련한, 저희 부부가 또다시는 마련할 수 없는 귀한 현물을 기증하고자 하는 것입니다.

하느님이 주신 동갑인 저의 아내 강연식(姜姸植)은 이런 일을 하려는 저를 결혼 전부터 알았고, 저를 돕기 위해 결혼했으며, 결혼 후에는 여자고등학교 교사가 되어 현재까지 교편을 잡고 있습니다만, 역부족(力不足)입니다.

현실이 그러하지 않습니까? 해당 종교재단이 주는 보조금과 신도가 힘을 합쳐도 교회나 성당, 사찰 하나 개척하고 신축하는 일이 얼마나 어려운지를 직접 해 본 분들은 잘 아실 겁니다.

대학시절부터 제가 제대로 갖춘 <실버타운>을 만들고 싶었고, 그러자면 부동산을 알아야 하겠기에, 한국 처음으로 부동산전공이 생긴 건국대 행정대학원에서 69년부터 부동산학(不動産學)을 전공하고, 74년에는 감정평가사가 되고, 77년에 정부투자기관인 한국토지공사에 입사하여 21년간 재직하면서 부동산의 이론과 실무를 배웠습니다.

그리고 90년에는 현대사회연구소에서 현상 공모한 <서기 2000년을 대비한 나의 미래설계>에서 <노인마을 만들기에 일생을 건다> 라는 작품으로 무려 2,853명의 응모자 가운데서 최고상인 대상(大賞)까지 받았습니다만, 하느님이 이상적인 실버타운을 만들 땅이나 재력(財力)까지 저에게 허락하시지는 않으셨음을 알았습니다."

이미 아시는 독자도 계시겠습니다만, 위의 글은 2007년도 월간〈참좋은이들 21〉신년호에 실렸던 '저의 희망과 꿈'의 일부분입니다.

저는 중학교 3학년 때의 부활주일에 부모님과 함께 세례를 받았습니다. 세례를 받으면서 하느님이 저에게 주신 사명이 무엇인지를 순수한 마음으로 기도하게 되었습니다.

2년간을 열심히 기도한 끝에 "가정에서는 부모님께 효도하고, 사회에서는 효친경로사상을 부활시키라." 것이었습니다. 어린 마음에도 '해 봐서 되면 하고, 안 되면 말고'가 아니라, 하느님께서 '강권(强勸)'하셨던 것으로 기억에 남았습니다.

저에게 6개월간 예비자 교리를 가르쳐주신 젊고 예쁜 수녀님께서, 아버지에겐 요셉, 어머니에겐 마리아, 저에겐 임마누엘이라고, 다시 말씀드려〈요셉, 마리아, 임마누엘〉이라는, 영광스러운 성가정 본명(聖家庭 本名)을 세례명으로 지어주시면서 "예수님처럼 부모님께 효도하되, 특히 병약하신 어머니를 잘 모시고 성당엘 다녀라."는 말씀이 중학생 3학년이던 저에게는, 그냥 수녀님의 말씀이 아니라, 수녀님을 통한 하느님이나 천사님의 말씀으로 생각되었습니다.

그리하여 부모님께 효도하도록 노력하면서, 세례 후 2년만인 고등학교 2학년 때 효사상을 고취고자〈아버지날〉을 만들고, 대학교 4학년 때 경로사상을 부활시키기 위하여〈노인의 날〉을 만들고, 이의 성취를 위하여 힘든 나날을 살아온 것이 40여 년이라는 세월이 흘렀으며, 금년이 회갑이 되는 해이므로, '저의 희망과 꿈' 이란 제목의 글을 발표하면서, 그 일부에 "노인을 위해 기증할 터"라는 글도 있게 된 것입니다.

솔직히 말씀드려, 부모님께 효도하지도 못했지만, 고교생이 우리나라 역사에 없는 아버지날과, 대학생이 노인의 날을 만들고서, 이것이 국가에서 제정되게 하기가 그토록 어려운지는 김소월의 시가 아니라도 "예전엔 미처 몰랐습니다."

이 아버지날이 우리나라에는 이런 날 저런 날, 무슨 날 등 하면서, 날들이 너무 많다고 하여, 아버지날이란 이름 그대로는 아니지만, 당시의 부모의 반쪽인 어머니를 위한 어머니날에, 역시 부모인 반쪽인 아버지를 위한 아버지날을 합쳐, 부모를 모두 나타내는 명칭인 〈어버이〉의 〈어버이날〉로 된 것이 강산도 변한다는 10년 만에 이루어졌고, 노인의 날은 제가 만든 노인의 날이란 명칭 그대로인 노인의 날로 국가에서 제정되기는 무려 29년 만이었습니다.

솔직히 말씀드려서, 하느님이 제게 주신 사명이 아니었다면, 아버지날이 10년, 노인의 날이 29년의 노력과 시간이 걸릴 줄 알았으면, 이 두 날을 각각 만들고, 제정되길 바라는 일을 하지도 아니했을 겁니다. 이 두 날을 만들고, 제정시키는 일이 처음 생각보다 너무 너무 어려웠습니다. 회고해 보면, 제가 인간적으로도 너무 미약했고, 서너 살 때부터 달고 다니는 각종 난치병에 시달리느라 병약(病弱)하기 그지없으면서도, 거듭거듭 기도드리고 버티면서 노력했던 것이 위 두 날과 노인문제연구소, 노인학회, 실버타운을 만드는 꿈이었습니다.

꿈은 이루어진다는 말도 알고, 간절히 기도하면 이루어진다는 성경 말씀도 알고 있어서 노력과 기도를 하면서도, "실버타운을 만드는 것을 제가 직접 할 수 있으면 좋지만, 못하면 노인 분들을 위해 제가 모은 것을 진심으로 노인들을 위하는 종교단체나 법인 또는 기관이나 시설에 기증하고 가겠습니다."라고 하느님께 약속을 했었습니다.

40여 년을 되돌아보니, 실버타운을 만드는 꿈만을 제외하고는 하느님께서 저의 기도를 다 이루어 주셨습니다. 취약한 건강과 경제적 능력이 실버타운을 하기엔 턱도 없이 안 되기 때문에, 신년호 〈참좋은이들 21〉에 위 글을 기쁜 마음으로 올렸던 것입니다.

기증의 뜻 발표 이후 연락 오는 적당한 곳이 없어 김향기 발행인의 배려 하에 한 번 더 올리게 되었으니, 이 글을 접한 독자들께서는 적당한 수증처(受贈處)가 있거나, 있다고 생각되시면, 김향기 발행인을 통해서 알려주시기 바랍니다. 이 지면을 통해, 한 가지 더 꼭 알려주시기 바라고 싶은 것이 있습니다.

다름 아니라, 저의 아버지는 위암 수술과 폐암의 발생 및 그 후유증으로 12년 동안이나 갖은 고생을 하시다가 중환자실에서 패혈증으로 돌아가셨으며, 어머니는 제가 태어나기 전인 60여 년 전부터 병약하시고 9년 전부터 심한 노인성 우울증으로 고생하시다가 3년 전부터 전연 거동을 못하고 있습니다. 저 자신도 평생을 지니고 살아야 되는 육신의 난치 질환들(하루하루 사는 것이 정말 힘들고 답답합니다)로 인해, 여러 종합병원과 의원과 한의원, 약국과 한약방을 수십 년도 더 찾아다니고 있으며, 입원과 퇴원, 통원치료를 반복하면서 육신적, 정신적, 물질적 고통을 받고 있습니다. 뿐만 아니라, 대학생 때부터 노인문제에 관심을 가지고 불쌍한 노인들을 많이 보았기 때문에 인간의 마지막 장(章)인 노인들을 위해야겠다는 방안으로 노인의 날까지 만들었으니 제 눈에 잘 보이는 것은 자식에게도 학대 받는 노인, 각종 병에 시달리는 노인과 그들을 둘러싼 가족과 사회였습니다.

또한 백혈병과 소아암 등 각종 암환자, 교통사고를 비롯한 익사사고 등 각종 사고로 나이에 관계없이 속절없이 죽어가거나, 병원과 의원, 기도원과 요양원, 너싱 홈 등에서 온갖 고통을 받으면서 하루하루를 보내야 하는 수많은 환자들과 남의 도움 없이는 대소변도 못 가리고, 움직이지도 못하는 환자들과 그 환자를 위해 애쓰는 가족들의 애로사항을 접하면서, 저의 60세 이후의 삶은 예수님의 생애를 연구하고, 치유의 은사를 받아, 영육간에 중병 든 분들을 위해 봉사활동을 하고 싶습니다.

작년 8월 1일과 12월 9일에 방송된 KBS 1TV 〈생로병사의 비밀〉이란 프로에서, 담당자가 저에게 "암환자로 판명되고 수술 받고, 항암주사를 계속 맞으면서, 어떤 마음으로 암을 이기도록 노력했습니까?"라는 물음에 "자식이 부모 앞에서, 그것도 늙고 중병 드신 노부모 앞에서 무녀 독남으로서 먼저 죽는 것처럼 부모 가슴에 못을 박는 불효도 없다 생각했습니다.

그리고 제가 암을 이기지 못하고 부모님 보다 먼저 죽으면, 남편도 없는 아내가, 시부모를 모시고 희망도 없이 고생만 하다 죽을 것 같아, 도저히 먼저 죽을 수가 없다는 각오로 병마를 이겼습니다. 조물주도 저를 이렇게 살다 오라고는 안하셨을 것으로 믿었습니다." 라고 말한 것을 보신 분들도 많으실 겁니다. 지독한 가난을 체험한 자가 가난한 자의 서러움을, 심한 병고를 짊어지고 사는 사람이 건강의 소중함과 남의 아픔을 압니다.

건강히 잘 사는 가정도 많은데, 왜 나의 가정에 유독 병마가 끊이질 않고, 한 가정에 암환자가 한사람만 있어도 힘 드는데, 아버지와 저, 부자 2대(代)가 함께 동시에 암환자로, 어머니마저 거동도 못하는 삶을 살아야 되는가, 아내는 저와 결혼했다는 이유 하나만으로 이런 모든 일을 당해야 하는가 하는 고민도 많이 했습니다만, 하느님이 부모님과 저에게 병고를 끊임없이 허락하시고 시련을 주심은, 이론이나 머리로서가 아니라 직접 겪어보고서야 중환자들과 그 가족들의 안타까운 마음을 진실로 알 수 있기 때문에, 하느님께서, 저의 부모와 제가 미워서가 아니라, 성가정 본명을 세례명으로 받은 저의 가정을 〈하느님의 도구〉로 쓰시려고 미리 그 어려움을 하나하나 깊이 체험하게 하신 것이 아닌가 생각하고 있습니다.

부족하나마 이것이 저의 깨달음이라 생각합니다. 약 10년 전부터 이러한 뜻을 가지고는 있었지만, 직장인으로서, 가장으로서의 책임도 져야하므로, 신유기도회나 부흥회 등에 가끔 참석을 하면서도 합당한 준비나 기도가 한참 부족했고, 실행시기도 미루어 왔기 때문에 하느님께서 저의 각종 난치병을 치유해주시거나 치유의 은사를 전수해주시는 신부님이나 목사님을 소개 받는 기회를 아직 갖지 못했습니다.

60세 이하일 때 부족한 저에게라도 주신 사명이 〈효친경로사상의 부활〉이라면, 60세 이후부터 저에게 하느님이 도구로 주신 사명은 〈영육 간에 고통 받는 수많은 이들에게 기도로 치유를 해 주는 것〉이라고 생각됩니다. 몇 년 전부터 저의 명함 끝에 "예수님의 은총하에 건강하십시오"라고 되어 있음은 이러한 소망을 반영한 것입니다.

오는 10월 16일부터, 예수님이 2천여 년 전에 인간으로 사셨던 곳인 이스라엘과 요르단, 이집트 등을 순례하는 성지순례가 하느님이 제게 허락하신 절호의 기회라 생각하고 있습니다. 이 성지순례를 〈제4의 인생〉으로 기점 삼아, 이생이 다하는 동안 어린 아이와 같은 마음으로 순종하고, 성경 말씀을 묵상하면서 병들고 어려운 환자들을 위해 기도하며 살고자 합니다. 저의 이와 같은 목적을 위해 지도해 주실 성직자나 소개해 주실 분은 연락주시기를 간절히 바랍니다. 아멘!

참좋은이들21 (2007년 8월호)

미국에서 (1)

사랑하는 아내와 함께

이돈희

동기 친구들, 안녕하십니까?

저는 지난 18일에 한국을 출발하여 샌프란시스코, 그랜드 캐년, 라스베가스, 라플린 등을 거쳐, LA 에 있는 막내처남 집에 와 있습니다.

이곳에 와서도 , 컴퓨터로 우리 동기 선린57게시판에 들어갈 수 있는가 알고 싶어 처남이 가지고 있는 컴퓨터에 들어가 봤더니, 오래된 컴퓨터라 속도가 너무 늦고 오류가 많이 발생하면서도 어찌어찌하면 다행히 되고 있어서, 연습 삼아 쳐보고 있습니다.

처남 컴퓨터라 자판도 익숙하지 않아 어렵기는 하지만 컴퓨터가 된다는 것만으로도 괜히 기분이 좋습니다.

일정이 맞아 캐나다에 가게 되면 박학수나 김효생 동기에게 전화라도 한번 해보고 싶으니, 동기회 명부를 보고, 누가 전화번호라도 올려주었으면 합니다.

　원래는 캐나다까지 갈 생각은 없어서 박학수나 김효생 동기의 전화번호는 적어가지고 오질 않았으나, 일정이 맞으면 며칠 가게 될 것 같기도 해서 써 봅니다. 박학수나 김효생 동기의 목소리라도 듣고 싶지요. 외국에서 전화 거는 법도 잘 모르긴 하지만...

　그럼, 다음 소식 때까지 안녕히 계십시오!

선린상고57회 홈페이지(2007.5.24)

권회칠	이곳 미국에 오셨다니 반갑습니다. 우리 동문 web. 첫 장에 동문 주소록이 있으니 열어 보세요. 미국에 와서 애기 등에 업고 애기 찾는 것 아니신지요. ㅋㅋㅋ. 즐거운 여행이 되시기를 빕니다. 미국은 좋은 곳은 모두 서부에 있습니다. 캐나다 록키 마운틴 산맥도 기가 막히게 좋고 요세미티도 아주 좋습니다. 세도나에 가서 명상과 기를 많이 받으셔도 좋습니다. 건강하십시오.
이돈희	권회칠 동기님! 참으로 반갑습니다. 저는 매우 단순한가 봅니다. 동문회 주소록이 있는 것을 오래전에 알았으면서도 안 들어가는 동안에 주소록이 있다는 것조차 까맣게 잊어버리고, 동기 중에 누가 전화번호라도 올려주기를 바랐으니! 국내 동기도 아닌 미국의 회칠 형이 알려주었으니, 더욱 반가울 수밖에. 이번 여행에서 요세미티도 다녀왔고, 2년 전에 왔을 때 세계에서 기가 제일 많이 나온다는 세도나에도 다녀왔지요. 기를 수련하는 한 사람으로서 정말 좋더군요. 이번에도 이곳에서 갈 수 있는 곳을 알기위해 인터넷을 찾아보고, 여행 광고가 나오는 한국판 신문도 부탁해보고 있는 중입니다. 6월 2일부터는 예일대학 교수로 있는 처형 내외분이 LA로 와서 한국서 같이 온 큰처남 내외분과 합류하여 알래스카 쿠르즈를 일주일간 다

녀오게 되어 있습니다. 회갑기념으로 여행을 다니고 있는 지금의 행복한 삶은, 7년 전 대장암 확정 판결로 수술을 받고 투병하던 암담한 생각을 하면 지옥에서 천국을 사는 기분이랍니다. 한 사람의 평신자이자 한국에서 유일한 예수님생애 연구가인 제가 미국에 와서, 처조카에게 부탁해서, "The Lost Years of Jesus "(잃어버린 예수님의 생애) 라는 책도 주문했지요. 권 형 말씀처럼 미국에 와서 애기 등에 없고 애기 찾는 것이 되었습니다. 후훗! 다시 한 번 감사드리며, 반가운 말씀 전합니다.
미국에 있는 동안에 막내처남한테 뉴욕에 전화하는 방법을 물어서 회칠 형께 전화 한번 드리겠습니다.

권회칠   이곳 뉴욕 시간은 그곳보다 3시간이 늦게 시차가 있습니다. 그냥 전화기를 들고 우리 명단에 있는 전화를 1-718-698-9770을 돌리면 집이고 아침 10시 부터 저녁 6시까지는 화랑 1-718-720-8093으로 돌리면 됩니다. 나도 기(氣)운동을 10여 년째 계속하고 있는데 정말 좋은 것 같습니다. 특히 우리 나이에는 몸이 항상 날아 갈 수 있는 상태이고 숙면할 수 있고 피로가 금방 가시고... 해본 사람만이 느낄 수 있지요.
알래스카까지 가신다니 정말 좋으시겠습니다. 즐거운 여행 되시고 건강하세요.

이성민   이 兄! 부럽습니다. 미국서부지역을 돌아 알래스카, 캐나다 등 두루두루 여행을 다니신다니요. 다녀오시면 사진과 함께 여행기를 하나 올려 주시기를……그리고 김효생이는 우리 주소록에는 미국 시카고 거주로 나와 있고, 박학수는 캐나다 몬트리올 퀘백으로 나와 있답니다. 전화는 1-514-487-1428 이랍니다. 한번 연락해 보시기를 바랍니다. 건강 조심하시고 즐거운 여행이 되시기를……

이돈희   나의 삶에 늘 희망을 주시는 이성민 극장! 중학교 시절부터, 학교 등교할 때 혼자 학교가기 심심하면 이 형 집에 가서 같이 학교엘 다녔으니, 얼마나 좋은 친구인지! 병약한 부모님 밑에서 혼자 자라 내성적이고 중3 때까지 친구도 많이 사귀지 못하고 계집아이란 별명으로 살던 내게 희망을 주고 좋은 친구가 되어준 이 형과 안용준, 조종환, 송시윤, 장경문 같은 친구가 없었으면, 내성적인 성격을 그대로 간직했을 것이고, 그 성격 그대로 성장했다면 우리나라에 아버지날도, 노인의 날도 못 만들었을 것이고, 오늘의 나도 없었을 것이라 생각되어서, 비록 이 형과 같은 친구들에게 살갑게 표현은 안했지만, 늘 감사하고 있습니다. 오늘도 이 처럼 반가운 답글도 달아주어 감사하구요.

이돈희   저는 이번이 그랜드 캐년이 3번째 입니다. 언제부터인가 외국 여행도 일반화되어 미국에도 다 다녀오고 있지만, 아직 그랜드 캐년에 가지 않은 친구들이 있다면 저의 집에 초대해서 술이라도 하면서 감상하게 하고 싶어 그랜드 캐년의 CD도 한 장 구입했습니다. 아니면, 더 많은 동기들이 감상할 수 있도록 홈페이지에 올리는 방법도 있고요. 참! 권회칠 동기가 다시 답글을 주어, 화랑으로 전화해서 즐거운 대화를 나눴습니다. 지난 4월에 한국엘 다녀갔다는 군요. 시간이 안 맞고 바쁘다보니 연락도 못하고 다녀가게 된다는 말이 실감납니다. 김효생과 박학수의 전화번호 알려주심도 감사합니다. 한국 나가서 쇠주 한 잔 살게요!

고성삼 건강하게 구경 잘하고 오시기 바랍니다. 구경을 하노라면 참 오묘한 하느님의 섭리를 새삼 느끼게 합니다.

박학수 내가 한동안 들리지 못해서 거의 잊다시피 했는데, 오늘 무슨 바람이 불었는지 우리 동창 생각에 들렸습니다. 그런데 마침 돈희 형이 미국 여행 중이시군요. 난 아직 몬트리올에 살고 있는데 지금 돈희 형이 머물고 있는 곳의 전화번호를 남겨주면 즉각 전화 드리겠습니다. 여기 촌구석 몬트리올까지 소생을 찾아 주신다면 형의 그동안 실력 발휘 겸 골프 신물나게 칠 수 있도록 주선하겠습니다. 참, 한국 집에 정원사랑 집사랑 두고 오지는 않았지요? ㅎㅎㅎ 소박한 친구의 이름으로 환영합니다.

임명선 햐~~ 거 조쿠만. 미국 서부, 동부, 캐나다, 여기 한국, 모두 여기 모여 조잘대는구면.
약 2주간 터키, 그리스, 로마 바티칸, 크로아티아, 보스니아 다녀왔지롱...
성지순례로 동기홈페이지 <동호회>요한회에 가면 사진 좌~~~악 올려놓았지...

미국에서 (2)

친구가 좋다. 참으로!

이돈희

　막내처남 내외와 2박 3일로, LA에서 편도만도 무려 11시간이나 걸리는 브라이스 캐년과 라스베이거스 등을 막내처남과 아내가 직접 운전해 가면서 다녀오니, 미국에서는 박학수와 한국에서는 고성삼과 임명선의 반가운 답 글이 와 있었네.

　몬트리올의 박학수는 동기 인터넷에 오랜만에 들어와 봤더니 내가 미국 온 것을 보고 전화번호를 남기면 즉시 전화 주겠다며 골프 치러 오라는 이야기고, 고성삼은 미국 관광하면서 하느님의 오묘한 신비를 깨달으라는 격려와, 임명선은 우리 동기가 어느덧 미국 동부, 서부, 한국에서 이렇게 조잘거리는 것을 축하하면서 터키 등 구라파 여행의 멋진 기록을 요한회 사이트에 남겨 준 것 등…고성삼의 이야기가 아니라도, 미국이라는 넓은 나라에서 그랜드 캐년, 요세미티, 브라이스 캐년 등 어느 곳 할 것 없이 하느님의 무한한 능력을 감탄하지 않을 수 없으며, 이성민이 알려준 대로 박학수에게 전화를 했더니 예쁜 목소리의 따님이 받으면서 골프를 치러 가셨다 (과연 골프 애호가인가 보다)며, 4시간 후쯤 돌아온다고 친절히 전화를 받아주어서 박학수를 만난 듯 기쁠 수밖에. 골프치고 돌아와서는 꼭 전화를 해주겠지. 친구가 좋다, 참으로!

양치갑(1-310-523-4264)에게 연락해 봤더니, 부인이 받으면서, 저녁에 들어오는 대로 꼭 전화를 하게 하겠다 하여 처남의 전화번호를 남기라 해서 알려주었지요. 내가 놀랜 것은 양치갑의 부인께서 '내 졸저를 한 글자 한 글자 다 읽어보았다' 함이었지요. 물론 내가 양치갑에게 책을 주긴 했지만, 그 부인이 내 책을 읽어보고, 처음 전화하는 남편 친구인 내 이름을 기억해 줄 줄이야! 나의 책에도 양치갑과 그 부인같이 미국에 사는 독자가 있다는 것 친구가 좋다. 참으로!

고성삼, 임명선, 이성민, 박학수, 양치갑, 기타 나의 모든 친구들아, 사회적인 직함 없이 이름 그대로 부를 수 있는 친구가 좋다. 참으로!

선린상고57회 홈페이지(2007.5.30)

박학수	집에 들어온 지 10분 정도 되었다. 딸아이가 받아놓은 전화번호를 열심히 돌렸는데, 여기 전화 서비스 정말 빵점이다 빵점. 세 번을 계속 돌리다 불통이어서 인터넷에 들어왔더니 돈희 형이 반가운 글을 남기셨구려. 이글 마치는 대로 다시 전화하겠습니다. 요즘 세상 좋아져서 세계 구석구석 안가는 데 없지만, 이렇게 반가운 동창을 지척에 두고 통화할 수 있다는 것이 나는 아직도 감격스럽다.
박학수	캐나다하고도 몬트리올 촌구석에서 살다 보니 전화기속에서 들리는 동창 목소리만 들어도 고교시절로 돌아가는 꿈을 꾼다. 드디어 돈희 형과 통화를 하였는데, 알래스카 일정이 이미 잡혀있어서 오는 6월 10일경에나 다시 LA로 돌아 올 예정이라고 한다. 동북부 쪽으로도 우리 동창들이 많이 있으니 핑계대고 뉴욕이랑 들렀다가 북미 유일의 프랑스말을 사용하는 몬트

리올에도 도장 찍어봄이 어떠하겠느냐고 설득해보는 중입니다.

김삼일   방금 문규가 산호세에서 아들 결혼식[26일]을 성공리에 마치고, 시애틀에 돌아 왔다는 소식을 받고 며칠 만에 들어와 보니, 자유게시판이 온통 돈희로 인하여 도배하였군. 보기 좋다. 정말 즐겁고 무척 기쁘다. 여하간 엔돌핀이 저절로 나오는 기분이다. 건강한 모습으로 일정을 소화하고 있다니 더욱 더 반갑다. 동부 뉴욕 회칠이 완수, 북부 몬트리올 학수, 한국에서 성삼이, 명선이, 성민아, 알게 모르게 계속해서 게시판을 보는 이 모두가 즐겁게 생각한다는 것을 잊지 말기를……부탁한다. 추신 : 돈희야 Ｌ Ａ 처남댁 전화번호를 남겨 주렴.

이돈희   학수 형! 얼굴이 기억이 날듯 말듯한 자네와 40여 년 만에 통화를 하니 그 기쁨 이루 말할 수 없었어! 내가 있는 동안 자네 방을 주고 평소 먹는 음식 그대로 대접하고, 골프는 신물이 나도록 치게 해주겠으니 꼭 다녀가라는 형의 말과 목소리가 너무 진실되어, 목이 메었다네. 나를 반가운 동창으로 생각해주는 자네가 있다 생각하니 얼마나 행복하고 고마운지 몰라! 전화를 받아 마지못해 인사로 하는 이야기와 자네처럼 진심으로 하는 이야기는 차원이 다르잖아. 자네는 정말 진심임을 알았지! 여기 LA 에서 로키산맥과 캐나다를 관광하는 것이 일주일 코스인데, 여기 같이 온 친척들과 같이 소화해야 하는 일정이 무리이고 또 자네를 따로 만날 시간이 안 될 것 같아, 캐나다에 가서 전화만 할 생각을 했는데, 자네의 진심을 보고는 정말 한번 만나보고 싶어서, 다음 기회에 하루 이틀 자네를 만날 날짜까지 포함해서 여유 있게 잡고 갈 생각이네! 아무렴 밥은 누가 사면 어떤가! 직업이 감정평가사라서 그런지 여행을 참 좋아하니까 늦어도 3년 내에는 다시 LA와 캐나다에 갈 수 있을 것 같아. 3년 안으로 보고 싶은 자네를 만난다는 생각, 로키산맥을 구경한다는 희망이 나를 더 행복하게 살게 할 것이네. 이곳에 와서 예수님에 관한 책을 8권이나 주문해 놓았네. 예수님을 사랑하는 예수님의 생애연구가인 내가 얼마나 행복한지 몰라!
영어실력이 모자라 술술 완독하긴 힘들지만, 명상과 기도하면서 이번에 산 책을 읽고 연구하면, 예수님께서도 나의 마음을 아시고, 당신을 좀 더 알게 해 주실 것 같아. 책을 보다가 모르는 것이 있으면 자네에게 문의할게! 주님께서 자네가 열심인 신앙인이라, 나를 자네와 연결을 시켜 주시는 것 같은 생각에 더욱 감사하고 있지. 너무 길게 썼나, 사랑하는 친구야!

이돈희   상일 형! 잘 있었어? 미국생활은 바쁘지? 2년여 전에 LA 에 왔을 때는 김창섭, 이영길, 이재철, 최광업, 양치갑이 같이 반갑게 만났었는데, 야구선수이던 원경이는 이미 고인이 되었고…길목 식당을 하는 원경이가 동기동창 친구라고 막내처남에게 자랑하고 길목에 갔었는데… 맛있는 동치미 국물로 유명한 그 식당 누가 아직도 하는지 모르겠군! 한다면 처남한테 한번 픽

업시켜 달라 해서 가 볼 생각을 했었네. 위 동창들과 연락이 되고 있는가? 미국이라는 나라는 워낙 넓고 보니, 서로 만난다는 것이 여간 힘들지 않은 것을 잘 알고 있다네. 반가운 자네가 물은 처남의 전화번호는, 1-213-210-8562번이네. 반가운 목소리 들려주기 바라네.

내 글을 보니, 엔돌핀이 저절로 나오는 기분이라니, 나도 기쁘네. 자네가 가끔 선린 홈페이지에 반가운 글을 올리거나 내 글에 대해 답글을 달아줄 때면 자네 생각을 한다네.

이돈희   어제는 반가운 동기 양치갑, 김상일과 장시간 통화를 했습니다. 역시 미국은 넓은 나라입니다. 김상일은 동부의 버지니아 주에 살고 있어 LA와는 시차만도 3시간이니까요. 같은 미국이라 해도 서로 만나기는 무척 힘들 수밖에 없더군요. 양치갑과는 알래스카 크루즈를 다녀온 다음에 만나기로 했고, 92년도에 미국에 가서 한의원을 하고 있는 김상일로부터는 동부에 사는 장철식 등 친구들의 소식과 함께 근황을 잘 들을 수 있었습니다.

전화는 세계가 좁다는 것, 임명선이 만들어준 이 웹사이트는 여러 나라에 살고 있는 많은 동창을 하나로 묶어준다는 것을 실감했습니다. 모두가 감사한 일이지요!

박학수   비록 전화라도 한국에 있으면서 하는 것과 같은 북미 땅을 밟고 하는 것이 다른 것 같습니다. 이미 여행 일정이 빠듯하여 이쪽(동북부)으로는 힘들다고 하시니 더 이상 권유하는 것도 마치 입에 바른 소리처럼 될 것입니다. 하지만 아시다시피 버지니아, 워싱턴디시, 뉴욕 등지에 회철 형, 완수 형, 풍곤 형, 상일 형 등등 많습니다. 한집에서 하루씩만 머물고 바로 윗동네 몬트리올로 북행하시면 돈희 형 얼굴도 볼 수 있겠는데… 이런 기회가 앞으로 얼마나 더 올 수 있을런지… 소박한 친구의 방문이 그립습니다. 운전기사랑 정원사랑 두고 지내는 친구 방문은 별루인거 아시죠? ㅋㅋㅋ

이돈희   학수 형! 형의 말씀처럼 전화도 한국에 있으면서 하는 것과 미국와서 하는 것이 다르네요. 아까 상일 형과의 전화 중에 내가 KBS 1 TV의 생로병사의 비밀에 나온 것을 녹화된 비디오로 미국에서 보았다 할 때, 와! 그 프로가 녹화되어 미국까지 오고 미국에 사는 동기까지 보는구나 생각하니, 그 프로 참 많이 보는구나 생각되더군. 아직까지 상일이가 나의 얼굴을 기억해 준 것도 고마웠고……

서로 건강하게 지내다가 3년 내로 자네가 한국에 오든가, 내가 동부에 가든가 해서 꼭 만날 것이라 확신하네. 그렇게 될 수 있기를 주님께 기도 드렸지. 모레 3일에 알래스카로 떠나네. 다녀와서 또 글 올리겠네!

미국에서 (3)

참으로 넓은나라

이돈희

3일부터 10일까지 7박 8일 동안 큰처남 내외와 처형 내외와 우리 내외 등 6명이 알래스카 크루즈 여행을 하였습니다.

TV로 보거나 말로만 듣던 알래스카 여행을 처갓집 3남매로 인해 처남, 매부, 처형, 제부, 동서란 사이인 우리 여섯 사람은 하루하루, 한순간 한순간이 정말 행복한 나날이었습니다. 나이는 60에서 76… 배 안에서 수영도 하고, 바둑도 두고, 맛있는 것

마음대로 먹고, 카지노도 하고, 쇼도 보고…

　가난하고 굶주리는 사람들이 지구 도처에 너무도 많은데, 이 곳에서는 음식을 너무 많이 먹고 , 절반 이상이 쓰레기로 버려지는 것이 참 가슴 아팠습니다만, 이런 현실에 대해 저로서는 아무런 힘도 발휘할 수 없었습니다.

　그러한 중에도, 세계 각국에서 모인 3,000여 여행객 속에서 일부분인 나도 벌써 60을 넘기면서, 남들처럼 세계인이 즐기는 크루즈 여행을 할 수 있는 생명과 건강을 주신 조물주와 정말 미약하고 보잘 것 없는 나에게도 사랑하는 가족과 처갓집 식구들이 있다는 것이 너무너무 감사한 일이 아닐 수 없었습니다.

　더 건강이 나빠지기 전에 여행하는 휠체어까지 탄 많은 사람들을 볼 때, 휠체어를 밀어주면서까지 어른들을 여행시키고 돌보는 그 자녀들 진정어린 효심이 부러웠습니다.

　끝없이 계속 펼쳐지는 사막처럼 여러 밤낮을 가도 망망대해이기만 하며, 바다와 그 위에 떠 있는 빙산과 둥둥 떠다니는 크고 작은 얼음 덩어리들은, 그랜드 캐년이나 브라이스 캐년 등의 웅대함과 저 멀리 있는 아프리카의 동물의 왕국과는 또 다른 자연의 힘은, 신앙인이 아니라도 조물주의 무한한 능력을 생각할 수 있으리라 생각되었습니다.

　특히나 막내처남과 그 아내는, 우리 내외에게 미국에 와서 비싼 집 살 필요 없이, 방은 몇 개고 줄 터이니 우리 내외가 일 년에 몇 달이고 자기 집에 와서 살고, 한국에서도 살라고 하여 추운 겨울이면 건강에 매우 취약한 나에게 큰 감동을 주었습니다.

앞으로 몇 년을 더 살지 모르는 것이 우리 내외의 삶인데, 뜻 한 바 있어 젊은 날에 과감히 미국에 이민을 와 고생 끝에 성공한 기특한 막내처남 경식내외가 자랑스럽기만 합니다.

이 처남 내외로 인해 토지공사 시절부터 휴가 때 정기휴가와 연월차를 사용해 여고 교사인 아내와 더불어 미국에 다니러 온 것만도 10회가 넘었으니, 내 친가 쪽으로는 예나 지금이나 마찬가지이지만, 미국에 한 사람도 없는 처지의 나에겐 정말 미국에 올 기회가 없어서, 막내처남(LA)과 처형(NEWYORK) 으로 인해 미국에 올 수 있으며, 실제로 미국에 사는 사람들보다 미국 전역을 많이 여행하고 있으니 이것 하나만으로도 장가 잘 갔다는 생각을 하기도 했었지요….

한 번도 발설해보지 않은 사적인 이야기이자만, 나의 동서(형님)는 서울대 교수인 큰 처남의 서울대 제자인데, 그 제가가 똑똑하고 사람이 좋아 자기 큰 여동생의 남편이 되게 했으며, 그 제자가 현재 예일대 교수이고, 둘째 여동생인 나의 아내와 큰 여동생인 처형은 서울음대 출신인 처남댁의 제자이자, 시누이이지요.

미국은 참으로 넓은 나라임은 동부와 서부가 3시간 시차라는 것만으로도 익히 일고 있었지만, 이번에 다시 한 번 확인하게 된 것은, 알래스카 크루즈 여행의 마지막 날 오후 5시엔 생각지도 않은 캐나다의 빅토리아 항구에 내리게 되었는데, 그 항구 주변을 관람하고 사진을 찍으면서 나는 캐나다에 사는 박학수 생각이 나서, 박학수가 이 근처에 사는 구나 생각이 들어 "여기에 내릴 줄 알았으면, 박학수의 전화번호를 가져 올 것인데, 참 아쉽다." 생각을 했었습니다.

여행이 끝나는 다음날 아침에, 박학수가 반갑게도 일부러 전화를 했기에, 빅토리아 항구 이야기를 했더니, 아 내가 참 모르기도 했어라, 박학수가 사는 곳과 빅토리아 호수는 5,000km 도 넘는 거리라니, 서울과 부산으로 말하면 그 열배도 넘는 먼 거리이니, 캐나다란 나라 참 넓기도 하구나. 나의 지리에 대한 무참한 무식이 여지없이 드러나고 말았지요.

박학수 형! 다음에 글 올리실 때, 형의 사진 몇 장 올려주세요. 형의 목소리가 너무나 정겹고, 반가웠습니다.

2년 전에 남미에 가면서, LA 공항에서 갈아 탈 때, LA까지 왔으니, 남미라 해도 같은 미국이니 몇 시간이면 될 줄 알았다가 막상 타보니 14시간이나 걸렸을 때, 참으로 넓은 나라 생각했었으면서도요.

이곳에서의 몇 가지의 스케줄을 마치고, 한국에 돌아가면, 여기에서 경험한 것을 거울삼아 새로운 각오를 가지고, 남은 인생 고맙게 생각하며, 봉사하면서 보다 열심히 살아갈 것입니다. 많은 조언 주시기 바랍니다.

동기 친구들! 우리 모두 서로 만나면서 건강하게 살아가십시다.

선린상고57회 홈페이지(2007.6.13)

김상일   돈희 형,
사랑하는 가족과 함께 웅대한 대 자연의 경치를 만끽하고 즐겁고 행복한 여행을 성공적으로 마친 것을 축하합니다. 계속 진행되는 남은 여정에도 건강과 함께 모든 것이 아름답고 좋은 추억이 되길 바랍니다.

이돈희   보고 싶은 상일 형! 바쁘신 중에도 주신 답글 고맙습니다. 이번 주 중에는 같이 온 큰처남 내외가 보고 온 노인아파트에 같이 가볼 계획입니다.
노인학과 실버타운 만드는 이야기를 한국 최초로 도입했던 저로서는 평생 관심 있는 분야인데, 아들 들과 당신 처갓집 식구들이 오래전에 이민을 와 있으며, 당신 부모님의 산소도 이곳에 있는 큰 처남이다 보니, 이곳에서 물으실 생각을 하게 되는 것 같습니다. 다른 곳에 있는 몇몇 노인아파트도 가볼 생각이고요. 오는 17일 일요일은 이곳에서 소천하신 장모님의 기일이라 산소에 갈 계획이고요. 이곳 천주교 교회 묘지에 계신 장인장모님의 산소엘 미국에 올 때마다 찾아뵙지만, 집사람이나 저의 직장 관계로 정작 기일에는 한 번도 못 찾아뵈었기에, 이번에는 일부러 기일에 맞추어 찾아뵙고자 한국에서 나올 때부터 계획을 큰처남과 같이 했었습니다. 아내도 이곳 LA에 친구가 많다보니 하루하루 바쁘게 보내고 있습니다. 다음 주에는 전에도 가본 적 있는 세도나 등 몇몇 곳을 여행할 계획이고요.
미국에서 TV를 보니 아버지날 관련 광고도 많이 나오데요.
미국의 아버지날을 언제 누가 만들었는지 지금은 대충은 알지요. 한국의 아버지날은 제가 선린상고시절인 1963년에 만들었으니 44년 전이네요. 물론 제가 아버지날을 만들 때는 나이도 어렸고, 외국사정은 잘 몰라 외국에도 아버지날이 있는지를 잘 알지도 못했지만요.
제가 만든 한국의 아버지날이 10년 만에 어머니날과 합쳐져 어버이날이 된 것도 벌써 35주년이 되었네요…잘 알다시피 미국 같은 나라도 어머니날과 아버지날이 따로 따로 있는데, 우리나라는 무슨 날 무슨 날 해서 날이 너무 많다고 어머니날과 아버지날을 합쳤지만요. 한국의 가족은 요즘의 아버지들 위해서라도 어머니날이 제가 만든 아버지날과 합쳐져 어버이날이 된 것은 그나마 다행입니다. 지금도 5월 8일이 어머니날이기만 하다면, 불쌍한 우리 각 가정의 많은 아버지들 더 존경 받을 곳이 없겠지요.

전완수   4반 반장님 어서 구경하고 돌아가시오. 내 나라가 무어니무어니 해도 제일입니다.

이돈희   전완수 형! 한국에서 만난 지도 한 달이 넘었고, 한국을 나온 지도 어느덧 한 달이 가까워 오네요. 전 형의 말씀처럼 내 나라가 제일이지요. 작지만 아기자기한 우리나라 대한민국이 최고이지요! 오는 25일에 돌아갑니다. 고국을 많이 사랑해 주시고 부디 건강하시길 바랍니다.

고성삼   좋은 구경 많이 하시고 우리나라 노인문제해결에도 많은 도움이 되었으면 합니다. 그동안 수없이 미국을 다녀왔지만 알래스카 구경 아직 못했네. 여하튼 건강하게 잘 다녀오시기 기원합니다.

이돈희   존경하는 고성삼 박사! 잊지 않고 격려의 글을 주신 고박사 고맙습니다. 제가 이만큼 여행을 할 수 있는 것도 동기 여러분의 격려 덕분입니다. 노인 문제 해결에 도움이 되고자 노력합니다만, 힘이 매우 부족함을 느낍니다.
40일 가까운 이번 여행이 다시 있기 힘든 천우신조의 기회이므로, 하느님께 감사드리며 여행기간 동안은 모든 것을 잊고 여행만을 즐기리라는 벅찬 계획도 중반이 지나고, 돌아갈 날이 하루하루 가까워 오니까, 돌아갈 날짜를 체크해 보게 되며, 한국에 가면 다시 해결하며 살아가야 할 여러 가지가 문득문득 뇌를 스쳐 지나갑니다.
대학교수로서 일생동안 후학을 기르시며 훌륭한 장학재단까지 만드신 고박사의 사명감과 교육열에 감사드립니다. 누구나 할 수 있는 일이 아닌 보람된 일로 평생을 살아오신 고박사도 세월 따라 정년을 맞이함은 불가피하지만, 정년 후에도 주님의 은총 하에 더욱 보람되고 건강한 나날로 살아가실 것을 확신합니다. 이미 보셨으리라 생각합니다만, 릭 워렌 목사의 The purpose driven Life 라는 좋은 책 하나를 소개하려고 합니다. 이미 우리나라에도 "목적이 이끄는 삶" 이란 제목으로 잘 번역된 책이므로, 우리 동기들에게도 꼭 소개하고 싶은 책이기도 합니다. 영어 공부를 할 겸, 이 나라에 온 김에 원서와 이 책이 영어로 녹음된 CD를 구입했습니다. 귀한 성경말씀이 농축된 이 책과 CD를 반복해 읽고 들으면서, 신앙심을 키우고자 합니다.

이돈희   헤밍웨이 소설 '노인과 바다' 에 나오는 샌디에고 여행, 장모님 기일에 장모님 장인님 산소의 추도 예배 참석, 세계에서 기가 제일 좋다는 세도나 재방문, 양치갑 동기를 만날 계획 등등이 남아 있습니다. 한국에 돌아가면 지금까지 살아온 것 보다 더욱 열심히 일하며, 기도하며, 감사하는 마음으로 살아가겠습니다. 우리 서로 연락하며 재미있게 살아가십시다. 고박사를 비롯해 그 동안 저의 건강을 기원해준 여러 동기들에게도 애정 어린 감사의 말씀 드립니다. 정말 감사합니다.

고성삼   좋은 책 소개해 주어 매우 고맙습니다.. 그러나 몇 번 본 책입니다.. 많은 은혜 받은 책이라 여행 시에 성경 모음집도 갖고 다닌다오. 아직 원서로는 보지 않아 차제에 사 보겠네. 번역자가 누구인지는 아시는지? 나와 동명이인 목사이네. 여하튼 좋은 말씀 고맙습니다. 좋은 여행 잘하시기 바랍니다.

이돈희   고 박사! 위 책의 번역본을 처음 대했을 때, 역자가 고 박사와 이름이 똑같아서 혹시 고 박사가 번역한 것이 아닌가 생각하기도 했었습니다. 역자의 소개가 한마디도 안 나와서 입니다. 고 박사의 답글을 보고서야 동명이인인 목사의 번역인 줄 알았습니다. 제가 미국에 있을 때, 위 책의 저자인 릭 워렌 목사가 시무하는 교회에서 주일 예배를 볼 생각도 했었으나, 시간이 맞지 않아서, 예배하지 못하고 돌아온 것이 매우 아쉬웠습니다. 다음에 미국에 가면 그 목사님의 교회에 가서 목사님의 설교를 직접 들어볼 생각입니다. 영어원서로 읽기 시작했습니다. 책에서 제시하는 대로 40일에 걸쳐서 읽고 묵상하려 합니다. 이 책 읽기가 끝나면 샌프란시스코 공항 구내에서 구입한 The Jesus Family Tomb(예수님 가족 무덤)이라는 책을 읽을 생각입니다. 40일에 가까운 외국 여행을 무사히 마치도록 귀한 시간을 주신 하느님께 감사드리면서, 앞으로는 그 동안에 전공했던 노인학, 부동산학에 대한 책보다는 더 많은 시간을 예수님의 생애에 관한 연구와 성경 읽기와 묵상으로 보낼 계획입니다. 혹시 주변에서 치유의 은사를 받으신 목사님을 소개해 주시면 대단히 기쁘겠습니다. 금년도 벌써 꼭 절반이 지났습니다. 늘 건강하시기 바랍니다.

제5부
인터뷰

노인의 날을 맞아 생각 나는 사람

**48년 외길인생 효(孝)실천과 노인문제에 바쳐,
이제는 노인의 날을 효 실천 공휴일로 지정해야**

오는 10월 2일은 제15회 노인의 날이다.

'노인의 날'은 누가 만들었을까? 사단법인 대한노인회 회장일까? 정부기관일까? 아니다. 사실 '노인의 날'은 20세를 갓 넘긴 청년이 만들었다.

'노인의 날'뿐 아니라 '어버이날'이 제정되는데도 앞장선 이돈희(64, 감정평가사)씨가 그 주인공이다. 당시의 청년은 이제 흐르는 세월과 함께 회갑을 훨씬 넘겼다.

1997년 김영삼 대통령이 노인의 날을 제정토록 기여하였고, 그 이전인 1968년부터 노인의 날을 제정하자고 발이 부르트게 쫓아다니던 학생이 있었으니 그가 바로 이돈희다.

세상이 아무리 변하고 시대가 바뀌어도 변하지 말아야 하는 것이 부모에 대한 孝道와 자식에 대한 사랑이다. 하지만 요즘 세대는 무섭게 변해 부모와 자식 간의 기본적인 윤리가 사라지고 있는 것을 종종 볼 수 있다.

이 시대의 돈키호테로 불리 울 만큼 저돌적으로 노인문제에 매달려 외길 인생을 걸어온 우직한 사나이.

고교시절에 아버지날을 제정하자고 주창하고, 노인문제에 뛰어든 지 43년, 어버이날에 이어 노인의 날이 제정되기까지 지난 48년 간을 오로지 노인복지문제에만 매달려온 집념의 사나이 이돈희 씨가 바로 그 사람이다.

> **노인의 날을 만든 계기는?**

이돈희 1968년, 대학교 4학년 때 일입니다. 75세 할아버지께서 대문을 두드렸습니다. 구걸을 하시는데 양복에 구두 차림이더군요. 이상하여 이야기를 들어보니, 아들은 외국 유학 다녀온 박사이고 며느리는 방송국에도 자주 나오는 사람이랍니다. 그런 자식들이 소홀히 돌보아 구걸을 다니는 것입니다.

이런 일도 있었습니다. 50대 딸이 80세가 넘은 어머니를 양로원에 보내겠다고 하셨어요. 아무리 효친경로사상이 희박해가기로서니 부모자식 간에 이래서 되겠는가싶어 많은 노인정과 경로당을 찾아다니면서 노인들의 실태와 노인복지를 생각하게 되고, 이를 해결하기 위한 방안의 하나로 노인의 날을 국가에서 제정하였으면 하고 노인의 날을 만들었지요.

> **노인의 날 행사를 직접 주관하셨다고?**

이돈희 20대 대학생 때 노인의 날을 만들고, 40년 전인 1971년 4월 8일에 직접 노인의 날 행사를 거행했습니다. 서울 신촌의 한 예식장을 빌려 450여분의 노인을 초대하고, 음식과 기념품을 제공하고 국악인의 노래와 춤을 곁들인 행사를 했지요. 어르신들을 위한 노인의 날을 만들자고 외쳐도 다들 시큰둥해하니, 국가에서 제정되도록 여론을 조성시키려면 실제적인 시범 행사도 필요하다 생각되어, 한국최초의 〈노인의 날 제정 취지문〉을 발표하기도 했습니다.

제가 당시 살고 있던 곳이 서울 마포였습니다. 그래서 지역기관장인 마포구청장, 마포경찰서장, 초등학교 교장선생님은 물론, 사단법인 대한노인회장, 부산시장·서울시장을 지낸 전 김현옥 내무부장관도 참석하시어, 식순에 따라 85세 이상 노인 분들께 장수상을 시상하고, 치사와 축사를 해주었지요. 국가에서 지정된 정식 기념일도 아닌데, 바쁘디 바쁜 이런 기관장 분들을 내빈으로 초대하기가 참으로 힘들었지만, 저에게는 큰 모험이자 영광이었습니다.

개인이나 단체가 노인들을 위한 경로잔치가 아니라, 노인의 날을 만든 이로서, 언젠가 훗날 국가에서 노인의 날이 제정되게 하기 위해 3년 간을 노력해 마련한 시범적인 노인의 날 행사였습니다.

> 행사비용은 어떻게 마련하셨는지?

이돈희 아르바이트를 했습니다. 대학생활의 낭만이란 것을 포기하고 주중에는 학생들 과외를 하고, 주말에는 광화문에서 신문을 팔았지요. 신문도 새벽에 집집마다 돌리는 것이 아니었습니다. 주말에만 신문을 팔다보니 가판대 허가를 얻을 수 없었고, 신문이나 주간지를 보자기 위에 올려놓고 광화문 네거리에서 팔았던 것입니다. 그렇게 한 시간을 팔면 건강음료 몇 병 살 돈이 나왔지요.

혹 눈비가 오면 반품이 안 되는 신문을 팔지도 못하고 적자를 내기도 했습니다. 젖은 신문을 들고 명동성당을 찾아가 기도하기도 했습니다.

몇 년을 아르바이트 해 모아도 모자란 행사비용은 염치없게도 아버지를 졸라 방 한 칸을 전세 놓아 그 전세보증금을 보태어 겨우 마련했습니다.

> 젊은 사람이 노인의 날을 만들자고 하니,
> 주위에서 어떻게 생각하셨나요?

이돈희 제가 노인문제에 관심을 가지고 노인의 날을 만들려고 하자, 주위에서 이상한 눈으로 보더라고요. 젊은 사람이 아버지날에 이어 노인의 날까지 만들려고 하자, 저 자신과는 상관없어 보이는 일에 매달리니 의아해 했지요.

시의원이나 국회의원 선거라도 나가려고 하느냐, 우리 노인들을 핑계로 사회에 손 벌리는 돈벌이 수단으로 노인의 날 만드는 것 아니냐, 장가도 안 간 젊은이가 노인에 관해 알면 얼마나 아느냐, 심지어 저보다 늦게 같은 분야를 연구하기 시작한 나이 많은 저명인사나 교수들도 저를 곱게 보지 않았어요.

대학교의 교수나 강사도 아닌 사람이 1972년에 한국노인문제연구소와 1976년에 한국노인학회를 만들고, 직장마저 노인문제와 관계없는 감정평가사 업무나 한국토지공사에 근무하고 있었으니, 노인문제전문가로 인정하기 싫었겠지요. 저로서는 그럴 수밖에 없는 것이 한국에는 노인문제의 불모지인 당시이니, 한국노인문제연구소이니, 한국노인학회이니 하는 것도 제가 제일 먼저 시작한 것이니, 학위가 없을 수밖에 없지요.

또 한 가지 노인의 날을 만들자고 신문사나 방송국에 관련 자료를 들고 수도 없이 찾아갔지만 잡상인으로 보였는지 경비실에서부터 쫓겨났습니다. 쫓겨나면 쫓겨나는 대로 다시 찾아가고 편지를 계속 쓰고 호소한 노력을 10년 이상 계속하자 지성이면 감천이라고 어느 날인가부터 쫓겨났던 곳에서 초대를 받기 시작했습니다. 그것이 쌓여 현재는 각종 신문이나 잡지 인터뷰가 250회, 방송출연이 500회를 넘기에 이르렀습니다.

마침내 1997년 노인의 날도 국가에서 제정되었습니다. 어린이날을 만든 소파 방정환 선생(저의 모교인 선린상고 선배님)은 어린이날을 만들었지만, 어린이날이 국가에서 제정되는 것은 못보고 작고하셨습니다. 저는 살아서 어버이날과 노인의 날이 국가에서 제정되는 것을 보았으니, 이것만으로도 매우 행복한 사람입니다.

> 그 동안 노인문제와 관련 신문이나 방송 등 매스컴에도 많이 출연하셨는데요?

이돈희 노인문제연구소장으로, 노인문제전문가로, 노인학회회장으로 활동을 하면서 서서히 이루어진 인터뷰가 약250회, 라디오, TV 등 방송출연 500회를 넘어섰습니다.

노인의 날 제정을 홍보하기 위해 방송국을 찾았을 때는 담당 PD들이 냉소를 지으며 문전박대를 하기 일쑤였는데 언제인가부터 방송국에서 노인문제전문가로 초청을 하기 시작해 방송과 신문, 잡지 등에서 인터뷰 및 기고를 하기 시작했지요. 제가 지난 세월동안 단기필마로 달려온 외롭고 힘든 지난날의 이야기를 한 권의 책으로 엮어 2003년 『효친경로사상의 부활을 위하여』라는 책을 내기도 했습니다.

한국토지공사입사, 활발한 활동

> 대학 졸업과 직장생활, 결혼생활은?

이돈희 사실 그 문제가 가장 시급한 문제였지요. 그때 마침 건국대학교 행정대학원에 부동산학과가 생겼어요. 지금은 부동산학이 엄청난 발전을 하였지만 그 당시만 해도 누구도 그런 학과가 있다는 것을 잘 알지도 못했고 부동산에 그리 큰 신경을 쓰지도 않을 때였지요.

한 2년여 감정평가사로 일하고 있을 때 그 당시 재무부에 토지금고(현 한국토지주택공사)가 발족되어 입사를 하게 됐지요. 마침 제 업무와 연계되는 일이었기에 선뜻 입사시험을 쳤던 것이지요. 제가 토지공사에 입사한 동기도 개인 이돈희 보다는 국영기업체에 근무하는 이돈희가 하는 일이면 좀 더 신뢰가 가지 않을까 생각하고 있었지요. 1977년 입사해 1998년 퇴직할 때까지 직장업무와 노인문제 모두에 열정을 바쳤습니다.

제가 온통 사면초가일 때 유일한 아군은 제 아내였습니다. 1973년 결혼한 동갑내기인데 어렵고 힘들 때 힘이 돼준 아내에게 정말 감사하고 있습니다. 우리 부부는 모두 가톨릭을 믿고 있어서 명동성당에서 결혼식을 올렸습니다. 제가 1974년에 감정평가사시험을 준비하고 있었는데 갓 시집온 새색시가 결혼 전에 모아두었던 비상금까지 건네며 시험공부를 지원해 주고 매일 도시락을 싸주는 등 그 정성에 힘입어 감정평가사시험에 합격하는 영광을 차지했고 그제서야 가장으로서의 체면이 섰구나 하는 마음이 들었습니다.

대한노인신문 창간과도 인연이 깊으신데?

이돈희 제가 토지공사에 근무할 때 당시 대한노인신문(구 한국노인신문)창간을 앞두고 있던 정홍순 발행인이 찾아오셔서 논설위원을 맡아달라고 하시며 제게 글을 부탁하셨어요. 그래서 제가 창간호부터 글과 사설을 쓰게 되었으며, 노인의 날이 제정되기 6년 전인 1991년부터 8회에 걸쳐 '노인의 날 이야기'라는 제목으로 글을 연재한 바 있고, 후일 노인의 날 제정에 기여했습니다. 창간 자축연에 참가해 작고하신, 대한노인신문을 창간하신 이용만 회장님(현 이상도 발행인 선친)께 젊은이가 장하다는 칭찬도 받았지요. 그게 벌써 20년이나 지났군요.

노인의 날 공휴일 청원

> 노인문제와 관련 특별하게 바라는 일이 있다면?

이돈희 올해가 노인의 날 제정 15년이 되는 해 입니다. 저는 15회 노인의 날을 맞아 이명박 대통령 및 국회의원들께서 10월2일 노인의 날을 공휴일로 지정해 주실 것을 청원코자 합니다. 2일을 공휴일로 한다면 3일이 개천절이니 연휴가 되므로, 부모님을 찾아뵙던가, 부모님께 효도할 수 있는 여유있는 시간을 드리자는 것이지요. 실제로 징검다리 휴일이 되어 어떤 때는 그냥 놀려주는 회사들도 많잖아요.

10월 첫 주를 경로주간, 10월을 경로의 달이라 부르는데 경로주간이 아니라 孝실천주간으로 하면 더욱 뜻 깊은 일이 아닌가 싶어요. 이런 일은 아마도 대한노인회보다는 젊은 사람들이 주축이 되어주는 게 나을 것 같아요. 어차피 젊은이들이 부모님께 효를 행해야 하니까요. 특히 내년 국회의원이 되고자 하는 분들은 이런 일에 많은 신경을 써야 할 것입니다. 실제 10월 2일을 공휴일로 한다고 해도 7년에 5일은 공휴일이 아니라도 쉬는 거예요. 공휴일이 많다고들 하지만 주5일제를 시행하다보니 웬만하면 중복되어 실제로는 그렇게 많이 쉬는 것도 아니잖아요.

또 내년 어버이날은 제 40회 어버이날, 올해 노인의 날은 제 15회 노인의 날입니다. 제가 언제 생을 마감할지는 모르지만 죽기 전에 한번, 국가에서 많은 예산을 받아 매년 행해지는 이 행사에, 내빈석에서가 아니라, 행사장에 참석하는 말석에라도 초대받아 참석해 보았으면 하는 바람이 몸이 많이 아플 때면 듣기도 합니다.

제가 방정환 선생의 마음을 다 알 수는 없지만, 방정환 선생도 살아 계시다면 어린이날 행사장에 한번 쯤 말석에라도 초대받아 참석하고 싶지 않으실까 생각이 들 때가 있습니다.

젊은이들에게 하고 싶은 말은?

이돈희 효도란 젊은 사람들이 어르신들께 하는 것 아닙니까? 사람으로 살아가면서 나이 탓으로 돌리는 것 이상의 패배는 없지만 이미 회갑을 훨씬 넘긴 제가 계속 효친경로사상을 말하면 세월의 변화를 도무지 모르는 고집쟁이, 옆구리 찔러서 하기 싫은 절 억지로 받으려는 기성세대 밖에 안 될 것이지요.

결핵도 앓고 암 수술도 받다 보니 기본체력도 한 해 한 해 쇠약해지고 있어요. 나이에 장사 없다는 말이 그냥 있는 말이 아니지요. 그래서 이제는 이런 일에 뜻을 둔 젊은이나 후학들이 나왔으면 합니다. 노인으로 태어나는 사람은 없습니다. 태어나는 인간은 질병이나 각종 불의의 사고로 일찍 죽지 않는 한 누구나 노인이 됩니다. 며느리가 30~40년 후엔 시어머니나 장모가 되고 40~50년 후면 노인이 됩니다. 그 아들은 아버지가 되고, 할아버지가 되는 것입니다. 그러다 보니 효친과 경로의 문제는 남의 문제 같지만 바로 자기의 문제요 우리 모두의 문제입니다.

앞으로의 계획이 있으시다면?

이돈희 앞으로 2년 후면 제가 쓴 『효친경로사상의 부활을 위하여』 발간 10주년이 됩니다.

그래서 지난 10년 동안 쓴 글이나 방송출연 원고 등을 모아『효친경로사상의 부활을 위하여』2권을 발간하려고 합니다.

또 2017년에는 제가 그 동안 연구해 온『예수님의 생애』에 대해 책을 한 권 저술할 예정입니다.

금년 초에 우리나라 국회의원 299명 모두에게 아프리카에서 선교하다 작년에 48세로 고귀한 일생을 마친 이태석 신부가 주인공인 '울지마 톤즈'라는 영화를 꼭 보여드리고자 했는데 시간이 좀 걸려 지난 9월 15일에 대한노인신문에 극장판 DVD 300개를 기증하여 국회에 전달되도록 하였습니다.

우리나라의 모든 국회의원 분들이 영화 '울지마 톤즈' DVD를 꼭 보셨으면 하는 뜻에서 입니다.

아프리카 수단에서 의료봉사를 하시다가 작년에 대장암으로 선종하신 의사이자 신부요, 선생님이셨던 이태석 신부님이 주인공인 이 영화를 명실공히 국민과 지역주민의 대표자요 한 분 한 분이 입법기관인 국회의원들께서 이 영화를 보시면 우리나라의 정치수준이 한층 올라갈 것을 확신하기 때문이지요.

대한노인신문(2011.9.20)
대한노인회 홈페이지(2011.11.10)
동일자 한국감정평가사회 홈페이지
성복동성당 홈페이지(2011.10.3)

어버이 날, 노인의 날 만든 1등 공신
이돈희 씨

청파 이돈희(靑波 李敦熙)

아버지날과 노인의 날 만든 이 및 공휴지정 제언자
노인학 및 예수님생애연구가
가람감정평가법인 감정평가사
한국노인문제연구소
및 한국노인학회 설립
국민고충처리위원회 민원상담 전문위원
국민권익위원회 상담전문위원 역임
전 한국토지공사 부처장
『효친경로사상의 부활을 위하여』저자
하이 서울뉴스(2011.7.12) 참좋은이들21(2011년 9월호)

노인의 날은 누가 만들었을까? 사단법인 대한노인회 초대회장일까? 보건복지부장관일까? 다른 정부기관일까? 아니다. 사실 노인의 날은 20세를 갓 넘긴 청년이 만들었다.

세상이 아무리 변하고 시대가 바뀌어도 변하지 않아야 하는 것이 부모에 대한 효와 자식에 대한 사랑이다. 최근 한국사회에 논란이 된 '지하철 패륜남·패륜녀' 사건은 모두에게 충격을 주었다. 지하철에서 다리를 꼬지 말라는 노인에게 욕 세례를 퍼붓는 젊은 남성과 자신의 아이를 만졌다고 할머니 얼굴을 페트병으로 때린 사건으로 '동방예의지국'이라는 이름을 무색케 하였다.

건강한 사람도 하기 힘든데, 5세 때부터 온갖 잡병·난치병에 걸리고 목, 코, 귀 전부수술, 한창 좋은 나이인 대학생 때는 폐결핵의 발병과 재발, 50세가 넘어 한국토지공사 퇴직 후에는 대장암의 수술과 9년에 걸친 투병생활까지 해야 했던 그는 개인 한사람이 평생 한 가지 날도 만들기 힘든데, 어버이날과 노인의 날 등 두 가지 날을 제정되게 한 씨앗을 주었다. 16세 고등학생이 아버지날을, 21세 대학생이 노인의 날을 만들자고 주창하고, 24세 때는 서울 신촌에서 훗날 국가에서 노인의 날을 제정하게 하기 위해 처음으로 노인의 날 행사까지 직접 거행하였다. 그 청년은 이제 흐르는 세월과 함께 회갑을 훨씬 넘었다. 50년 가까이 오직 한길 '효친경로사상'의 부활을 외치고 실천한 선구자를 만나 보았다.

"초등학생이 대학생이 되듯이 젊은이도 언젠가는 노인이 된다. 노인은 절대로 젊은 당신과 무관한 분이 아니다. 바로 당신이 훗날의 노인이다!"

> 아버지날을 고등학생 때 만들고 신문광고를 하셨다고요?

이돈희 1963년 2학년 초에 갑자기 한 생각이 떠올랐습니다. 5월 8일이 어머니날인데, 가정을 위해 불철주야 애쓰시는 아버지들도 자녀들로부터 당당하게 사랑의 카네이션을 받을 수 있게 하기 위하여 만든 것입니다.

그래서 고등학생인 제가 1,252명을 찾아가 아버지날에 생각과 언제로 하면 좋을지를 함께 물었습니다. 조사결과 여자는 봄을 좋아한다하여 어머니날이 5월에 있지만, 남자는 가을을 좋아한다하여 10월을 가장 선호했고 날짜도 어머니날과 같은 8일이 좋을 것 같아 10월 8일을 아버지날로 만든 것이었지요.

이렇게 해서 아버지날을 만든 후에 여러 신문사와 방송국 잡지사를 찾아가 보도해 주십사는 협조를 구했지만, 고등학생이 만든 것이라고 장난 정도로 생각하고 어느 곳 하나 잘 호응해주질 않았습니다. 대학생 때부터 독자투고도 많이 했지만 성과가 거의 없어서, 1967년부터는 당시 우리나라의 4대 일간지라 생각되던 동아·조선·중앙·한국일보사 등을 찾아가 조그맣게 광고를 했습니다. 동국대학교 학생이던 당시에, 아르바이트 해서 모은 돈으로 광고하기엔 광고비가 너무 비싸서 아주 조그맣게 광고할 수밖에 없었습니다.

1968년에는 앓던 결핵의 재발로 아르바이트도 줄어 주간한국·주간중앙·소년세계 등 유명일간지보다 광고비가 훨씬 저렴한 몇몇 신문과 잡지 등에 광고하면서 이화여대 신문인 이대학보(梨大學報)에 까지 아버지날을 광고하기에 이르렀습니다.

| 이대학보에 광고를 한 것이 어버이날을 만든 단초가 되었나요? |

이돈희 네, 그런 셈이죠. 아들보다는 딸이 아버지를 더 좋아하지 않을까하는 생각이 들어, 제일 많은 딸들이 다니는 이화여대에 아버지날 광고를 하게 된 것이지요. 제가 이대학보에 아버지날 광고를 한지 3년 만인 1971년에 이화여대 기독교학과에서 처음으로 '이화의 아버지날' 행사를 하였지요. 자기네 학교신문인 이대학보에서 그 광고를 본 1학년 학생들이 기억하면서 4학년이 된 후 학과장의 승낙을 받아서, '이화의 아버지날'이 탄생하게 된 것이지요.

제가 1968년 5월 20일자 이대학보에 광고한 지 무려 40년이 되는 2008년에, 역시 이화여대신문의 하나인 영어신문 〈이화보이스〉 기자들이 우리나라 어버이날의 유래에 관한 기사를 쓰려고 자료를 찾다 보니 '이화의 아버지날'이 우리나라 어버이날의 계기의 하나가 되었는데, 그 '이화의 아버지날'이 탄생하게 된 계기가 바로 동국대 학생이던 저의 이대학보에 실린 아버지날 광고였음을 알게 된 후 〈이화보이스〉의 두 명의 기자가 저를 찾아와 인터뷰한 후 〈이화보이스〉 5월호에 인터뷰 기사가 나갔지요.

> 아버지날을 만들게 된 아버지에 대한 각별한 정은요?

이돈희 5학년 때 저를 서울서 공부시키려 이사를 했어요. 병약하시던 어머니는 제가 6학년이 되자마자 더욱 편찮아지셔서 시골 외가로 가시고, 아버지마저 근무를 부산에서 하시게 되어 할 수 없이 저 혼자 밥을 해먹으면서 학교를 다녔지요.

지금처럼 전기밥솥에 코드를 꽂고 쉽게 밥을 하던 시절이 아닌 50여 년 전이라 조리질을 할 줄 몰라 신문지에 쌀을 쏟은 후 돌과 뉘를 하나하나 골라가며 밥을 했고요. 서울로 출장오신 어느 날, 분명히 돌과 뉘를 하나하나 골라가며 밥을 지었는데, 아버지가 '딱'하는 소리와 함께 움찔하시는 겁니다. 돌을 씹으신 게지요. 그런데 그걸 삼키십니다.

어린 제가 미안해 할까봐 씹으신 돌을 '꿀꺽' 삼키셨어요. 돌을 씹으신 것도 미안한데, 삼키시니 더욱 미안함과 동시에 말할 수 없는 부정(父情)을 느꼈습니다.

한번은 혼자서 풍로에 숯불을 피워 냄비에 밥을 짓다가 많은 숙제하느라 밥 올려놓은 것을 깜빡 잊어 먹고 밥을 거의 절반을 태운 후 "배가 고

파서 먼저 먹었어요."라고 거짓말을 했지요. 아버지는 "잘했다." 하시며 한 숟가락을 뜨시고 "사실은 나도 먹었다."하시며 상을 물려주셨고요. 그러나 저는 알지요. 밥이 타서 제가 먹을 것이 없자 안 먹었으면서 먹었다 한 것을 눈치 채시고 상을 물려주셨음을! 집안에 도는 불탄 냄새와 탄 밥이 섞인 밥을 드렸는데 왜 눈치 못 채시겠어요.

어린 마음에도 이런 아버지 사랑에 감사할 따름이지요. 사실 밥을 태운 후 못 먹게 된 저녁밥보다 새카맣게 탄 냄비 닦을 걱정과, 보고 싶은 엄마 생각에 아버지 오실 때까지 초등학생인 제가 한참을 울고 있었지요.

밤에 잠을 잘 때도, 편찮으셔서 외갓집 가신 엄마 생각이 나 꿈결에 엄마를 부르며 손을 뻗어 엄마 품을 더듬었어요. 손에 잡히는 것은 물론 아버지의 품이었지요. 아버지가 아실까봐 겁이나 잠이 확 깨며 큰일 났다 걱정하며 허둥지둥 손을 치우는데, 아버지께서 되레 두 팔로 꼬옥 안아주셨어요. 이런 부정(父情)이 세상에 또 어디 있습니까? 어릴 적에 아버지의 그러한 정을 절대 잊지 못하지요.

> 노인의 날을 만든 계기는 무엇인지요?

이돈희 1968년, 대학교 4학년 때 일입니다. 75세 할아버지께서 대문을 두드렸습니다. 구걸을 하시는데 양복에 구두 차림이더군요. 이상하여 이야기를 들어보니, 아들은 외국 유학 다녀온 박사이고 며느리는 방송국에도 자주 나오는 사람이랍니다. 그런 자식들이 소홀히 돌보아 구걸을 다니는 것입니다.

이런 일도 있었습니다. 50대 딸이 80세가 넘은 어머니를 양로원에 보내겠다고 하셨어요.

아무리 효친경로사상이 희박해가기로서니 부모자식 간에 이래서 되겠는가 싶어 많은 노인정과 경로당을 찾아다니면서 노인들의 실태와 노인복지를 생각하게 되고, 이를 해결하기 위한 방안의 하나로 노인의 날을 국가에서 제정하였으면 하고 노인의 날을 만들었지요.

> 노인의 날 행사를 대학생 때 직접 주관하셨다고요?

이돈희 20대 대학생 때 노인의 날을 만들고, 40년 전인 1971년 4월 8일에 직접 노인의 날 행사를 거행했습니다. 서울 신촌의 한 예식장을 빌려 450여 분의 노인을 초대하고, 음식과 기념품을 제공하고 국악인의 노래와 춤을 곁들인 행사를 했지요.

어르신들을 위한 노인의 날을 만들자고 외쳐도 다들 시큰둥해서, 국가에서 제정되도록 여론을 조성시키려면 실제적인 시범 행사도 필요하다 생각되어, 한국최초의 〈노인의 날 제정 취지문〉을 발표하였습니다.

제가 당시 살고 있던 곳이 서울 마포였습니다. 그래서 지역기관장인 마포구청장, 마포경찰서장, 초등학교 교장선생님은 물론, 사단법인 대한노인회장, 부산시장·서울시장을 지낸 전 김현옥시장님도 참석하시어, 식순에 따라 85세 이상 노인분들께 장수상을 시상하고, 치사와 축사를 해 주었지요.

국가에서 지정된 정식 기념일도 아닌데, 바쁘디 바쁜 이런 기관장 분들을 내빈으로 초대하기가 참으로 힘들었지만, 저에게는 큰 모험이자 영광이었습니다. 개인이나 단체가 노인들을 위한 경로잔치가 아니라, 노인의 날을 만든 이로서, 언젠가 훗날 국가에서 노인의 날이 제정되게 하기 위해 3년간을 노력해 마련한 시범적인 노인의 날 행사였습니다.

> 노인의 날 행사 준비로 힘들기도 하셨겠지만,
> 행사비용은 어떻게 마련하셨나요?

이돈희 아르바이트를 했습니다. 대학 친구들이 바둑 두러 가자거나 영화 보러가자 해도, 어디를 가자해도 차마 그럴 수 없었지요. 대학생활의 낭만이란 것을 포기하고 주중에는 학생들 과외를 하고, 주말에는 광화문에서 신문을 팔았지요. 신문도 새벽에 집집마다 돌리는 것이 아니었습니다.

주말에만 신문을 팔다보니 가판대 허가를 얻을 수 없었고, 신문이나 주간지를 보자기 위에 올려놓고 광화문 네거리에서 팔았던 것입니다. 그렇게 한 시간을 팔면 건강음료 몇 병 살 돈이 나왔지요. 혹 눈비가 오면 반품이 안 되는 신문을 팔지도 못하고 적자를 내기도 했습니다. 젖은 신문을 들고 명동성당을 찾아가 기도하기도 했습니다.

몇 년을 아르바이트 해 모아도 모자란 행사비용은 염치없게도 아버지를 졸라 방 한 칸을 전세 놓아 그 전세보증금을 보태어 겨우 마련했습니다.

> 젊은 사람이 노인의 날을 만들자고 하니,
> 주위에서 어떻게 생각하셨나요?

이돈희 제가 노인문제에 관심을 가지고 노인의 날을 만들려 하자, 주위에서 이상한 눈으로 보더라고요. 젊은 사람이 아버지날에 이어 노인의 날까지 만들려고 하자, 저 자신과는 상관없어 보이는 일에 매달리니 의아해 했지요. 시의원이나 국회의원 선거라도 나가려고 하느냐, 우리 노인들을 핑계로 사회에 손 벌리는 돈벌이 수단으로 노인의 날 만드는 것 아니냐, 장가도 안간 젊은이가 노인에 관해 알면 얼마나 아느냐, 심지어 저보다 늦게 같은 분야를 연구하기 시작한 나이 많은 인사나 교수들도 저를 곱게 보지 않았어요. 대학교의 교수나 강사도 아닌 사람이 1972년에 한국노인문제연구소와 1976년에 한국 노인학회를 만들고, 직장마저 노인문제와 관계없는 감정평가사 업무나 한국토지공사에 근무하고 있었으니, 노인문제전문가로 인정하기 싫었겠지요. 저로서는 그럴 수밖에 없는 것이 한국에는 노인문제의 불모지인 당시이니, 한국노인문제연구소이니, 한국노인학회이니 하는 것도 제가 제일 먼저 시작한 것이니, 학위가 없을 수밖에 없지요.

또 한 가지 노인의 날을 만들자고 신문사나 방송국에 관련 자료를 들고 수도 없이 찾아갔지만 잡상인으로 보였는지 경비실에서부터 쫓겨났습니다. 쫓겨나면 쫓겨나는 대로 다시 찾아가고 편지를 계속 쓰고 호소한 노력을 10년 이상 계속하자 지성이면 감천이라고 어느 날인가부터 쫓겨났던 곳에서 초대를 받기 시작했습니다. 그것이 쌓여 현재는 각종 신문이나 잡지 인터뷰가 250회, 방송출연이 500회를 넘기에 이르렀습니다. 마침내 노인의 날도 국가에서 제정되기에 이르렀습니다. 어린이날을 만든 소파 방정환 선생(저의 모교인 선린상고 선배님)은 어린이날을 만들었지만, 어린이날이 국가에서 제정되는 것은 못보고 작고하셨습니다. 저는 살아서 어버이날과 노인의 날이 국가에서 제정되는 것을 보았으니, 이것만으로도 매우 행복한 사람입니다.

> 부모님의 건강은 어떠하셨는지?

이돈희 아버지는 젊으실 때는 비교적 건강하셨지만 69세부터 위암수술과 투병, 수술도 할 수 없는 부위에 발생한 폐암과 후유증으로 12년 동안 입·퇴원을 반복하면서 투병하느라 고생하셨으며, 그런 중에도 혼자 힘으로는 거동이 전연 불가능하고 대소변도 치루지 못하여 요양원에 가신 어머니를 위해 남편으로서 말동무라도 하기 위해 같이 계시면서 애쓰시다가 갑자기 극심한 폐렴과 패혈증까지 발생하여 중환자실에서 심폐소생술과 고단위 항생제투여 등 각종 치료도 소용없이 한 달 가까이 무의식 상태로 고생만 하시다 2005년에 82세로 돌아가셨습니다.

어머니는 제가 태어나기 전부터 병약하셨는데, 역시 69세 때부터는 심한 노인성 우울증과 조울증이 반복되고 파킨슨병으로 고생하셨으며, 1998년부터 뇌병변 장애 1급으로 거동도 못하시고 요양원에 계시다가 5년 전부터는 간호사와 물리치료사 영양사가 상주해서 돌봐주는 노인전문너싱홈에서 지내시고 계십니다. 1998년부터 13년이 되는 지금까지 3~4 개월마다 한 보따리 되는 약을 서울아산병원에서 처방받아 갖다드리고 있으며, 그것이 아니라도 한 달에 한 두 번씩 아내와 함께 찾아뵙고 있습니다만, 무녀독남 아들과 며느리로서 더 이상 좋은 방법이 없어서 기도하고 있습니다.

> 앞으로 바라는 점은 무엇인지요?

이돈희 '효친경로사상의 부활'이라는 화두를 가지고 50년 가까이 탐구해 왔으며, 진행되고 있는 현실이 제가 생각한 방향과 괴리되는 점도 상당하지만, 일찍부터 효도란 젊은 사람들이 어르신들께 해야 하는 것 아닙니까? 사람으로 살아가면서 나이 탓으로 돌리는 것 이상의 패배는 없지만, 이미 회갑을 훨씬 넘긴 제가 계속 효친경로사상을 말하면, 세월의 변화를 도무지 모르는 고집쟁이, 허리 찔러서 하기 싫은 절 억지로 받으려는 기성세대 밖에 안 될 것이지요. 평생을 여러 가지 난치병을 지니고 살다보니, 기본체력도 한 해 한 해 쇠약해지고 있어요. 나이에 장사 없다는 말이 그냥 있는 말이 아니지요.

그래서 이제는 이런 일에 뜻을 둔 젊은이나 후학들이 나왔으면 합니다. 벌써 내년 어버이날은 제 40회 어버이날, 올해 노인의 날은 제 15회 노인의 날입니다. 제가 언제 생을 마감할지는 모르지만 죽기 전에 한번, 국가에서 많은 예산 받아 행해지는 이 행사에, 내빈석에서가 아니라, 행사장에 참석하는 말석에라도 초대받아 참석해 보았으면 하는 바람이 몸이 많이 아플 때면 들기도 합니다. 제가 방정환 선생의 마음을 다 알 수는 없지만, 방정환 선생도 살아 계시다면 어린이날 행사에 한번 쯤 말석에라도 참석하고 싶지 않으실까 생각이 들 때가 있습니다.

노인으로 태어나는 사람은 없습니다. 태어나는 인간은 질병이나 각종 불의의 사고로 일찍 죽지 않는 한 누구나 노인이 됩니다. 인류역사 수백만 년인데, 수명 길어도 120년은 아무것도 아닙니다. 며느리가 30~40년 후엔 시어머니나 장모가 되고 40~50년 후면 노인이 됩니다. 그 아들은 아버지가 되고, 할아버지가 되는 것입니다. 그러다 보니, 효친(孝親)과 경로(敬老)의 문제는 남의 문제 같지만 바로 자기의 문제요 모두의 문제입니다. 그래서 부모를 공경하고 어른을 모시는 풍토마저 없어지지 않았으면 합니다.

> 앞으로의 꿈이 있다면요?

이돈희 만들 때부터의 꿈이지만, 어버이날이나 노인의 날이 그 날에 정부 예산 받아 참석하는 자들의 행사로만 그치지 말고, 날이 제정된 취지가 무엇인지를 알고, 효 실천하는 공휴일로 되었으면 좋겠군요. 특히 올해의 꿈은, 우리나라의 모든 국회의원 약 300명이 영화 '울지마 톤즈' DVD 를 꼭 보셨으면 하는 것입니다.

아프리카 수단에서 의료봉사를 하시다가 작년에 대장암으로 48세로 선종하신 의사이자 신부요, 선생님이셨던 이태석 신부님이 주인공인 이 영화를 명실공히 국민과 지역주민의 대표자요 한분 한분이 입법기관인 모든 국회의원들께서 이 영화를 보시면 우리나라의 정치수준이 한층 올라갈 것을 확신하기 때문에 ,이를 위해 노력하고 있으나 아직 결정적인 방법이 없습니다. 지금까지 살아오는 동안에 국내외의 감동 깊고 훌륭한 영화를 많이 보아 왔지만, 제가 영화 DVD 300개를 구입해서라도, 우리나라 모든 국회의원들께서 보셨으면 하는 영화는 이 영화뿐임을 고백합니다. 영화가 자체가 좋아서이지 제작자와는 전연 아무런 관계가 없으니 오해 없으시길 바랍니다.

> 효친경로사상을 부활하자는 전도사로서 효에 대하여 한마디?

이돈희 까마귀도 늙은 자기 어미에게 먹이를 물어준다는 '반포지효(反哺之孝)'라는 고사가 있습니다. 부화기에서 태어나는 병아리나 오리 메추라기 등은 자기 부모를 몰라서 그렇지만, 엄연히 자기를 낳아준 부모가 있고 하느님으로부터 귀한 영혼과 양심을 받고 태어나 세상을 살아가는 인간이 왜, 자녀를 버리고, 부모를 버립니까? 자식이 가족이듯 부모도 가족이어야 합니다. 친부모. 시부모, 장인장모를 너무 구별하여 대우하지 맙시다. 친부모, 시부모, 장인장모는 모두 '나를 낳으신 부모, 나를 가장 사랑하는 부모, 내가 가장 보살펴 드려야 할 부모'일 뿐입니다. 자식과 부모와 배우자는 모두가 가족으로서 보호의 대상이지, 결코 버릴 대상이 아닙니다. 사람이면서 왜 가장 기본적으로 해야 될 일마저 팽개치고 살아가려 합니까? 그것이 흔히 내세우는 가난만의 탓입니까? 성격차이 탓입니까? 자식이 불구인 탓입니까? 부모가 늙고 병든 탓입니까? 이웃도 사랑하라 했습니다. 자식이나 부모, 시부모, 장인장모, 배우자가 이웃만도 못한 존재입니까?

자식이, 부모가, 시부모가, 장인장모, 배우자가 나만 못하다고 해서 갖은 정성 다해 기르는 반려동물만도 못한 존재입니까? 아무리 철이 없어도 그래서는 안 되지요. 반려동물보다는 사람을 더 사랑하세요.

부모님 싫을 때, 시부모님 처부모님 모시기 싫을 때 "낳으실 제 괴로움 다 잊으시고 기를 제 밤낮으로 애쓰는 마음"으로 시작되는 〈어머니 마음〉 노래를 3절까지 부르십시오. 기도하듯 성가, 찬송가, 찬불가 부르듯 이 노래를 부르십시오. 자기 한 몸 천당·극락 가기 위해 성당·교회·사찰 찾는다면 구태여 그곳 찾지 않아도 확실히 갈 것이며, 아무리 흉악한 인간 말종이라도 선한 인간으로 변모될 것입니다.

> 어버이날과 노인의 날 제정은 언제?

이돈희 어버이날은 1956년부터 1972년까지 16년 동안 어머니날이던 것이 1973년부터 제1회 어버이날로 변경되었습니다. 그보다 10년 전인 1963년에 제가 처음으로 만들었고, 이화여대가 만든 아버지날은 그 8년 후인 1971년에 만들었으며, 이화여대에서 아버지날을 만들고 행사한지 2년 후인 1973년부터 5월 8일 어머니날이 아버지날과 합쳐진 어버이날로 법으로 제정되었습니다.

노인의 날은 1968년에 제가 처음 만들고 3년 후인 1971년에 만든 제가 시범으로 서울 신촌에서 행사를 한 바 있고, 1997년에야 법으로 제정되었습니다. 제가 노인의 날을 만든 지 29년 만에 법으로 제정되는 결실을 보았습니다. UN에서도 노인문제가 세계적으로 심각해진 것을 인정하고, 대한민국 청년인 제가 노인의 날을 만든 지 23년이 지난 1991년에야 〈세계 노인의 날〉을 제정하고, 각 유엔 회원국에도 노인의 날을 제정토록 권장하였습니다. 우리나라에서 제가 노인의 날을 만든 지 29년 만에, UN에서 노인의 날을 제정토록 권장한 지 6년 만에 법으로 제정된 것입니다.

하나 더 밝히는 것은, 1990년 12월에 김영삼 대통령이 당선되고 대통령으로 취임하기 전인 1991년 1월 1일 당선자 시절에 제가, 우리나라 최초의 노인신문인 〈노인신문〉에서 '노인의 날 제정은 새 정부의 과제'란 신년사(新年辭)를 썼습니다. 이는 바로 그 신문의 그 날짜 신문에서 김영삼 대통령 당선자의 "국민 여러분, 감사합니다'란 제하에, 〈근하 신년인사〉가 크게 광고로 게재됨을 정홍순 발행인이 알려주면서, 신년사를 쓰게 해 준 바 있음을 증언합니다. 그 김영삼 대통령께서 임기 중인 1997년에 노인의 날을 제정하였으니. 이러한 것들도 우리나라에 노인의 날이 제정되는 과정의 하나가 아닌가 생각됩니다.

취재/ 조영관 편집위원(시인 · 경영학 박사)
하이 서울뉴스(2011.7.12) 참좋은이들21(2011년 9월호)

신춘대담

신춘대담 / 어버이날, 노인의 날 만든 사람 이돈희 씨

45년 외길인생 孝실천과 노인복지에 헌신

노인의 날을 효 실천 공휴일로 지정해야

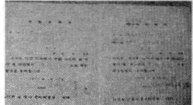

세상이 아무리 변하고 시대가 바뀌어도 변하지 말아야 하는 것이 부모에 대한 孝道와 자식에 대한 사랑이다. 하지만 요즘 세대는 무섭게 변해 부모와 자식간의 기본적인 윤리가 사라지고 있는 것은 종종 볼 수 있다. 이 시대의 돈키호테로 불리 우 만들 저돌적으로 노인문제에 매달려 외길인생을 걸어온 무척한 사나이.

고교시절부터 노인의 날을 제정하자고 주창해서, 노인문제에 뛰어 든지 45년, 어버이날에 이어 노인의 날이 제정되기까지 지난 45년간을 오로지 노인복지문제에만 매달려온 집념의 사나이 이돈희(65)씨가 바로 그 사람이다.

금년 10월 2일 제 15회 노인의 날이다. 1997년 김영삼 대통령이 노인의 날을 제정토록 하였고, 그 이전인 1973년부터 노인의 날을 제정하자고 발이 부르트게 쫒아다니던 학생이 있었으니 그가 바로 이돈희 이다.

이돈희씨는 어버이날과 노인의 날 만든 이/ 노인학 연구가/ 김정평가사/ 국민위원회 자문상담위원/ 효친효로사상의 부활을 위하여 홀로 널리 알리지 않은, 대한노인신문의 신유석 신춘호 맞이 효문화발전의 주역으로 한시대의 삶을 바쳐 온 이돈희씨와의 신춘특별대담을 마련한다. (편집자주)

△김광수 주간 = 안녕하십니까? 신춘 대담에 응해 주셔서 대단히 감사합니다. 효친효로사상이 급격히 사라지고 있는 노인들에게 노인문제 전문가들 겪어온 김과 새대에 대한 이야기를 나누어 보도록 하지요.

▽이돈희 씨 = 감사합니다. 제가 오지 못한 만큼 많아요.제가 오지 못한 만큼 많아요. 좋아 오신다고 권문하게는 소리들 등에 있는 사실 주소는 것은 누구나 다 잘 알고 또 해야 하는 것이고, 노인문제로 무리 도 노인이 정보와 지금 훈련은 구인분들 걸려서도 경북 다 노인이 하기 때문에 무의로 두어 문제와 함께 노년을 나누어 왔습니다.

△김 = 어릴 적에 오늘 이 나이에 아버지 봉양 문제에 매달린 것인가? 어버이날의 제정, 또 노인의 날 제정을 여러 통로를 통해 노력했던데 건제부터 노인문제에 관심을 가지게 되었는지요?

▽이 = 고교 2학년 때부터입니다. 고교시절 1960년대 초 서울의 외곽지역만을 하던 마포구 도화동의 그 당시로서는 세월 최초의 주공이파트라는 외곽지에 가고 있는 것을 보고 있었습니다. 조부모를 보고 모여 있는 정기, 새로운 새우시는 틈틈이 두어 넓이 가슴을 두드리시는 틈틈이 새는 휴식의 취하시는

것을 보고 노인문제에 대한 심각성을 일깨 게 되었죠.

아버지 날을 생각한 것은 심리상식 2학년에 저희 중이던 1963년이었는데 어머니께서 저희 날을 만들자고 창의하신 걸로 아버지께, 기재저희는 편지를 쓰고 아버지께서 넘 본을 일정 지 그로써 준답관해 아버지 닐 제정을 주장했었습니다.

어머니 없이 두 부자가 자취를 하시어 뒷 바라지 하시느라 부모의 효와 귀중 별을 느끼게 해 주었죠. 그때 어머니에 대한 사 심이 사회로 개념으로 확산되었다고 할 수 있겠습니다.

그런 생각을 가지고 있었으나 고등학교 2학 년도 초요, 날, 아버지는 어려히 외버지 가지고 아버지가 아버지까지 아버지가는 생각이 들어. 방과 후마다 학교와 집 말지를 몰랐다.

니께 1,000여명 놓을 대상으로 아버지 날 제정에 대한 설문조사를 벌였습니다.

△김 = 그 외사가는 그린 노력이 결국 여어 님날을 이끌어내는 바래 되었다고요?

▽이 = 고등학교를 마치고 1965년 동국대 사학과에 입학을 하였고, 대학생활을 시작한

변의 할머니 할아버지와 양로원들 어르신들을 찾아다니어 노인에 관한 연을 조사했지요.

노인들과 만나면서 노인 대한 예를 들고 싶었습니다. 그래서 노인의 날을 제안하고자 하면서도 생각을 갖게 되었습니다.

대학체육대회 하반학에서 있어 체후 조기회 도 쓰지 않고 1969년 검색회의정과 노인의 날 봉사가족으로 투입한 결과 통건 중적다가 1971년 눈 누길에 겨운 제1회 노인의 날 행사를 계획한

적이 있었다. 하지만 결국 1973년에는 국가에서 어느 날 사업을 깨졌지만 소에 비를 했지 무단을 통해 사업을 치를 수 없어 이원 모서 아 방치의 목을 알 수 없었다는 상황과 이내 외지가 아닌 가족이 보내는 자의 마다 그 이유가 없어지고 그러내서 노인들에게 관심을 가지게 된 마음이 들었군요.

그런 개인적 업자 김종간기사원뿐인 하고 있을 때 그 당시 재무부에 토지감정과 한국토지공사에 가형적으로 입사를 하게 됐지요. 그리고 제 능력에 연구회를 일어났다는 것이 노인, 토지금감은 이후에 토지공사에 한국토지공사의 이름을 바꾸었어요.

제가 토지공사에 입사한 동기로 저 개인의 가건 것을 노인 정가업에 끌어내서 어린이의 가는 돈이보다 노인 가족의 신체적 안정을 가치 있게 한다는 생각이 있었지요.

1997년 산퇴 1998년 퇴직할 때까지 제 직원 업무와 노인문제모자에 열중을 바쳐왔는데, 대한노인신문창간가 만든 것도.

△김 = 대한노인문제에도 인연이 깊으시니

▽이 = 제가 토지공사에 근무할 때 당시 대한노인신문구(전국 한국노인신문)사장이 와서 1982년 당시 15회 노인의 날을 맞이하 명백보정공제에 2017년 10월을 노인의 날 공휴일로 지정한 일을 청원했다고 합니다.

그리고 지난 수년간 있는 86회 검제 언제나 했으니까, 정기자지대예 같기여 자료도 제가 담당노인신문설인 청원회 이사를 맞고 있습니다. 지난 20년 연의 가 되었지요.

△김 = 이돈희님의 효심운동을 노인문제 활동에 부인데서 그와 주시거나 가정불협한 것은 없으신가요?

▽이 = 제가 힘들고 여러배 좌절될 때마다 집사이야 오로지 요거 용원드로, 이런 것 아 내면 것이 없어서 앉아서 너무 아침부터 좋아 구요. 결혼해서가 지금 늘어서 건강이 말나가 저를 따른 모르는데요. 집안 살 여기에 먹으려 살이 살 하고 사용하는 게 있습니다.

제가 참으로 많다는 저청심성활도 반기 싶었고 노인문제를 제외한 때는 아내 별에 녹여가지 되자 어머니가 1979년 세상이 떠나셨을 뒤요. 교사상담을 받아 직장생활을 시작하게 되었죠. 건물리더한 1971년 반에 교사받아 없었지만 했더 없던 있다며 부인과 시 대편에 어느 대화에서 다시 지정한 것을 지금 것입니다.

△김 = 이돈회님에서 노인문제활동과 중신 전문운동을 별에 오신데서 가장 뜻 짓고 생각하신 것과 꼭진하신 것은 들려주시지요.

▽이 = 역시 아버지 날과 노인 날이 저의 뜻데로 다소년의 시간이 흐른 뒤에도 제도 제도되어 기억 존정을 이에 받는 사람은 저 분원이 심 그 시작을 봄받 솔림을 확입니다.

제가 세인을 긴지지 전치님인지피고할 니 외인에게 어린이날을 만들던 방준호 선생님도 소파의 것이 네서 그 뜻을 따른다는 의미도 있는 것 같습니다.

선만사고를 2년 전까지 대한일 선생님이세요. 병원을 선생님은 24세에 어린이날을 마시는 이후 9년 만의 33세 때 돌아가셨어요. 그래서 병원을 선생님은 어린이날 후반 강조적은 28년, 태평시킨지 13년 만에 국가적으로 어린이날을 제정되어 1인세에 어린이날을 만들어 10년 후에 어린이날을 한국에 어버이날은 제정되었고, 21세에 어린이날을 만들어 30년 만에 1997년 65세에 효친효로사상의 노인의 날도 만든 사람입니다. 또 보는 사람이라고 생각합니다.

제 자손은 정파이래 병준호 선생님이 효가

국회의원들에게 "울지마, 톤즈" 영화 관람을

△김 = 신년에 특별하게 바라는 일이 있다면?

▽이 = 금년이 노인의 날 제정 15년이 되는 해 입니다. 저는 15회 노인의 날을 맞이 하게 명예보정공제에 10월을 노인의 날 공휴일로 지정한 주어 온다.

10월 19일이 국군의 날, 3일의 개천절이 2일을 공휴일로 했단거, 3일 연휴가 되도록, 부모님을 찾아뵙거나 부모님과 효도를 할 수 있는 시간을 드레지는 것은 부모님이 국민의 가슴, 모두 것을 알고, 연휴 2회의 이 노력, 그로 모두 이미 제 그런 몸에서는 학생들을 먹을 때 겪습니다.

10월 첫 번째 경로주간, 10월을 경로의 달이라 부르는 것을 감안한다 노인의 총심군수단 것으로 하여 어떤 뜻닷새 없이 상어 싶어요. 어떤 많은 아버지 효친효로사이도 짠은 사람들이 나가는 그 나를 될 것같이요. 이처자 침은이들이 부모님께 효를 통하지 아니라요.

△김 = 앞으로 계획이 있으시다면?

▽이 = 앞으로 2년 후면 저에 [효친효로사상의 부활을 위하여] 10주년이 됩니다.

그래서 지난 10년 동안 큰 길이나 방송연설 때 등을 모아[효친효로사상의 부활을 위하여]2권을 발간하려고요.

또 2017년에는 저가 그동안 연구해온 [예수님의 생애]에 대한 책을 집필 예정으로 있습니다.

우선 금년 3월중에는 우리나라 국회의 299명 의원 모두에게 아프리카에서 설교하다가 작년 48세로 고한 임원을 다룬 이태석신부가 만든 [울지마, 톤즈]라는 영화를 꼭 보여드리고자 합니다.

△김 = 오랜 시간 감사합니다.
▽이 = 네 감사합니다.

어버이 날을 만든 1등 공신, 이돈희 씨를 만나다

인터뷰 365 김우성 인터뷰

작성자 김광흥 (mumula@empal.com)
40년 전, '노인의 날' 처음 주창한 그를 만나다 / 김우성

어버이날은 언제 누가 만들었을까?

지난 4월 18일, 인터뷰 365닷컴에서는 지금으로부터 40년 전 경로사상의 중요성을 강조하며 '노인의 날'을 만들자고 외치던 이돈희 씨의 사연을 소개했었다. 74년 당시 서울 건국대학교 행정대학원 부동산학과를 나온 행정학 석사이자 토지평가사였던 그는 자비로 경로잔치를 여는가 하면 방송출연, 신문투고, 사회단체 및 저명인사 방문 등 발이 닳도록 뛰어다니며 노인문제와

노인의 날 제정을 역설했었다. 당시만 해도 노인문제에 대해 지금만큼 심각하게 받아들이지 않았던 터라 홀로 고군분투하던 그의 외침은 더욱 값진 것일 수밖에 없었다.

이돈희 씨의 근황을 취재하던 중 그가 여전히 자활노인마을 건립에 인생의 마지막 꿈을 걸고 있으며 '노인의 날'뿐 아니라 '어버이날'이 제정되는 데에도 적지 않게 기여했다는 이야기를 들을 수 있었다. 물론 연중 기념일은 국가에서 지정하는 것이기에 다양한 의견을 수렴하여 관계 부서의 실무 절차를 거쳐야 할 것이다. 하지만 '노인의 날'과 '어버이날'이 제정되기까지의 과정을 살펴보면 그의 주장이 결코 억지라고 볼 수 없는 부분이 있었다. 어느덧 이순을 넘겨 머리가 희끗해진 이돈희 씨를 만나 자세한 내막을 들어보았다.

> 노인의 날과 어버이날을 직접 만드셨다고 들었습니다?

이돈희 1991년 유엔에서 '세계노인의 날'을 만들기 23년 전, 우리나라에서 '노인의 날'을 만들기 29년 전인 1968년에 제가 혼자서 만들었습니다.(웃음)

꿈 많던 스물한 살, 동국대학교 4학년 대학생 때였죠. 이후 3년을 준비한 후인 1971년 4월 8일에 서울 신촌에서 시범으로, 제1회 노인의 날 행사 기념식을 열었습니다. 당시는 제가 마포에 살았던 때이므로, 마포구청장, 마포경찰서장, 사단법인 대한노인회장 등 기관장을 어렵게 내빈으로 초대하고, 할머니 할아버지 450여 분을 모시고, 국악인의 노래와 춤을 선사하고, 음식을 대접하고 선물도 드리면서 노인의 날을 탄생시키는 행사 자리였는데, 당시 부모님 슬하에서 대학원 진학을 위해 준비했던 등록금의 일부와 아버지께서 방 한 칸을 전세 놓아 마련해 준 돈을 노인의 날 행사비로 했습니다.

이후도 노인의 날 탄생을 위한 행사를 갖겠다고 다짐은 했으나 대학생 아르바이트 수입으로는 엄청난 경비를 감당할 수 없었습니다. 밤에는 가정교사를 하고 주말에는 신문을 팔았으나 역부족이었죠. 결국 이듬해 행사는 취소되었지만 곧바로 '한국노인문제연구소'를 차리고 1976년 '한국노인학회'를 설립, 본격적으로 노인문제와 노인학을 연구하게 되었습니다.

> 어버이날 역시 혼자서 만드셨던 건가요?

중학교 입학식날 부모님과 함께

이돈희 그렇긴 한데 노인의 날이 만들어지던 과정과는 조금 다릅니다. 원래 제가 만들자고 했던 건 '아버지날'입니다. 우리나라에는 이미 1956년도부터 '어머니날'이 있었죠. 제가 무녀독남 외아들이라 어릴 적부터 아주 외롭게 자랐습니다. 제가 태어나기 전부터 건강이 매우 안 좋으셨던 어머니는 오랫 동안 외가에 가 계셨고, 아버지는 건축 일을 하셔서 주로 지방에 가 계셨기 때문에 초등학생 때부터 혼자 밥을 해 먹고 학교를 다니는 외로움은 이루 말할 수 없었습니다. 그 시절 가끔 집에 오시는 아버지로부터 크나큰 부정을 느꼈던 게 아버지날을 만들자고 했던 계기가 되었습니다. 그래서 아버지날을 만들자고 잡지나 신문 지면을 통해 투고를 하고 힘닿는 대로 광고를 냈습니다. 선린상고(현 선린인터넷고) 2학년 학생 때인 1963년에 1,252명을 대상으로 "아버지날을 언제로 하면 좋을까"에 대한 설문조사를 실시해서 그 결과를 곳곳에 제출하기도 했습니다. 이후 10년 만에 어머니날과 아버지날이 합쳐져서 1973년부터 어버이날이 된 것입니다.

> 어려운 점은 없으셨나요?

이돈희 제가 노인의 날을 만들자고 하던 당시에는 아무도 노인문제에 관심을 갖지 않았습니다. 저에 대한 시선 역시 곱지 않았고요. 요즘 말로 튀어보려는 사람 정도로 여겼던 것 같습니다. 노인의 날 제정 취지를 설명하려고 찾아간 신문사나 방송국에서 이상한 사람으로 몰려 쫓겨난 적도 많았습니다. 그렇게 끊임없이 노인의 날 제정을 주장하다가 노인의 날 만든 지 25년이 되는 1993년에 김영삼 정부가 들어설 무렵, 한국노인학회장 자격으로 언론에 신년사를 쓰면서 "노인의 날 제정은 새 정부의 과제"라는 제목으로 대통령께 드리는 글을 올렸습니다. 당시가 김영삼 대통령이 당선자로서, 취임하기 두 달 전인 1993년 1월 1일의 일인데, 김영삼 대통령 새 정부가 임기 내의 업적으로 반드시 노인의 날을 제정할 것을 촉구하는 내용이었습니다. 그리고 김영삼 정부의 종반 무렵인 1997년 10월에 노인의 날이 제정되었습니다. 한국토지공사에 부장으로 재직 중이었구요.

어버이날 역시 제가 만들었던 아버지날이 단초가 되어 이화여대 기독교학과에서 개최하였던 아버지날 행사, 그리고 기존의 어머니날과 하나로 통합해 어버이날로 태어나게 된 것입니다. 아버지날을 공인받기 위해 생각해낸 것이, 저 같은 아들 보다는 아무래도 딸이 아버지를 더 좋아할 것 같고, 사회적으로 영향력도 있고 재학생 딸들과 졸업생 딸들이 가장 많은 이화여대의 신문인 이대학보 1968년 5월 20일자에 아버지날 광고를 냈고, 그 3년 후인 1971년에 이화여대에서 〈이화의 아버지날〉 행사를 개최하였으며 각종 유력매체에서 기사로 다루게 됩니다.

미국에도 어머니날과 아버지날이 따로 있지만, 우리나라에는 날들이 너무 많다고 하여, 두 날을 합친 것입니다. 후에 언론사 간부가 된 기자 분들이 제가 언론에 투고하고 광고를 하던 당시를 기억하시고는 후에 취재를 많이 오셨습니다. 아무도 알아주지 않던 노력을 뒤늦게 공인받은 셈이죠. 이화여대의 월간 영어신문인 〈Ewha Voice 이화 보이스〉에서도, 금년의 어버이날이 다가오자 특집기사를 쓰고자 관련 자료를 찾던 중 저를 알았다고 하면서, 차지혜, 강성혜 두 기자가 지난 4월 2일에 인터뷰 왔었어요. 세상에! 이대학보에 광고한 지 무려 40년 만에 이화여대 기자들이 찾아온 것입니다. 이대학보에 광고할 때는 저도 두 기자처럼 젊은 대학생이었는데, 강산이 네 번 변하는 세월의 흐름 따라 40년이 지난 지금 저는 회갑이 지났으며, 아들과 딸보다도 젊은 기자들이 저를 찾아왔습니다. 하하하.

그는 외국의 사례를 인용하여 우리나라에 '실버타운'이라는 말을 처음 도입한 사람이기도 하다. 동국대 상학과를 졸업한 그는 노인들이 여생을 보낼 수 있는 마을을 건립하기 위해 당시 국내에서 유일하게 부동산 전공 과정이 있던 대학원에 진학한다. 부동산을 알아야 실버타운을 만들 수 있다는 생각에서였다. 이후 토지평가사(지금의 감정평가사)로 일하며 노인문제 해결을 병행해가던 그는 색안경을 끼고 보는 일각의 시선을 불식하고자 1977년에 한국토지공사에 입사한다. 같은 주장이라도 당시에 그리 알려지지 않은 토지평가사란 위치보다는 아무래도 공신력 있는 국영기업체 직원이라는 위치에서 일하는 편이 훨씬 효율적이라고 판단한 것이다. 20여 년간 한국토지공사에 근무하다가 퇴임한 그는 한국노인학회장을 거쳐 현재도 감정평가사로 일하며 국민권익위원회 전문상담위원을 겸임하고 있다.

> 한 저명인사의 아버지가 거리에서 구걸하는 모습을 보고
> 노인문제에 투신하신 걸로 알고 있었습니다만
> 아버지의 부정도 큰 영향을 미치셨다고요?

이돈희 노인의 날이든 아버지날이든 진짜 계기가 되었던 건 초등학교 재학 시절로 거슬러 올라갑니다. 아까 말씀 드렸듯이 아버지와 단 둘이 살았던 저는 가족간의 사랑이 사무치게 그리웠습니다. 초등학교 학생 때 아버지께서 들어오신다는 소식에 밥을 차렸습니다. 지금이야 쌀을 물로 몇 번 헹구고 바로 밥을 지으면 되지만 당시에는 쌀에 돌과 뉘가 많이 섞여 있었어요. 조리질을 할 줄 몰라 쌀을 신문지에 깔아 놓고 일일이 골라내고 나서 밥을 짓는 겁니다. 그렇게 밥을 지어도 이상하게 가끔 돌이 나와요. 아버지와 마주 앉아 밥을 먹는데 '꽉'하고 돌을 씹으셨던 적이 한두 번이 아니었죠. 그럴 때마다 아무 말씀 안하시고 그냥 드셨습니다. 불호령이 떨어져야 마땅한데 초등학생인 제가 미안해 할까봐 뱉지 않고 그냥 꿀떡 삼키시는 겁니다. 돌을 씹으시는 것도 미안한데, 안 씹으신 척 그냥 삼키시니 곱빼기로 미안할 수밖에요. 속으로 말할 수 없는 부정을 느꼈지요. 그런 일들만이 아니었습니다. 어머니 젖을 만지던 버릇에 낮에는 왠지 무서워 아버지 곁에 잘 안가는 제가 잠결에 모르고 아버지의 젖을 만질 때도 있었어요. 더듬다보면 잠결에도 크기나 부드러움이 다르잖아요. 하하. 서로 얼마나 깜짝 놀라요. 그러면 어머니 찾는 제가 불쌍해서, 무안하지 않게 살며시 꼭 품어 주시는 거예요. (감정에 복받친 듯 그는 잠시 눈물을 훔쳤다) 이러한 부정이 모정만 못하지 않잖아요?

> 많이 그리우시겠습니다.

이돈희 당시에는 6.25를 겪은 지 얼마 지나지 않았을 때라서 전쟁으로 아버지를 잃은 친구들이 많았어요. 어

머니 혼자 아무리 노력해도 가정이 대부분 가난했고, 친구들도 생기가 없었지요. 수업료를 못내는 아버지 없는 친구들도 있었어요. 그런 친구들이 얼마나 아버지가 그립고 보고 싶겠어요. 아버지의 소중함과 따뜻한 부정이 더욱 와 닿을 수밖에 없었죠. 저는 고마운 아버지가 계셔서 수업료 걱정은 안하고 학교엘 다닐 수 있으니, 이것도 정말 감사하다 생각했어요. 그래서 자식들을 위해 직장에서 온갖 스트레스 참아가며 불철주야 평생 고생하시는 각 가정의 아버지들께 우리 자녀들이 모두 감사하게 생각하고 효도했으면 해서 아버지날을 만들었던 것이지요. 살아가기 힘들고 세상 복잡할수록 그 자녀들이 효도해야 하지 않을까요?

> 어버이날과 별도로 노인의 날을 만드신 이유가 있으신가요?

이돈희 어버이날은 자식이 있는 부모라면 누구나 해당되는 사항입니다. 어버이 날이라 하면 1년에 하루만큼은 자식과 부모가 한 자리에 모여 사랑을 나누어야 할 텐데 고령의 부모들은 그렇지 못해요. 농사지으며 3~4대가 같이 살던 시절이야 문제가 안 되겠지만 지금은 핵가족으로 모두 떨어져 살고 다들 바쁘잖아요. 그래서 멀리 떨어져 사시는 노부모님과 조부모님 즉, 할머니와 할아버지, 어르신들을 위한 노인의 날이 따로 있어야 합니다. 자식들과 만나기 위해 반드시 공휴일이어야 하고요.

어린이를 보호해 주어야 한다면 노인은 공경해 드려야 합니다. 어린이날처럼 공휴일로 해주면 좋겠고, 공휴일이 불가능하다면 어버이날과 노인의 날을 차라리 토요일이나 일요일로 다시 제정해 줄 것을 꾸준히 건의 중입니다.

> 경로사상이 갈수록 희미해져 가고 있습니다.
> 40년 전과 비교해서 감회가 어떠신지요?

이돈희 요즘은 부모를 자식의 욕구 들어주는 사람 정도로만 알아요. 얼마 전에는 한 대학생이 어머니를 때렸다는 뉴스도 있었습니다. 또 노부모들이 자손들 보고 싶어서 찾아가면 용돈 받으러 온 사람 취급을 해요.

어린이는 어머니 아버지와 할머니 할아버지를 보고 배웁니다. 부모와 조부모 사이가 나쁘면, 조부모는 부모를 미워하는 나쁜 사람, 즉 나의 할머니 할아버지가 아니라 나의 적으로 생각하게 됩니다. 자식을 키우는 부모들, 특히 어머니들이 매우 주의해야 할 점입니다. 고부간의 갈등은 자라나는 자녀들에게 아주 나쁜 영향을 끼칩니다.

> 사회의 기본은 가정입니다.
> 가정이 사회를 이루고 사회가 국가가 되지 않습니까?
> 나의 희생 없이 가정이 평안할 수 없습니다.

이돈희 부모님께 받으려고만 하지 말고 이제는 사랑을 베풀어 보세요. 그는 인터뷰를 마치고 돌아서려는 기자에게 "나이 50만 되면 직장에서 나와야 하고, 시어머니라고 별다른 존재가 아니라, 아들 낳은 며느리가 김장 서른 번 하면 누구나 시어머니가 된다."고 말했다. 모두가 노인이 된다는, 시간의 진리를 역설한 그의 일성은 연례행사가 되어버린 어버이날에 그 어떤 메시지보다 강렬하게 다가왔다.

인터뷰 365(2008.5.13)
동일자 선린상고57회 홈페이지

✢위 인터뷰 기사 중, 모두 익명으로 처리된 졸업학교,
관계대학 및 틀린 연도와 수치 등 일부 기사는 주인공이 수정 보완했습니다(이돈희).

이성민	본 기사를 읽으신 분들께서는 간단히 멘트 좀 부탁드립니다.
임명선	나이가 들어 돈벌이 아닌 봉사를 한다는 것은 우리 인생의 멋진 종착역에 도착할 징조입니다. 이돈희 동기 너무나 한 곳에 몰입하는 외골수랄까? 하여튼 좋은 일 많이 하시구려 !!!

1년에 하루라도 경로 실천하는 날을…

세계일보 황온중 기자
ojhwang@segye.com(2006.10.01)

"갈수록 희박해지는 경로 의식을 일깨우고 노인의 날이 효를 실천하는 공휴일로 지정돼 1년에 하루 만이라도 노인들께 위안을 드렸으면 합니다."

2일은 제10회 노인의 날. 40여 년간 효 실천과 노인복지를 위해 외길 인생을 걸어온 사람이 있어 화제다. 그 주인공은 국민고충처리위원회 민원상담전문위원이면서 한국노인학회장을 맡고 있는 이돈희(59) 씨.

이 씨는 고등학생 때 아버지날을 만들기 위해 노력했고, 대학생이 된 후에는 노인의 날 제정에 앞장 서왔다.

"노인문제는 결코 남의 일이 아닌 우리 모두의 과제입니다. 그럼에도 우리 주변에는 멸시와 학대를 받으며 불우한 나날을 보내거나 사회에서 소외된 노인들이 너무 많습니다."

그는 "10월 3일이 개천절이니 2일을 공휴일로 지정해 연휴가 되게 함으로써 부모님을 비롯한 어른들을 찾아뵙고 정을 나누고 효도할 수 있는 시간을 갖게 하자는 것"이라며 "공휴일이 불가능하다면 일요일로 옮기는 것도 하나의 방법"이라고 제시했다.

이렇게 그가 노인문제에 본격적으로 뛰어든 것은 대학 4학년 때 낯선 할아버지의 기구한 처지를 접하고 나서다. "아무리 보아도 행색이 거지같지 않아 캐물었더니 유학파 출신 아들에다 유명한 며느리를 두고 있지만 외면하고 돌봐주지 않아 생활비를 구하러 나섰다는 겁니다."

이 사실에 심한 충격을 받은 이 씨는 주변의 할아버지 할머니나 양로원을 찾아다니며 노인복지의 현실을 조사하고 애환을 듣는 가운데 노인의 날을 만들어야겠다고 결심했다.

그는 노인문제에 대한 열정으로 대학원생 시절 한국노인문제연구소를 만들었고 직장에 다니면서는 한국노인학회를 설립했다. 또 20여 년 간 뛰어다닌 그의 노력과 사회의 관심이 열매를 맺어 1997년 10월 2일이 노인의 날로 제정되기에 이르렀다.

'노인박사'로 불리는 그는 노인의 날과 더불어 아버지날을 만든 숨은 일꾼이기도하다. 고등학교 재학 시절 아버지날을 만들자고 청와대를 비롯한 곳곳에 편지를 쓰고, 아르바이트로 번 돈을 일간지 광고비로 충당하며 기념일 제정을 위해 전력투구했다. 그렇게 열심히 아버지날을 홍보하고 다닌 끝에 1973년 국가에서 어머니날을 아버지에 대한 감사의 의미를 함께 담아 어버이날로 바꾸었다. 그가 아버지날 제정을 주창한 지 10년 만의 일이다.

현재 감정평가사로 일하고 있는 그는 외롭고 힘든 지난날의 이야기를 엮은 '효친경로사상의 부활을 위하여'란 책을 펴내기도 했다.

가장 존경하는 사람으로 그는 어린이날을 만든 소파 방정환 선생을 꼽는다. 그것은 고교 선배인 방정환 선생이 어린이들을 위해 일생을 바쳤듯이 '제2의 방정환'이 되어 노인들을 위해 같은 길을 걷고자 하기 때문이다.

이렇게 경로사상을 강조하는 그에게도 2년 전부터 말 못할 아픔이 찾아왔다. 그것은 바로 30여 년간 모셔온 어머니가 심한 우울증으로 요양원에 가시게 된 것. 그는 하루도 빠짐없이 '눈물의 기도'를 하며 어머니의 쾌유를 빌고 가까이서 모시지 못하는 것을 못내 가슴 아파하고 있다. 이제 그는 자활 노인마을(Silver town) 건립에 인생의 마지막 꿈을 걸고 있다.

"기존 양로원과는 달리 노인들이 자율적으로 꾸려가는 의료시설, 등산 코스, 운동시설, 도서관 등을 갖춘 50만 평 규모의 노인마을을 구상하고 있습니다. 현재 5,800평 정도를 마련했지만 혼자만의 힘으로 불가능하다면 뜻 있는 사람들과 합심하여 반드시 이뤄 내려 합니다."

그는 "효라는 것은 대단한 것, 어려운 것이 아닙니다. 전철이나 버스에서 노약자 자리 하나라도 존중하는 것. 그것이 바로 이 시대에 노인을 공경하는 기본이 아닐까 싶다."라고 강조했다.

| 추무길 | '상덕'이라는 자, 신라 때 효성이 지극하여 임금이 그의 비석까지 세우게 하였답니다. 상덕은 흉년이 들고 열병이 유행하여 어머니가 굶어 죽게 되었는지라, 그는 자신의 넓적다리 살을 베어 잡수시도록 하였고, 어머니가 종기가 나자 빨아서 낫게 하였다 합니다.
예나 지금이나 쌍것들 많아서 자식사랑이 부모 사랑하는 것 보다 더 하다는 말 함부로 많이들 해 왔는데 그 험하고 몰상식한 말을 실천하여 옳은 대접 받는 사람 누가 있습니까? 그런 자들 오히려 자식으로부터 버림받는 세태를 만들어 낸 장본인들이지요. 끊임없이 부모에게 효도함을 자식에게 보여줌이 진정한 자식사랑이라는 단순한 진리를 모르는 현세의 마구잡이식 가정교육풍토에 환멸의 비애를 느낍니다.
이돈희 친구에게 격려의 박수를 보냅니다. 계속 노력 해 주시길 부탁합니다. |

| 이돈희 | 추무길 학형! 벌써30여 년 전이지? 내가 결혼하기 전에 청파동3가에 있는 내 예비 처갓집엘 갔다가 자네가 바로 내 예비 처갓집 옆집에서 사는 것을 알고 서로가 반가워했던 일이! 그래서 졸업 후에 더욱 가까워져서 박용배랑 자네가 우리 집에 와서 밤새도록 맥주 마시고 새벽에 달아났던(?) 일도 생각나나? 그 때 내가 부모님을 모시고 있었으니, 아마 자네가 미안한 생각이 있어 그랬다 생각되네. 재미있는 추억이네. 잊지 않고 격려의 박수를 주어 고맙네. 이 일을 하면서, 친구의 관심이나 격려가 얼마나 힘을 돋우어 주는지 모를 걸세. 솔직히 내가 하는 일들이 너무 힘든 일이거든..... 다시 한 번 감사하네. |

10월2일 노인의 날을 공휴일로 지정해 주십시오

취재 / 김향기 기자

가정이 잘 되어야 사회가 잘 되고 나라가 잘 되는 데 어떻게 하면 좋을까. 입만 열면 노인문제와 효도문화에 대해 해박한 이야기를 풀어놓는 이돈희 선생. 40여년 이상을 효친경로사상의 부활을 위해 홀로 몸부림을 쳐온 그는 이미 그의 저서 『효친경로사상의 부활을 위하여』에서 진솔하게 나름대로의 진단과 처방을 밝혔듯이 노인문제 해결이야말로 가장 중요한 키라고 말한다.

10월 2일 노인의 날을 앞두고 이돈희 선생을 만나 이야기를 들어보았다.

> 여름휴가를 이용, 캄보디아와 베트남을 다녀 오셨다구요?

이돈희 예. 내전의 후유증으로 고통을 받고 있는 위 두 나라를 지난 7월 29일부터 8월 3일까지 6일간 다녀 왔습니다. 외국인들이야 관광지로 다녀가고 있습니다만, 전쟁의 유골들을 모아 논 끔찍한 장소라든가, 30여 년 전 전쟁 때 매복해 둔 수류탄이나 지뢰를 아직도 밟아 한쪽 또는 양 팔다리가 떨어져나간 소년소녀들의 비참한 삶을 보면서, 어릴 때 겪었거나 말로만 듣던 우리나라의 6·25를 생각하지 않을 수 없었습니다. 전쟁이란 정치인들의 도박으로 일어나지만, 피해는 결국 국민에게 돌아감으로 어떠한 경우에도 전쟁은 있어서는 안 된다는 생각과 국방력이 튼튼해야 전쟁이 억지될 수 있는 냉엄한 현실임을 절감했습니다.

> 선생님께서는 누구도 생각하지 않는 일을,
> 누구도 알아주지 않는 상황을 무릅 쓰고 어린 나이에 앞장서서 해오셨습니다.
> 효친경로사상을 부활시키겠다는 일념으로 16세에 아버지날을 만들고,
> 21세에 노인의 날을 만들었습니다. 최근의 심경이 어떠하신지요?

이돈희 우리나라에는 수많은 효 관련단체와 전국적인 조직의 노인 단체, 아직 몇 안 되긴 하지만, 효 관련 신문 잡지들도 있습니다. 저는 5월 8일이 어머니날이기만 하던 시절에, 아버지날을 만들고 어버이날로 변경된 5월 8일과, 그 후 노인의 날을 만들 당시부터 위 두 날을 정부에서 효를 실천하기 위한 공휴일로 만들어 줄 것을 기회 있을 때마다 호소해 왔습니다.

두 날이 모두 공휴일이 안 되면, 노인들이 부모가 되는 노인의 날만이라도 공휴일로 되길 기대했지만, 공휴일로 제정이 되고 있질 않습니다. 물론 저 개인의 힘엔 한도가 있음을 누구보다 잘 압니다. 그러나 지금 말한 각종 단체나 언론기관을 포함하여, 윤리·도덕을 가르치는 각급 교육기관과 정치가, 장관, 국회의원 등이 힘을 합치면, 없는 위 두 날을 새삼스럽게 만들어 달라거나 공휴일로 호소하는 것도 아니고, 이미 있는 위 두 날이나 그 중의 하나인 노인의 날만이라도, 부모에게 효를 실천할 수 있는 계기를 마

련하는 공휴일로 제정해 주십사는 것입니다.

> 혹자는 외국에 비해 공휴일이 너무 많아 공휴일을 줄여야 하는 추세에
> 주 5일 근무로 인해 일하지 않는 날이 많은데,
> 노인의 날마저 공휴일로 되면, 경제가 안 돌아가느니,
> 수출에 지장이 있다 말합니다. 어떻게 생각하십니까?

이돈희 정말 그것이 노인의 날을 공휴일로 지정하면 안될 만큼 중요한 일이라고 생각하십니까?

점점 부모와 이웃과 사회와 선후배를 몰라보는 세상이 일반화되다보니, 기자님 아시다시피 최근에, 아주 기막힌 일이 발생했지요.

추운 겨울에 있을 곳이 없어 찾아온 노부모를 되돌아가라 한 후 돌아가지 않자, 보일러와 전기 등을 끊고 아들과 며느리가 집을 나가버려 아버지는 얼어 죽고, 어머니는 이웃이 발견하고 신고하여 겨우 죽음은 면했다는 것이 우리나라에서 발생하는 일입니다. 이래도 자식이고 며느리입니까?

중국의 원자바오 총리는 외국 순방 중에, 참석한 자기나라의 유학생과 교민들에게 연설을 하는 자리에서, 노인이 서서 있음을 알고, "70세 이상 노인께선 손을 드세요."라고 한 후, 수행한 장차관들을 일어나게 하고, 그 노인들을 자리에 앉게 하는 경로사상을 보였습니다.

우리나라의 고위정치가에 이런 인격을 가진 분이 있습니까? "노인 분들은 힘드신데 투표하지 않아도 됩니다."라거나, "중고등학생부터 대학까지 다녔지만, 그 중에 존경할 만한 분 한 분도 안계십디다."라고 그것도 다른 분이 아닌 교장 선생님들을 앞에 앉혀 놓고 자기자랑 하는 것이 널리 알려

질 정도의 실제 상황이자 효친경로사상의 수준입니다. 이래서는 안 되지 않나요?

국민과 자라나는 청소년에게 일거수일투족이 널리 알려지는 정치가들의 수준이 이러한 정도이니, 그들로 부터 무엇을 배우겠습니까?

> 노인의 날을 공휴일 아니면 최소한 일요일로 옮겨서라도
> 그 의의를 드높여야 한다는 것이 선생님의 한결같은 필생의 소원이신데,
> 정치권에 하고 싶은 말씀이 있다면?

이돈희 노인의 날은 10월 2일이라고 하는 날짜와 노인의 날이 되었으니, 행사를 안 할 수 없어 하는 형식적인 행사가 중요한 것이 아닙니다. 노인 세대를 포함한 노인이 아닌 세대인 청소년과 얼마 후면 노인이 될 장년 세대까지 노인의 날이 제정된 취지를 살리고 효친경로사상을 선양하는 분위기를 사회와 국가에서 조성하여야 하는 것입니다. 그래서 이 날을 공휴일로 하든가, 공휴일로 하는 것이 불가능하다면, 노인의 날을 일요일로 옮기는 것도 하나의 방법이라 생각합니다. 즉 한국에서는 생소하지만, 미국에는 어머니날이나 아버지날처럼 외국에는 일요일을 날로 정하는 경우가 많습니다.

한국에서도 몇 째 주 일요일을 노인의 날로 한다는 식으로 날짜 대신 일요일을 노인의 날로 변경하면 될 것입니다. 저는 노인의 날을 만들던 1968년부터 생각해 왔습니다만, 아직도 이뤄지지 않고 있습니다. 안타까운 일입니다. 얼마 후면 국가에서 정한 노인의 날이 제 10회를 맞이하는 시점에서 우리 모두가 한 번 더 생각해 보아야 할 사안이라 생각합니다. 세대간, 계층간의 화합을 위한 노력이 요즘처럼 정치와 경제가 어렵게 돌아가는 시대에는 더욱 필요하다 생각합니다.

ᘳ1971년 4월 8일 발표한 이돈희 선생의 노인의 날 제정 취지문

〈노인의 날 제정 취지문〉은 1971년 4월 8일에 서울 신촌로터리 예식장에서, 우리나라에서 노인의 날이 제정되기를 촉구하는 뜻에서 한국 최초로 노인의 날 행사를 주최한 24세 청년 이돈희(당시 건국대 행정대학원 학생, 현 본지 수석부사장 겸 수석논설위원)가 이날 행사에 참석한 내빈과 450여 노인을 모신 행사장에서 발표한 것이다.

이 〈노인의 날 제정 취지문〉은 그로부터 41년이 지난 오늘의 시점에서도 여전히 새롭게 조명해 볼 만한 내용을 담고 있어서 지난 10월 2일로 제16회 노인의 날을 맞이하여 본지에서 그 전문을 게재하기로 한다. 〈편집자 주〉

공사다망하시고 몸이 불편하신데도 불구하고 이 자리(서울 신촌 로터리 예식장)에 참석하신 내빈과 노인들께 감사를 드립니다.

저는 이 자리에서 만 3년 전인 1968년에 노인의 날을 만든 동기와 취지를 간략히 말씀드림으로써 위원장(노인의 날 행사 준비위원장) 인사에 가름할까 합니다.

저는 어릴 때부터 가족들이 노인을 멸시하고 푸대접하는 경우를 많이 보아왔습니다 할아버지를 골방 뒷구석에 두고서 식사만 전해줄 뿐 하루 종일 한마디 이야기도 해주지 않는 가정을 보았습니다.

방이 없다고 아무도 거처 않는 다락에 할머니를 모시고 있는 가정도 보았습니다. 80세 된 친정어머니를 양로원에 보내려는 딸을 보았습니다. 나이를 먹었으면 자기 나이 먹었지 내 나이 먹었냐고 노인에게 윽박지르는 젊은이를 봤습니다. 할머니의 말씀은 모두 잔소리로 여기는 가족을 보았습니다. 모든 가정의 노인들이 다 그렇겠습니까만 그런 노인들이 얼마나 쓸쓸하고 외로울까를 마음 속에 늘 생각하면서 자라왔던 것입니다.

그러던 1968년 1월 75세라는 할아버지께서 저의 집에 구걸을 오셨습니다. 그래서 제가 여쭈어보았지요. "할아버지는 자제 분이나 며느님이 안 계신가요?" 할아버지 말씀인즉 아들은 미국 유학에 이름만 대면 알 만한 유명인사이고 며느리는 가끔 방송국에도 연사로 출연하는 소위 인텔리라 합니다. 그래서 저는 반문했습니다. "그런 훌륭한 아들과 며느리를 두셨는데 왜 구걸을 하십니까?"

구걸을 다니는 것이 아들의 눈치를 보고 며느리의 괄시를 받는 것보다는 마음 편하다는 할아버지의 말씀이었습니다. 저는 여기서 심한 충격을 받았습니다. 아무리 경로사상이 희박해져가기로서니 이래서야 되겠는가 싶어 많은 분들과 토론하고 노인들의 말씀을 참고하여 만든 것이 노인의 날(일명 경로일 또는 경로의 날, 어르신의 날)입니다.

지금 말씀드린 아들이나 며느리가 배운 것이 없어 그랬다면 또 모릅니다. 애지중지 길러서 유학까지 시킨 아들과 많은 교육을 받은 며느리가 이 지경이니 한심하기 짝이 없는 일이었습니다. 다른 또 하나의 예를 들겠습니다. 10년 전, 20년 전 그러니까 24세인 제가 어릴 때만 해도 할머니·할아버지께서 어깨가 아프다고 하시면 두드려 드리고 허리가 아프다고 하시면 그만 두라고 하실 때까지 주물러 드렸습니다.

그런데 요즘 아이들은 어떻습니까. 대개 "XX 파스 붙이세요" 하면 그만입니다. 10년 전, 20년 전 만해도 할머니가 옛날이야기를 들려주시는 것을 제일 즐거워했습니다. 그런데 요즘 아이들은 어떻습니까. "할머니 거짓말" 하면서 만화가게로 달아나는 것이 고작입니다.

할머니와 할아버지, 손자 손녀 사이가 10년 전, 20년이란 세월 따라 그 만큼 벌어져 버렸거늘 앞으로 유구한 세월에는 어떻게 되겠습니까? 이외에도 우리 주변에는 후손이 없어 불우한 노인, 자손이 있어도 멸시와 학대를 받는 노인, 나이가 많다고 사회나 직장으로부터 소외당하는 노인들이 너무나 많습니다.

양로원에 계신 노인들을 생각해 보십시다. 그 노인들이 무슨 희망이 있겠습니까? 추석이다, 크리스마스다 해서 무슨 명절이나 돼야 떡이나 옷가지 등의 선물이 있지 그런 날이 지나면 모든 사회단체가 거의 무관심한 상태가 됩니다. 사실 따지고 보면 노인은 인생의 마지막입니다. 늙으면 없던 병도 생기게 마련입니다. 몸과 마음이 모두 말을 안 듣는 불쌍한 인간이 노인입니다. 이러한 노인들을 외면해서 되겠습니까? 한 가정과 이 나라를 맡아 오신 노인들을 늙고 병들었다는 이유로 외면해서 되겠습니까? 안 되기 때문에 젊은 제가 평생을 바쳐서라도 이루고 말겠다는 각오로 신문사, 방송국, 정치가와 사회 저명인사들에게 이미 만 3년간이나 부르짖고 건의해 왔던 것입니다.

핵가족이란 세계적인 추세에 따라 점점 희박해 가는 경로사상과 노인 보호심을 고취하기 위한 방안으로 노인의 날을 두자고!

우리 국가 전체가 일 년에 하루만이라도 더 노인들을 위로하고 즐겁게 해드리기 위한 방안을 마련하자고!

무슨무슨 날 해서 일 년 365일이 다 무슨 날이 되다시피 했는데 제가 노인의 날을 추가함은 여기에 까닭이 있었던 것입니다.

분명히 말씀 드리거니와 노인의 날도 행사 자체에 목적이 있는 것이 아니라 전 국민 개개인에게 노인을 위하려는 마음을 심어주려는 수단에 불과합니다. 사실 번지르르한 행사는 안 해도 좋습니다.

친애하는 형제자매 여러분!

전 세계엔 노인 인구가 2억 이상으로 추산됩니다. 우리나라에도 65세 이상의 노인이 2백만 명이나 됩니다. 너무나 평범한 말이지만 태어나는 사람은 일찍 죽지 않는 한 누구나 노인이 됩니다. 노인문제가 남의 문제가 아니고 우리 모두의 문제인 이유도 여기에 있습니다.

인류가 멸망하지 않는 한 노인문제는 언제고 따라다니는 것입니다. 이처럼 중차대한 노인을 위해 만든 노인의 날이 한 개인의 노인의 날일 수는 없습니다. 바로 여러분들 자신의 노인의 날입니다. 노인복지문제에도 관심을 가지며 넓게는 인류와 사회의 발전을 도모하기 위해 만든 노인의 날이니만치 앞으로는 전 국민의 지혜와 연구로써 발전시켜 주시길 바라는 것입니다.

이를 위해서 국가나 사회단체, 노인 단체, 각 언론기관에서 더욱 선도적인 역할을 해줄 것을 간곡히 당부하면서 행사를 맡아줄 것을 부탁하는 바입니다. 사실 대통령(박정희 대통령) 각하께 올리는 편지에서도 말씀드렸습니다만 어떻게 제가 많은 비용을 들여가면서 매년 행사를 할 수 있겠습니까?

내가 젊다고 해서 노인들을 경시하거나 푸대접하는 생각은 옳지 않습니다. 모쪼록 인생의 마지막인 노인들도 사시는 보람을 갖게 해드립시다. 쓸쓸하지 않게 해 드립시다. 귀찮아하거나 얼굴을 찡그리지 맙시다. 또한 노인은 노인이라고 체념하시거나 자만하지 마시고 연수에 맞는 활동을 하시면서 젊은 마음으로 살아가십시다. 노인의 날의 취지도 바로 여기에 있는 것입니다. 감사합니다.

1971년 4월 8일 이돈희
참좋은이들21(2006년 5월호)
대한노인신문(2012.10.20)

고성삼	이돈희 회장님, 수고 많으십니다. 항상 건강하시고 노인들을 위한 경로효친일 열심히 해주시기 바랍니다.
김상일	수고가 많습니다. 돈희 형, 지금 우리도 노인이라는 것 생각하면 할수록 기가 막히고 슬퍼집니다. 그렇다고 슬퍼만하고 있으면 되겠습니까? 우리끼리라도 노인의 날을 지정해서 시작하면 어떨까요??? 오늘 메일랜드에서는 한국의 명절인 추석을 노인의 날로 지정했다고 방송하였습니다. 계속 노력하십시다. 우리 젊은 노인들>>>> 화이팅
이돈희	올해는 내가 노인의 날을 만든 지 38년이군요. 고성삼, 김상일 학형! 격려 말씀 대단히 감사합니다. 노인의 날을 공휴일로 지정하려는 나의 뜻이 이루어지면 얼마나 좋을까요? 미국 메일랜드에서 한국의 추석을 노인의 날로 지정하였다고요? 새로운 소식 감사합니다. 세계일보에서 나를 인터뷰하여 노인의 날인 10월 2일자에 실린 기사 올려 볼테니 한번 읽어보시기 바랍니다.

'예수님생애연구소' 이돈희 소장

종교신문 이연진기자
lyj@segye.com(2006.02.15)

'예수님은 13세부터 30세까지 무엇을 하셨을까?'

신자 생활 40년의 가톨릭 교인이 기록 없는 예수님의 18년간의 삶에 대해 연구…

"예수 믿으면 천당 가고 안 믿으면 지옥 간다고 말하는 사람들은 예수님을 제대로 알지 못하는 사람들입니다."

잘못 믿으면 안 믿는 것만 못 하다는 예수님생애연구소 이돈희(59)소장. 그는 33년의 예수 생애 중 성경에 기록돼 있지 않은 18년의 삶을 연구하고 있다. 그는 '예수 천당, 불신 지옥'을 입버릇처럼 외치는 사람들의 믿음을 모르는 바 아니지만 자기 신앙만 옳다고 주장하고 다른 종교를 배척한다면 정작 예수님도 민망해 하신다고 말한다. 그는 동국대를 나와서인지

불교에 대한 관심도 대단하다. 그러나 스님이 되고 싶다고 생각하는 정도는 아니며, 세례명도 받고 법명도 받는 양다리 신앙도 아니라는 입장이다. 그는 14살에 세례를 받고 40년 이상을 예수만을 믿고 있는 독실한 천주교 신자이다.

"중 3으로 올라가던 해 4월 1일 부활주일에 온가족이 세례를 받았습니다. 아버지는 요셉, 어머니는 마리아, 저는 임마누엘이라는 세례명을 얻었습니다. 특이하죠? 예수님 가정과 똑같은 세례명을 얻었으니까요. 그 후 우리 가정은 성(聖)가정으로 거듭났죠."

그는 성경뿐만 아니라 신앙 관련 서적에, 예수와 관련된 모든 서적과 자료들은 모조리 섭렵했다고 한다. 이는 성경에 기록되지 않은 13세부터 30세까지의 예수의 잊혀진 생애 연구를 통해 진정한 신앙인으로 거듭나기 위해서다.

"개신교와 천주교에서는 성경에 나와 있는 예수님의 생애만 인정합니다. 예수님의 생애와 관련, 전승되어 오는 이야기는 공식적으로 인정하지 않습니다. 최근에 이슈화된 다빈치 코드에 대한 그들의 태도도 이런 연유에서 비롯된 것입니다. 우리가 일반적으로 알고 있는 예수님의 탄신일에 대해서도 12월 25일이라고 단정할 수는 없습니다."

예수생애 연구가인 그는 노인의 날(10월 2일)과 아버지날 제정을 청원한 사람으로도 유명하다. 이미 40년 전 노인과 아버지날 제정을 주창한 그는 특히, 노인의 날의 참된 뜻이 사회 전반에 확산되도록 노력해 온 노인문제 전령사다.

"고 2때 마포아파트에 살았습니다. 그 당시만 해도 시설이 잘 갖춰진 노인정이 많지 않았습니다. 하루는 아파트 노인들이 지하 1층의 햇빛도 잘 들지 않는 어두침침한 공간에 모여 휴식을 취하는 것을 보게 되었습니다. 이것이 노인문제에 대해 생각하는 계기를 만들어줬습니다."

노인의 날은 사회 모두가 이날만이라도 노인들을 생각하도록 독려하는 날이다. 올해로 10주년을 맞게 되는 노인의 날, 그래서 그에겐 더욱 의미가 깊다.

"젊은이도 언젠가는 노인이 됩니다. 바로 당신이 훗날의 노인입니다. 효친과 경로, 부모에 대한 효와 노인에 대한 존경심을 우리는 회복해야 합니다. 모든 노인에게 극진하라고 하는 말이 아닙니다. 내 부모에게 만이라도 정성스럽게 대하고 모시면 한국 노인문제의 절반은 해결될 것입니다."

어버이날을 만드는 데 크게 공헌한 이도 그다. 고 2때 벌써 학생 1,200명을 대상으로 '아버지날을 만들면 몇 월이 좋을지'를 주제로 설문조사도 하고, 대학 때는 이대학보에 '이대에서 아버지날을 정해 행사를 하는 것이 어떤가?'라는 취지의 광고를 싣기도 했다.

1973년에 기존 '어머니날'이 어머니와 아버지를 함께 지칭하는 '어버이날'로 바뀐 것은 그가 여러 신문사에 투고하고 대통령에게 서한을 보내며 사회 전반의 의식변화를 유도한 노력의 결과물이기도 하다.

고령화 사회를 목전에 두고 심각한 사회문제로 대두된 노인문제의 해결책으로 '효친경로사상을 부활시키자'고 제안하는 그에게는 작은 소망이 있다. 귀농형(歸農型) 실버타운을 세우는 것이다.

"한 평에 1만 원이라 생각하고 젊은 시절부터 아르바이트 하며 돈을 모아 왔습니다. 그 자체가 즐겁고 보람 있는 일이 됐고, 이제는 실버타운 설립 꿈이 구체화 되고 있습니다. 이 모든 것들은 하느님이 저를 통해 이루고자 했던 일들이라고 믿고 있습니다. 그래서 지치지 않나 봅니다."

작성자 최정덕(freedom-creator@hanmail.net)

이성민	그동안 남모르게 애써주신 우리의 호프, 이돈희 박사! 누가 알아주지 않아도 사심 없이 노력해주신 이돈희 노인학회장님께 감사를 드립니다. 앞으로도 더욱 노력하시어 노인문제 해결에 전진하시기 바랍니다. 이 박사 그동안 수고 많으셨구요. 고맙습니다.
이돈희	이성민 국장님! 반갑습니다. 위 기사를 보면 내가 신앙 관련 서적과 예수님에 대한 서적을 모두 섭렵한 것처럼 나오는데, 사실과 전연 다르지요. 시간적 여유를 가지고 비교종교학을 연구하는 학자도 아니요, 신학자나 교수도 아니고, 수많은 외국어도 전연 모르는 내가 무슨 수로 신앙에 관련한 서적과 예수에 관한 서적을 모두 섭렵합니까? 잘못된 책 몇 권 읽은 것 가지고 대단히 교만하고, 건방진 소리한다고 생각할 것 아닙니까? 일일이 변명할 수도 없고... 고교 2학년 때 마포아파트에 살았다는 것도 전연 안 맞는 기사이고요. 그러고 보니, 마포아파트가 아파트가 되기 전엔 교도소 죄수들의 일터였고, 그 마포아파트가 없어지고, 그 자리에 새로운 아파트가 들어선 지도 10년이 훨씬 넘었고, 선린중학생이던 우리는 60살을 넘어서고 있지요. 혼자 학교가기가 심심하면, 중간에 있는 자네 집에 들러서 몇몇이 어울러 등교하던 시절이 그립습니다. 영국신사와 같은 이국장님과 앞으로도 남은 인생을 같이 오손도손 보람 있게 살고 싶습니다.
임명선	아니 제2의 인생에서 무언가를 또 보여 주는 겁니까? 하여튼 별난(특별한) 사람이 많은 것도 57동기인가 봅니다.. 하여튼 그 정열, 감탄 아니 할 수 없습니다.
이돈희	요한회 부회장님이기도 한 임명선 사장! 코멘트 달아주어 감사합니다. 내가 준 졸저 <효친경로사상의 부활을 위하여>의 149 쪽을 보면 다음과 같은 글을 발견하실 겁니다. "저자는 한국어, 영어, 일어로 성경을 비교해가며 읽고 있다. 오래전부터 나의 소망이 하나 있다. 그것은 건강이 허락할 때까지 많은 독서를 하고 싶고, 하느님이자 사람인 예수님의 생애를 연구하되 성경에도 언급되지 않는 13세부터 30세까지의 미스테리한 생애를 연구하고 싶다. 공수래공수거는 영원한 진리이다. 효친경로사상의 부활이라는 사명과 화두도 지금까지의 이야기이고 아버지날이니 노인의 날이니 하

는 것도 지금까지의 일을 기록한 것이다. 죽음에 이르면 영혼을 제외한 모든 것이 부질없다. 이 책 이후는 아무 것도 남기고 싶지 않아 죽어도 묘비명을 쓰지 않겠다. 그래도 나의 일생에 단 한 줄의 기록을 누가 써 준다면 "〈이돈희(1947~) = 신앙인. 예수님생애 연구가〉로 남고 싶다."

어제 오늘 생각한 게 아니고, 멀게는 세례를 받던 14살 중3 때부터, 가깝게는 10여 년 전 터키, 그리스, 이집트, 러시아, 프랑스, 독일, 로마 등 성지와 성당을 견학하면서부터, 60세 이후의 세월은 예수님을 연구하는 데 보내고 싶다는 강렬한 소망을 가지고 있었는데, 나를 아는 많은 목사님과 신부님들, 우리나라의 '내로라' 하는 종교지도자들도 평신도인 내가 그런 생각을 한다는 데 모두 놀라면서, 관심을 가져주고 자료도 주면서, 이스라엘이나, 인도 등 예수님이 계시던 곳에 같이 순례가자는 분들도 있습니다.

예수님의 말씀으로 일생을 보내고, 전도하는 그 많은 목사와 신부, 신학자들도 거의 관심 갖지 않았던 13세부터 30세까지의 생애라면, 내 제2의 인생인 60세 이후는 모두 예수님의 생애연구에 바쳐도 아까울 것 없다는 생각과 기도로 살아가려 합니다. 비록 어려운 분야이긴 하지만 뜻있는 우리 요한회 회원들은 물론 동기인 전종호, 이성수 목사도 관심가지고 연구해도 좋을 듯합니다. 예수님의 모든 생애 33년 중 18년을 잘 모르면서 예수님을 정말 사랑한다 말 할 수 있습니까? 여기선 너무 길어진 것 같아 줄이지만, 다른 데서 자세한 이야기를 할 수 있을 것 같습니다. 내가 몇몇 언론 기관에서 효친경로사상의 부활운동은 이제 나보다 젊은 사람에게 맡기고 (어차피 효도는 젊은 사람들이 해야 할 것이므로), 나의 60세 이후는 성령의 힘으로 살아갈 것을 이야기한 것은 바로 이것을 말함이었습니다.

'노인의 날'을 '효 실천' 공휴일로 정해야

<문화경제신문 신춘대담>

작성자 권회칠

세상이 아무리 변하고 시대가 바뀌어도 변하지 않아야 하는 것이 부모에 대한 효와 자식에 대한 사랑이다.

하지만 요즘 세대는 무섭게 변해 부모와 자식 간의 기본적인 윤리가 사라지고 있는 것을 종종 볼 수 있다.

2006년 10월 2일은 제10회 노인의 날이다. 1997년 김영삼 대통령이 노인의 날을 제정토록 하였고, 그 이전인 1968년부터 노인의 날을 제정하자고 발이 부르트게 쫓아다녔던 학생이 있었으니 10회 노인의 날을 앞두고 새삼 떠오르는 사람.

이 시대의 돈키호테로 불릴 만큼 저돌적으로 노인문제에 집착해 외길인생을 걸어온 우직한 사나이.

고교시절에 아버지날을 제정하자고 주창하고, 노인문제에 뛰어든 지 40년. 어버이날에 이어 노인의 날이 제정되기까지 지난 40년간을 오로지 노인복지문제에만 매달려온 집념의 사나이 이돈희(李敦熙, 59)씨가 바로 그 사람이다.

자신의 이야기를 엮은 '효친경로사상의 부활을 위하여'를 펼쳐보며 감회에 젖는 이돈희 회장, 정동화 발행인은 병술년 새해를 맞아 노인문화발전의 주역으로 한 시대의 삶을 바쳐온 한국노인학회 이돈희 회장(국민고충처리위원회 민원상담 전문위원)과 신년 인터뷰를 가졌다. 〈편집자주〉

인터뷰:정동화 발행인

> 새해를 맞아 안녕하십니까?
> 신년 인터뷰에 응해주셔서 감사합니다.

이돈희 초대해주셔서 고맙습니다.

> 외길인생 40년을 오로지 이 나라의 아버지들 문제에 매달려오며
> 어버이날과 노인의 날 제정을 위해 청춘을 불사르셨는데,
> 언제부터 노인문제에 관심을 가지셨나요?

이돈희 고교 2학년 때부터입니다. 고교시절인 1960년대 초 서울의 외곽지대라 할 수 있는 마포구 도화동의 그 당시로서는 서울 최초의 아파트인 마포아파트에 살았습니다. 그 때 오갈 데 없는 노인들이 햇볕도 잘 들지 않는 아파트의 지하공간에 모여들어

장기나 바둑을 두거나 낮잠을 주무시는 등 휴식을 취하는 것을 보고 노인 문제의 심각성을 깨닫게 되었지요.

아버지날을 생각한 것은 선린상고(지금은 선린인터넷고) 2학년에 재학 중이던 1963년이었는데, 이때부터 아버지날을 만들자고 청와대를 비롯해 각계각층에 편지를 쓰고 아르바이트로 번 돈을 일간지 광고비용으로 충당하며 아버지날의 제정을 주창했습니다.

> 아버지날에 관심을 갖게 된 동기는 무엇입니까?

이돈희 제가 외아들로 형제가 없어 아주 외롭게 자랐습니다. 제가 태어난 직후 어머니는 병환으로 오랫동안 외가에 가 계셨고, 아버지도 건축 현장소장이라 늘 지방에 나가 지내시다 보니 저를 돌봐줄 분이 없었습니다.

때문에 서울에 와서 아버지의 친구 분 댁에 방을 얻어 자취생활을 좀 했지요. 지금이나 그때나 남의 집에 산다는 것은 참 어려운 일이라 할 수 있지요. 한창 사춘기의 나이에 남의 집에 살다보니 여린 마음에 학교가 일찍 끝나고 집에 돌아와도 대문을 열어달라는 소리를 미안해서 못하고, 대문 밖에서 기다리다 아버지가 오시거나 그 집 식구들이 들어갈 때 같이 들어가는 등 아버지를 기다리는 시간이 그리 길지 몰랐어요.

그렇게 어머니 없이 두 부자가 자취를 하면서 보낸 시간들은 저로 하여금 부친의 정을 각별히 느끼게 해주었고, 그런 아버지에 대한 사랑이 사회적인 개념으로 확대되었다고 할 수 있지요. 그런 생각을 가지고 있었기에 고등학교 2학년 초 어느 날, 어머니만 아니라 아버지 가슴에도 카네이션을 달아드려야 하겠다는 생각이 들어 방과 후 학교와 집 주변을 돌아다니며 1

천여 명을 대상으로 아버지날 제정에 대한 설문조사를 벌였습니다.

> 이 회장님의 그런 노력이 결국 어머니날을
> 어버이날로 바꾸어 놓으셨군요?

이돈희 예. 고등학교를 마치고 1965년 동국대 상학과에 입학을 했고, 대학생활을 시작한 뒤로 이화여대 학보사를 비롯한 일간지와 잡지사 등 언론매체를 찾아다니며 끈덕지게 아버지날을 만들자고 외쳤습니다.

그렇게 열심히 아버지날을 홍보하고 다닌 노력이 결실을 맺게 된 것은 이대학보에 광고를 낸 지 3년 뒤인 1971년, 이화여대 기독교학과에서 6월 12일을 '이화 아버지날'로 정했습니다.

그 2년 뒤인 1973년에는 국가에서 어머니날을 아버지의 의미를 함께 담은 어버이날로 바꾸었는데, 제가 아버지날 제정을 주장한 지 꼭 십년 만에 결실을 맺은 것이지요.

> 그때 광고료 충당은 어떻게 하셨으며, 그 내용은 또 무엇이었나요?

이돈희 1970년 11월 29일 주간조선에 광고를 실었는데, 내용은 다음과 같아요. "얼마 후면 12월, 이해도 저물어 갑니다. 노인도 인생의 종장, 노인 공경심과 보호심을 고조시키고자 제가 해 저무는 12월을 경로의 달(노인의 달)로 정했습니다. 각 가정과 양로원에 계신 노인들을 위해 힘써 주십시오. 청년 이돈희."

그때는 무슨 용기로 그런 광고를 냈는지 모르겠어요. 아마 지금 같으면 감히 엄두가 나지 않을 것 같기도 하고요.

> 그때부터 어버이 사랑이 노인문제로 이어졌나요?

이돈희 대학 4학년 때입니다. 누군가 초인종을 눌러 열어보니 낯선 할아버지 한 분이 '돈을 좀 달라'며 구걸을 했습니다. 아무리 봐도 행색이 거지같지 않아 캐어 물어봤더니 유학파 출신 아들에다 방송에도 곧잘 출연하는 인텔리 며느리를 두고 있지만 아무도 돌봐주지 않아 직접 생활비를 구하러 나섰다고 했습니다. 저는 이 말을 듣고 몹시 충격을 받았지요. 그날부터 노인문제에 몰두하게 되었는데, 주변의 할머니, 할아버지나 양로원의 어르신들을 찾아다니며 노인복지의 현실을 조사했지요.

▲1971년 4월 8일 노인의 날 행사 모습과 기념패넌트

노인들과 만나면서 노인들의 애환을 듣고 노인들을 이해하는 가운데 노인의 날을 만들어야겠다는 생각을 굳히게 되었습니다. 광고비, 자료구입비, 활동비, 하다못해 매달 수십·수백 통의 우편비용까지 모두 자력으로 해결해야 했습니다. 그 비용을 대기 위해 대학시절 내내 쉴 틈 없이 과외 아르바이트를 다녔지요. 대학원 진학을 위해 아르바이트를 해서 한 푼도 쓰지 않고 마련한 40만 원을 노인의 날 행사기금으로 투자한 저는 젊은 혈기로 1971년 눈물겨운 제1회 노인의 날 행사를 개최했습니다.

24살의 새파란 젊은이가 사비를 털어 외롭고 가난한 노인 450명을 모시고 음식을 대접하고 선물을 나누어 드리는 자리였지요.

그 당시 대한노인회도 아마 사단법인으로 발족한 지 얼마 안 되어서인지 서울 종로구 사직동에 조그마한 사무실이 있었는데, 후원기관으로 참석을 했지만 이름을 빌려주는 형식이었지요. 노인문제에 대한 열정은 1972년 한국노인문제연구소를 만들고, 1976년 한국노인학회를 설립, 본격적으로 노인문제에 몰두했습니다. 이러한 저의 노력이 결실을 맺어 결국 1997년 YS 문민정부에서 10월 2일을 노인의 날로 제정했는데, 실로 30년에 걸친 저의 노력과 집념이 대미를 장식하는 뜻 깊은 날이었지요.

▲1982년 기독교 방송의 '할머니 안녕하세요' 프로에 출연하여 대담을 나누고 있는 이돈희(우), 강연식(좌)씨 부부

> 그 동안 노인문제와 관련, 신문이나 방송 등 매스컴에도 많이 출연하셨죠?

이돈희 노인문제 연구소장으로, 노인문제 전문가로, 노인학회 회장으로 활동하면서 서서히 이루어진 인터뷰가 약 250회, 라디오·TV 등 방송출연이 500회를 넘어섰습니다.

노인의 날 제정을 홍보하기 위

▲노인의 날 제정을 위한 서명부

해 방송국을 찾았을 때는 담당 PD들이 냉소를 지으며 문전박대하기 일쑤였는데, 언제부터인가 방송국에서 노인문제전문가로 초청을 하기 시작해 방송과 신문, 잡지 등에 인터뷰 및 기고를 하기 시작했지요.

제가 지난 세월 동안 단기필마로 헤쳐 온 외롭고 힘든 지난날의 이야기를 한 권의 책으로 엮어 2003년 『효친경로사상의 부활을 위하여』라는 책을 내기도 했습니다.

> 대학 졸업 후 직장생활과 결혼생활은 어떠셨습니까?

▲아내 강연식 여사와 함께

이돈희 제가 온통 사면초가일 때 유일한 아군은 제 아내였습니다. 1973년 결혼한 동갑내기인데, 어렵고 힘들 때 힘이 되어준 아내에게 정말 감사하고 있어요. 우리 부부는 모두 가톨릭을 믿고 있어서 명동성당에서 결혼식을 올렸습니다.

제가 1974년에 감정평가사시험을 준비하고 있었는데, 갓 시집온 새색시가 결혼 전에 모아두었던 비상금까지 건네며 시험공부를 지원해주고 매일 도시락을 싸주는 등 그 정성에 힘입어 최연소 수석합격이라는 영광을 차지했고, 그때서야 '가장으로서의 체면이 섰구나'하는 마음이 들었습니다.

제가 토지공사에 입사한 동기도 저 개인 이돈희보다는 국영기업체에 근무하는 이돈희가 하는 일에 좀 더 신뢰가 가지 않을까 하는 생각에서였지요.

> 이 회장님의 효 실천운동과 노인문제 활동에
> 부인께서 그만 두라거나 가정불화 같은 것은 없으셨나요?

이돈희 제가 힘들고 어려워 좌절할 때마다 집사람이 오히려 용기를 줬습니다. 이렇게 그만두면 지금까지 애쓴 게 너무 아깝지 않겠냐구요. 팔불출이라고 하겠지만, 집사람은 제게 정말 천사입니다. 정말 나중에 제가 죽으면 설령 천당이라도 저 혼자라면 가기 싫고 집사람이 가는 곳이라면 어디라도 함께 가고 싶습니다.

제가 몸도 약한 데다 직장생활을 하면서 받는 월급이 노인문제나 효운동 등에 적지 않게 들어가게 되자 아내는 1979년 성남에 있는 성일여고 교사로 직장생활을 시작하게 되었지요. 결혼하기 전인 1971년에도 교사 발령을 받은 적이 있었는데 몸이 약해서 그만두었다가 저 때문에 다시 직장생활을 하게 된 것이지요.

> 이회장님께서 노인문제 활동과 효 실천운동을 펼쳐 오면서
> 가장 뜻 깊게 생각하신 것과 존경하는 인물이 있다면 말씀해 주세요.

이돈희 역시 어버이 날과 노인의 날이 제 뜻대로 제정되어 기쁘고, 제가 존경하는 사람은 제 선배이신 소파 방정환 선생이십니다. 제가 선린상고를 나왔는데, 어린이날을 만드신 방정환 선생님이 선린상고 선배님이시더라구요.

✣1991년 노인신문에 실린 노인의 날 공휴일 제정 촉구기사✣

　방정환 신생님은 23세 때 어린이날을 만드신 이후 9년 만인 32세 때 작고 하셨습니다. 방 선생님이 어린이날을 주창한 지 23년, 돌아가신 지 15년 만에 국가에서 어린이날을 제정하여 어린이날 제정을 생전에 보지 못하셨는데, 저는 16세에 아버지날을 만들어 10년 후에 어머니날과 합쳐져 어버이날로 제정되었고, 21세에 노인의 날을 만들어 29년 만인 1997년 국가에서 제정했으니 저는 방정환 선배보다 복이 많은 사람이라고 생각됩니다.

　제 아호가 청파인데, 방 선배님의 호가 소파인 것에서도 그의 뜻을 따른다는 의미도 담겨 있습니다.

> 신년에 특별히 바라는 일이 있으시다면?

이돈희 올해가 노인의 날 제정 10년이 되는 해입니다. 저는 제10회 노인의 날을 맞아 노무현 대통령께 10월 2일 노인의 날을 공휴일로 지정해주실 것을 청원합니다.

　10월 3일이 개천절이니 2일을 공휴일로 한다면 연휴가 되므로, 부모님을 찾아뵙든가 부모님께 효도할 수 있는 시간을 드리자는 것이지요. 효는 말로만 되는 것이 아니라 실천을 어떻게 하느냐가 중요한 만큼 정부차원에서 효를 장려해야 합니다. 또 실제로 10월 2일을 공휴일로 한다고 해도 7년에 5일 쉬게 되는 거예요. 공휴일이 많다고들 하지만 주 5일제를 시행하다 보니 웬만하면 중복되어 실제로는 그렇게 많이 쉬는 것도 아니잖아요.

　10월 첫 주를 경로주간, 10월을 경로의 달이라 부르는데, 경로주간이 아니라 효실천 주간으로 하면 더욱 뜻 깊은 일이 아닐까 싶어요. 이런 일은 아마도 대한노인회보다는 젊은 사람들이 나서주는 게 나을 것 같아요. 어차피 젊은이들이 부모님께 효를 행해야 하니까요. 특히 올해 지방의회 의원이나 지방자치단체장이 되고자 하는 분들은 이런 일에 신경을 많이 써야 할 것입니다. 또 한 가지 바람이 있다면 노인의 날 행사를 주관하시는 분들도 노인의 날이 어떻게해서 제정되게 되었는지를 좀 알았으면 싶고, 해마다 갖는 노인의 날 행사의 초청장을 한번쯤 받아 보았으면 합니다.

> 앞으로의 계획이 있으시다면?

이돈희 앞으로 제가 60대가 되면 전혀 새로운 일에 매달릴 작정입니다. 그때는 저도 노인이 될 테니 저보다 나은 분이 새롭게 노인문제를 이끌어가겠지요. 제가 가지고 있는 신앙에 더욱 심취해 성령의 힘으로 많은 이들에게 빛과 희망을 주는 일을 생각하고 있습니다.

노인문제 활동을 시작할 때부터 가지고 있던 실버타운을 만드는 일도 이루어지길 간절하게 기도드리고 있습니다.

문화경제신문(2006.1.2)

제6부
MEMORY

〈미국 자이언트캐년〉

〈미국 그랜드캐년〉

〈미국 가족들과 함께〉

〈남아프리카 케이프타운에서〉

〈오스트리아 잘츠카머구트에서〉

〈성부회 가족들과 함께〉

〈갈매못 성지에서〉

〈예수고난회 명상의 집에서〉

■ 후기

저는 아버지날과 노인의 날을 만들고도 알려지지 않던 무명인 시절, 한 고교생이 친구들과 놀러가는 비용을 마련하려고 주무시는 외할머니의 반지를 몰래 빼려다 들키자 외할머니를 목 졸라 죽인 기사를 보았습니다. 제가 '가족 간에 이래도 되느냐'라고 호소하러 여러 신문사와 방송국을 찾아갔지만, 인터뷰나 방송할 기회를 주는 곳이 단 한 곳도 없었습니다.

수많은 언론매체가 있지만, 어르신에 관한 지면과 방송은 예나 지금이나 할애받기가 너무 힘듭니다. 제가 효친경로사상의 부활이라는 화두를 가지고 이만큼이라도 방송하고 활자화한 것은, 하느님께서 주신 사명이기에 아무리 어려워도 50년 동안을 최선을 다해왔기 때문이라 생각합니다.

방정환 선생이 어린이날을 1922년에 만드신 뒤 9년 후에 작고하시고 만드신 지 24년 만인 1946년에 국가에서 제정되었는데, 저는 1968년에 노인의 날을 만들고 살아 있으면서 계속 노력을 했어도 만든 지 29년 만인 1997년에 제정된 것만 보아도 가정이나 사회와 국가 모두가 노인보다 어린이에 훨씬 관심이 많다는 뜻이 됩니다. 어린이날은 공휴일인 데 비해 노인의 날은 공휴일이 아니어서 하는 말은 아닙니다.

제가 16살 고등학생 때부터 50년 간 효친경로사상의 부활운동이 아무리 어렵고 힘들어도 부단히 해 온 것은, 하느님이 사랑하셔서 먼저 영혼 주시고 하늘나라에도 먼저 초대되는 분이 대부분은 어린이가 아니라 노인임을 일찍 깨달았기 때문입니다. 그래서 노인사회를 위한 일들을 해왔고, 그들을 사랑하고 존경해 왔습니다.

날이 갈수록 어린이는 과보호되고 있고, 노인은 과소외되고 있습니다. 예수님이나 부처님께 간절히 기도드려 보면, 자녀에게 하는 정성의 20% 만 부모에게 해드려도 "천당·극락 가는 것 걱정 말라."고 하실 겁니다.

10년 전 전번 책의 뒷표지 일부에 제가 이런 말을 기록했었습니다.

"젊은 이 중에 노인을 보고 자리에서 일어나는 사람은 집안에 노인이 있는 사람이거나 똑바로 배운 젊은이다. 광고도 안 한 책이라, 2천만 독서인구 모두 〈효친경로사상의 부활을 위하여〉라는 책이 있다는 것 자체를 모르고도 잘들 살아가겠지만, 청소년인 고등학생이나 대학생은 물론 적어도 한국인이라면 나이나 직업과 관계없이 평생에 한 번은 이 책을 꼭 읽으셨으면 싶다. 이 책을 읽음으로써 자식으로서 자기 부모님을 한번은 더 생각하게 되고, 어떠한 환경에서도 제정신으로 올바른 마음으로 살아가게 될 것이기 때문이다."

이러한 생각은 10년 후의 이번 책인〈이 지구상의 모든 아들과 딸들에게〉

도 더하면 더했지 절대 덜하지 않습니다.

    2천여 년 전 바오로 사도가 예수님의 전도를 일생의 사명으로 삼고 평생을 달려왔듯이, 저는 여차하면 이혼을 생각하거나 실행하는 요즘의 위험한 가정(자녀가 볼 때는 한없이 불안한 가정)에서, 가정평화의 사도가 되고 싶어 효친경로사상의 부활이라는 일생의 사명을 지니고 50년을 달려왔습니다.

    결혼은 신중히 생각해서 하십시오.
    결혼했으면 어떤 이유로든 자식이 있든 없든 이혼은 마십시오. 인류 역사 수백만 년에 공자·석가·예수님께서 다녀가신지 3천 년도 안되었습니다. 누구도 이혼하라 하지 않았습니다. 한 번 해병대는 영원한 해병대이듯 한 번 부부는 영원한 부부이어야 합니다. 배우자가 사별하여 부부인연 다하기 전에는!

    4~5세 때부터 지금까지 60여 년을 온갖 잡병과 난치병을 십자가처럼 지고 살아온 저를 이만큼이라도 육신생명 허락하신 주님께 감사드립니다.

    앞으로도 어르신 사회의 더 나은 삶을 위해 필요한 일과 강의를 하며 방송을 하고 글을 쓰되, 신약성경 연구와 예수님과 그의 양부인 요셉 성인, 어머니인 성모 마리아의 일생을 다룬 〈성가정의 생애〉 연구와 저술로 살아갈 계획입니다.

    끝으로, 이 책의 자료정리와 아름다운 편집을 위해 불철주야 수고해 준 성남 야탑중학교 김경철 수석교사와 이 책의 미래가치를 발견하고 흔쾌히 출판을 맡아준 도서출판 생각쉼표 & (주) 휴먼컬처아리랑의 이헌숙 대표와 실무 책임을 져 성실히 일해준 이홍경미 본부장에게 진심으로 감사의 말씀을 표합니다.

또한, 미약한 저자를 오늘에 이어준 김향기 월간〈참좋은이들21〉발행인·시인, 조영관 도전한국인운동본부장·시인·경영학박사, 이상도 대한노인신문 발행인, 신현두 대한국민운동본부 공동대표·대한민국 시사통신 엔디엔 뉴스 총괄이사에게도 고마운 말씀을 전합니다.

결혼 후 오늘까지 평생을 헌신해 온 아내 강연식 로잘리아에게는 이 부족한 남편이 조금이라도 보답하는 의미에서 『결혼 40주년 기념선물』로 바치고 싶습니다.

또한, 33년 이상을 저희 내외를 형님과 형부라 부르면서 온갖 정성을 다하여 한결같이 더 할 수 없이 친동생과 친처제 이상으로 잘해주고 있는 (주) 홍진물산 구제성·신영애 사장 내외에게도 깊은 감사를 기록합니다.

이 책은 지난 50년의 외롭고 병들고 힘든 삶 속에서도 〈효친경로사상의 부활〉을 위해 노력해온 저자가, 오늘은 물론 오늘 이후에도 우리 인류가 존재하는 한 같이 존재할 『이 지구상의 모든 아들과 딸들에게』 기도하는 심정으로 보내는 감동적인 메시지를 담고 있습니다.

이 책을 계기로 저와 좋은 인연이 된 독자 여러분의 하루하루의 생활이 하느님의 은총 속에서 기쁘고 건강하시길 바랍니다. 사랑합니다. 감사합니다!

예수님을 사랑하며
단테·존 밀턴·존 번연·톨스토이
방정환 선생을 존경하는 저자 이돈희 드림